ENQUÊTE

LES INCENDIES DE FORÊTS

DANS LA RÉGION

DES MAURES ET DE L'ESTEREL.

ENQUÊTE

SUR

LES INCENDIES DE FORÊTS

DANS LA RÉGION

DES MAURES ET DE L'ESTEREL.

RAPPORT

A SON EXC. M. LE MINISTRE DES FINANCES.

PARIS.

IMPRIMERIE IMPÉRIALE.

1869.

TABLE DES MATIÈRES.

Gravé par Erhard, 12 rue Duguay-Trouin.

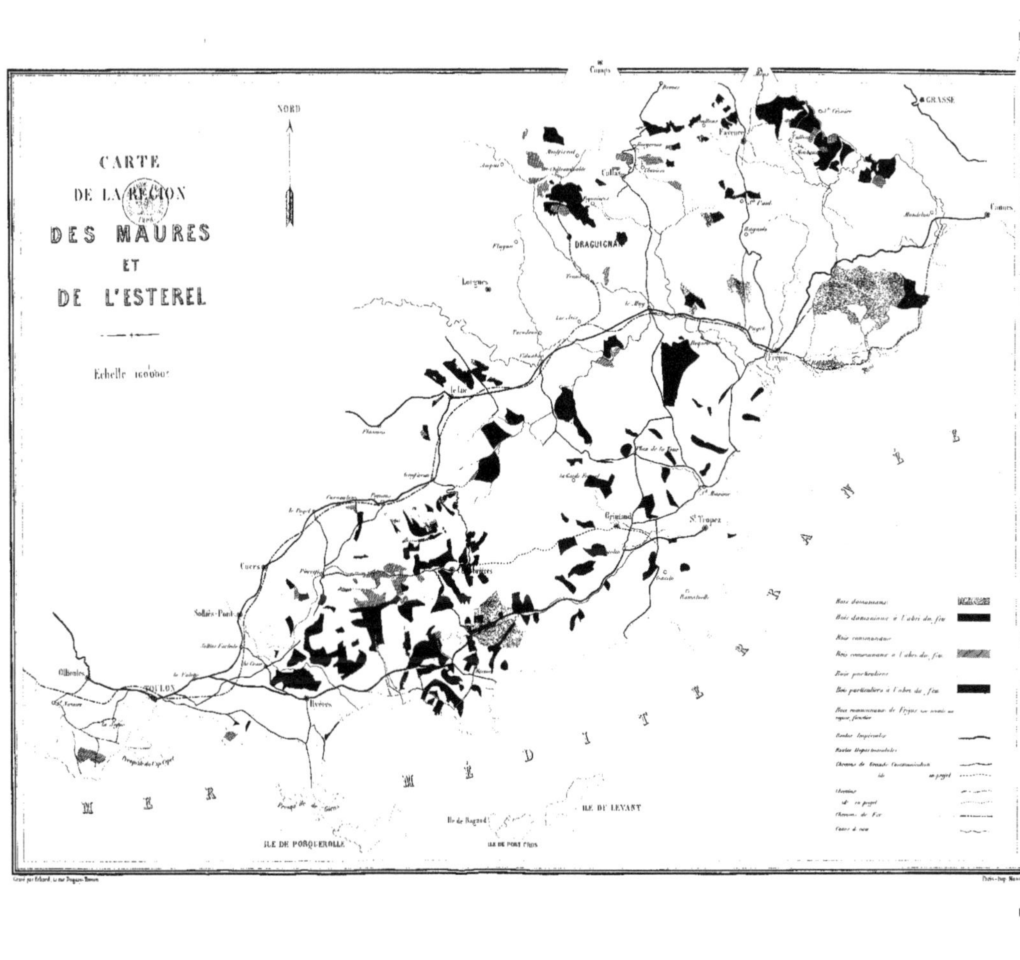

NORD
CARTE
DE LA RÉGION
DES MAURES
ET
DE L'ESTEREL
Echelle 1:400000
GRASSE
DRAGUIGNAN
FRÉJUS
St Tropez
Grimaud
Cuers
Sollies-Pont
Hyères
TOULON
Rivères
Ollioules
le Luc
Lorgues
MER
MÉDITERRANÉE
ILE DE PORQUEROLLE
ILE DE PORT CROS
ILE DU LEVANT
Ile de Bagaud

ENQUÊTE

SUR

LES INCENDIES DE FORÊTS

DANS LA RÉGION

DES MAURES ET DE L'ESTEREL.

Paris, le 1ᵉʳ mai 1869.

Monsieur le Ministre,

A la dernière session du Corps législatif (séance du 20 juillet 1868), M. le Commissaire du Gouvernement, répondant à des observations relatives aux incendies dont la région boisée des Maures et de l'Esterel est le théâtre, après avoir examiné par quels moyens on pourrait conjurer le mal, prenait, au nom du Gouvernement, l'engagement de compléter l'étude de cette grave question, et ajoutait qu'on serait sans doute amené « à apporter au Corps législatif des projets de dispositions législatives nouvelles. »

Cet engagement, pris au nom du Gouvernement, n'a pas été perdu de vue, et, par décision du 5 novembre dernier, vous m'avez chargé d'étudier sur place les mesures auxquelles il y aurait lieu de recourir pour sauvegarder les grands intérêts forestiers du Var, compromis par le danger incessant des incendies.

Ma mission est terminée maintenant, et je viens aujourd'hui placer sous les yeux de Votre Excellence les résultats de l'Enquête à laquelle j'ai procédé.

I.

MARCHE SUIVIE DANS L'ENQUÊTE.

Une liste comprenant environ deux cents noms, désignés parmi les notabilités, les principaux propriétaires ou industriels du pays, a été dressée de concert avec le préfet à Draguignan, et, le 1er décembre dernier, une lettre de convocation, faisant connaître le but et la date de l'Enquête, était adressée à chacune des personnes invitées à déposer.

L'Enquête, du reste, a été publique, et tous ceux qui s'y sont présentés soit pour déposer, soit pour entendre, ont été reçus.

A la lettre de convocation se trouvait annexé un questionnaire indiquant les points principaux à examiner, moins pour limiter le champ des observations que pour appeler l'attention sur certaines questions dont l'importance paraissait prépondérante.

Avant de recevoir les dépositions, il m'a paru opportun d'apprécier la situation exacte des forêts de la zone schisteuse et granitique du Var, tant au point de vue de la consistance des peuplements existants que sous le rapport de l'importance économique de leurs produits ligneux. A cet effet, j'ai consacré trois jours à visiter les massifs les plus étendus de la contrée, et après cette reconnaissance des lieux, faite avec l'assistance du conservateur et des agents locaux, je me suis rendu successivement à Draguignan, les 14 et 15 décembre; à Hyères, les 16 et 17; à Fréjus, les 18 et 19.

Pendant les six jours consacrés à cette Enquête, 42 déposants ont été entendus et plusieurs dépositions écrites ont été recueillies; d'autres ont été adressées ultérieurement, et leur nombre s'élève à 75.

On a donc reçu 117 dépositions orales ou écrites. Ces documents dénotent de la part des populations locales une vive préoccupation des besoins généraux du pays, et l'empressement avec lequel les personnes convoquées ont apporté le concours de leurs lumières ne laisse aucun doute sur l'intérêt sérieux que présente la question des incendies dans les forêts du Var.

Les dépositions se sont principalement groupées autour des onze questions suivantes, savoir :

1.

Division de la propriété boisée. — Répartition des essences. — Étendues : exposées aux incendies; à l'abri du feu; parcourues par les incendies.

2.

Valeur de l'hectare suivant la nature du peuplement et les chances d'incendie. — Valeur des produits ligneux.

3.

Causes des incendies. — Circonstances qui favorisent leur propagation.

4.

Viabilité. — Son influence sur les travaux de préservation et de mise en valeur.

5.

Débroussaillement. — Cultures temporaires. — Concessions de menus produits dans les forêts communales et domaniales. — Chèvres.

6.

Nettoiement par le petit feu.

7.

Réseau général de tranchées. — Tranchées délimitatives.

8.

Réglementation des écobuages pendant la saison sèche (art. 148, C. F. et 458, C.P.). Influence de la chasse en forêt avant l'époque des pluies.

9.

Surveillance. — Brigades ambulantes (art. 188, C. F.). — Sapeurs forestiers. — Contre-feu.

10.

Syndicats libres ou autorisés pour l'exécution des travaux de préservation contre les incendies.

11.

Scieries locomobiles. — Gemmage. — Culture du chêne liége et maladie de ce végétal. — Repeuplements artificiels. — Gazonnement des bois débroussaillés.

II.

EXAMEN DES POINTS SOULEVÉS DANS L'ENQUÊTE ET DES OBSERVATIONS PRÉSENTÉES PAR LES DÉPOSANTS.

—

1. — Division de la propriété boisée. — Répartition des essences. — Étendues : exposées aux incendies ; à l'abri du feu ; parcourues par les incendies.

La propriété boisée, dans la région des Maures et de l'Esterel, occupe une superficie de 111,331 hect. 43 ares ainsi répartie :

Aux particuliers.............................. 81,978^{h}11^a
Aux communes................................ 21,402 17
A l'État...................................... 7,951 15

Les forêts de l'État forment de grandes masses dont les plus importantes sont l'Esterel, d'une contenance de 3,562 hect. 72 ares, et le Dom-de-Bormes, d'une étendue de 1,922 hect. 54 ares.

Il en est de même, en général, pour celles des communes, et on peut citer, parmi les plus considérables :

Bagnols, d'une contenance de..................... 2,616^{h}79^a
Pierrefeu...................................... 2,793 18
Les Adrets-de-Montauroux....................... 1,853 14
Tanneron...................................... 1,646
Collobrières................................... 1,529 24

Quant aux bois des particuliers, il ne serait pas possible, à moins de procéder à un relevé cadastral effectué commune par commune, de se fixer avec quelque précision sur la division du sol en grandes, moyennes et petites propriétés. Il suffit d'être renseigné sur les bases de cette division, et les dépositions ont fourni, à cet égard, de précieux renseignements qui sont parfaitement d'accord avec la constitution générale de la propriété en France.

On remarque, en effet, que dans les parties les plus riches, dans celles où, en raison de l'abondance des liéges, de la proximité des centres de consommation ou de fabrication, de l'existence de voies de transport, les produits ligneux sont recherchés, le territoire est très-divisé et les petites propriétés tendent à dominer. Dans les portions reculées, au contraire, où, pour des motifs inverses, les forêts sont dépréciées, elles forment de grandes propriétés ayant plusieurs milliers d'hectares de superficie.

Il est établi, d'une manière générale, que la proportion des petites propriétés est fort élevée dans les bois de chênes liéges en plein rapport, tandis que les forêts de pins sont, pour la plupart, réparties en un nombre limité de grandes propriétés.

Cette situation n'a rien qui doive surprendre, et les résultats qu'elle a produits sont dignes de fixer l'attention, car il paraît démontré que les forêts de faible étendue sont, le plus souvent, dans de meilleures conditions de mise en valeur que les grands domaines; et c'est là une supériorité marquée, dans une contrée où les mesures de préservation contre l'incendie sont le premier élément de mise en valeur. D'un autre côté, il faut reconnaître que le morcellement de la propriété n'est pas favorable aux idées d'association, et si des syndicats de protection étaient susceptibles de s'organiser, ce serait plutôt pour de grandes superficies, réparties en un nombre restreint de propriétés, que pour les territoires extrêmement morcelés. Quoi qu'il en soit, toutes les forêts de la région, formant à de rares exceptions près des massifs continus, sont liées entre elles par des intérêts solidaires, résultant de la propagation facile des incendies, et ce besoin de défense contre un danger commun crée entre elles un lien indissoluble.

Les essences dominantes sont le pin maritime et le chêne liége. Bien qu'elles aient des préférences et que, par suite, elles soient inégalement réparties, on les rencontre à peu près partout en mélange, et il est rare de parcourir une parcelle peuplée de pins sans y constater la présence du chêne liége. Le pin est sinon plus rustique, du moins plus envahissant que le chêne liége, à cause de la facilité avec laquelle s'opère sa reproduction par semis naturel; aussi, la tendance générale est-elle de repousser le pin dans les bois où le chêne liége se trouve en quantité suffisante.

La substitution du chêne liége aux résineux, qui s'opérera avec d'autant plus d'activité que les produits subéreux seront plus recherchés, détermine progressivement une réduction dans la superficie occupée par le pin; mais, dans les conditions actuelles, on peut admettre que cette essence occupe environ les deux tiers de l'étendue totale des bois qui couvrent les terrains schisteux ou granitiques du Var.

Le châtaignier est peu répandu. Il a néanmoins une importance sérieuse, en raison de ses fruits et de la valeur de son bois à tout âge; aussi, est-il à présumer que, dans un avenir peu éloigné, il sera en possession des terrains fertiles situés aux expositions fraîches, où règne maintenant le pin maritime.

D'autres essences utiles, telles que le pin d'Alep, les chênes à feuilles caduques et les chênes verts, sont susceptibles de prospérer dans la région des Maures et de l'Esterel; mais elles s'y trouvent dans de si faibles proportions qu'il suffit de les mentionner.

Les indications fournies par les déposants, en ce qui concerne les étendues à l'abri du danger des incendies ou parcourues par le feu, sont limitées à la localité habitée par chacun d'eux; elles n'offrent pas pour cela un moindre intérêt, puisqu'elles témoignent des progrès réalisés dans la pratique de la culture forestière pour chaque commune : on arrive à se convaincre aisément, par un examen comparatif, que les efforts individuels ont toujours été proportionnés aux avantages à retirer des travaux de préservation, et que nulle part les propriétaires n'ont fait preuve d'indifférence ou d'inertie.

Ces renseignements locaux étant insuffisants pour permettre une appréciation d'ensemble, il a été procédé à un relevé général, destiné à faire connaître, par catégorie de propriété, les étendues exposées au danger des incendies et celles qui s'en trouvent affranchies.

D'après ce document, les forêts exposées au danger des incendies ou à l'abri de ce fléau sont ainsi réparties :

1° ÉTENDUES A L'ABRI DU FEU.

APPARTENANT À L'ÉTAT.	APPARTENANT AUX COMMUNES.	APPARTENANT AUX PARTICULIERS.	TOTAL.
867ʰ 87ᵃ	3,878ʰ 84ᵃ	34,404ʰ 29ᵃ	39,150ʰ 97ᵃ

2° ÉTENDUES EXPOSÉES AU DANGER DES INCENDIES.

APPARTENANT À L'ÉTAT.	APPARTENANT AUX COMMUNES.	APPARTENANT AUX PARTICULIERS.	TOTAL.
7,082ʰ 74ᵃ	17,520ʰ 96ᵃ	47,574ʰ 02ᵃ	72,177ʰ 72ᵃ

Ainsi, les peuplements qui occupent 72,000 hectares peuvent être détruits par le feu, et 39,000 hectares seulement, soit environ 35 p. o/o de la superficie totale, sont à l'abri du fléau.

Ces chiffres parlent assez haut, et il serait surabondant de faire ressortir les considérations d'intérêt général qui recommandent des mesures de préservation.

Quant aux étendues parcourues par les incendies, pendant les vingt dernières années, quoiqu'il soit impossible de s'en rendre un compte précis, puisque le feu a exercé ses ravages parfois, à diverses reprises, sur les mêmes points, on peut évaluer approximativement, d'après les indications de l'Enquête, que les superficies ravagées sont supérieures à la moitié de la contrée.

2. — Valeur de l'hectare suivant la nature du peuplement et les chances d'incendie. — Valeur des produits ligneux.

Les prix, qui ont été indiqués par les déposants pour les immeubles forestiers, suivant qu'ils sont peuplés en chêne liége, en châtaignier ou en pin maritime, sont extrêmement variables, et il ne pouvait en être autrement. La valeur de la propriété boisée, en raison de ses produits, d'ordinaire lourds et encombrants, ressent d'une manière très-directe les influences d'une bonne viabilité et de la proximité des centres servant aux débouchés. Or, la région des Maures et de l'Esterel, formant un massif considérable presque inhabité, consomme peu par elle-même. Les débouchés se trouvent relégués aux confins de la région, soit sur le littoral de la Méditerranée, soit sur la ligne du chemin de fer, qui la délimite sensiblement au nord, et on devait s'attendre à rencontrer des variations très-marquées dans les prix de l'hectare en fonds et en superficie.

On peut se faire cependant une idée de ces variations, en comparant les prix signalés d'une part pour les territoires les plus ouverts au commerce et à l'industrie, et d'un autre côté pour les points les plus reculés.

Dans le premier cas, les valeurs comparatives seraient à peu près les suivantes, savoir :

Pour l'hectare de pin.................................... 900f
Pour l'hectare de liége................................. 1,400
Pour l'hectare de châtaignier........................... 2,000

Dans la seconde hypothèse, ces valeurs seraient réduites aux chiffres indiqués ci-après :

Pour l'hectare de pin.................................... 300f
Pour l'hectare de liége................................. 700
Pour l'hectare de châtaignier........................ 1,500 à 2,000

Les écarts portent surtout sur les peuplements de pin et de chêne liége, et encore ne peut-on tenir compte des modifications apportées à ces chiffres par le mélange des essences. Le châtaignier, qui est surtout cultivé pour ses fruits, ne compose à proprement parler que des vergers ; il occupe de faibles espaces et ne forme que l'exception. Pour le pin et le chêne liége, qui constituent à eux seuls les vastes massifs des

Maures et de l'Esterel, la différence prend une importance considérable si l'on songe qu'elle affecte une superficie de près de 110,000 hectares, et que la dépréciation signalée détermine une diminution très-notable dans la valeur du capital forestier de la contrée.

On estime que les chances d'incendie font perdre à une forêt une grande partie de sa valeur, la moitié ou le quart. Dans certains cas même, cette valeur semble ne pouvoir être appréciée en argent, tant le danger du feu paraît menaçant.

Il n'est pas sans intérêt d'appliquer ces données aux chiffres de la contenance des superficies boisées, et d'indiquer par un calcul sommaire la plus-value dont ces bois sont susceptibles.

Dans l'état actuel, 72,000 hectares environ sont exposés au danger des incendies ; 39,000 environ s'en trouvent affranchis.

Que l'on suppose pour un instant, d'après les indications générales consignées à l'Enquête, que le prix moyen des forêts à l'abri du feu est fixé à 800 francs l'hectare, et les renseignements fournis font supposer que ce prix est plutôt au-dessous qu'au-dessus de la réalité ; en appliquant ce chiffre à l'ensemble de la région, on obtiendrait, pour la totalité des 111,000 hectares, la valeur capitale en fonds et superficie de 88,800,000 francs. Si l'on admet maintenant, avec les déposants, que la valeur de l'hectare exposé aux chances d'incendie subit une dépréciation de moitié, on aura, pour les 72,000 hectares, soumis à ce danger, une diminution de $72,000 \times 400$ francs, soit un abaissement de valeur représenté par 28,800,000 francs. Ce chiffre, qui est certainement au-dessous de la réalité, exprime, dans une certaine mesure, la perte que font éprouver à la propriété boisée du Var les chances de feu, et justifie les aspirations des intéressés à sortir d'une pareille situation.

D'après le calcul qui précède, la valeur actuelle de l'ensemble des forêts de la région serait de 60 millions environ.

Examinons maintenant les divers produits ligneux fournis sur place, eu égard aux industries qui les emploient.

NATURE D'INDUSTRIE.	PRODUITS EMPLOYÉS.	VALEUR MOYENNE des PRODUITS À L'UNITÉ.	VALEUR TOTALE des produits.
Charpente.	6,745 mètres.	12f 00c	80,940f
Menuiserie.	15,633	12 00	187,596
Scieries.	9,155	14 00	128,170
Tonnellerie (châtaigniers.).	480	125 00	60,000
Perches à mines.	600	30 00	180,000
Chauffage.	42,904 stères.	5 50	235,972
Fours à plâtre.	436	4 25	1,853
Papeteries.	60	4 25	255
Marine (bois de pin).	400	4 25	1,700
Distilleries.	528	4 25	2,244
Huileries.	1,390	5 00	6,950
Savonneries.	300	6 00	1,800
Fabriques de pipes (racines de bruyères)...	751,440 kilog.	2 00 les 100 kil.	15,029
Chauffage (souches, morts-bois).	400,000	0 40 idem.	1,600
Charbon.	1,100,000	4 00 idem.	44,000
Boulangeries.	2,297,000 fascines.	4 00 le cent.	91,880
Tuileries, poteries, briqueteries.	526,000	4 00 idem.	21,040
Balais (bruyères).	10,000 bourrées.	7 00 idem.	700
Écorce à tan.	448,000 kilog.	10 00 les 100 kil.	44,800
Écorce de chêne liége	1,962,310	50 00 idem.	981,155
TOTAL GÉNÉRAL de la valeur des produits.			1,925,684

La valeur vénale des produits ligneux, fournis annuellement par les bois de la région des Maures et de l'Esterel, est donc de 1,925,684 francs, soit 2 millions en chiffre rond. Ce total, qui représente le revenu de ces propriétés, concorde avec l'évaluation approximative de leur valeur capitale fixée à 60 millions, puisqu'en rapprochant ces chiffres on trouve pour leur rapport 3.33 p. o/o, c'est-à-dire à peu près le taux de placement usité pour les propriétés boisées.

Ce n'est là, toutefois, qu'une approximation, et il ne faudrait pas attribuer un caractère sensiblement fixe au revenu indiqué ci-dessus. On comprend, en effet, que les masses plus ou moins considérables jetées brusquement dans la consommation, à la suite des grands incendies, modifient d'une manière sensible le rendement annuel. Il est à remarquer, à ce propos, que plusieurs incendies ont parcouru de vastes étendues dans le cours des dix dernières années, et que, par suite, le revenu indiqué doit se trouver au-dessus de la moyenne générale.

Quoi qu'il en soit, cet exposé suffit pour faire apprécier l'importance générale des ressources de la contrée, la variété de ses produits ligneux et la dépréciation notable que le danger des incendies fait peser sur leur valeur commerciale.

3. — Causes des incendies. — Circonstances qui favorisent leur propagation.

Les causes des incendies sont de deux sortes : les unes, purement intrinsèques, tiennent à la nature des forêts et sont étroitement liées aux productions végétales de la contrée; les autres ont un caractère uniquement occasionnel et ne produisent un sinistre qu'en raison des circonstances spéciales qui caractérisent la région des Maures et de l'Esterel.

Cette distinction est essentielle à maintenir, afin de bien faire ressortir la situation exceptionnelle des massifs des Maures et de l'Esterel. On peut, au premier abord, éprouver quelque surprise en voyant que les incendies, n'exerçant aucun ravage appréciable dans les deux tiers du département du Var, deviennent un véritable fléau dans le surplus de son territoire. Cette différence dans la constitution des forêts d'une même région, se trouvant à peu près dans les mêmes conditions de climat et d'altitude, tient uniquement à la variété des éléments minéralogiques du sol sur lequel elles reposent. D'une part, on rencontre des sols calcaires dans lesquels croissent les chênes blancs et verts, les pins d'Alep entremêlés d'un petit nombre d'arbustes; la végétation s'y produit dans des conditions ordinaires; les forêts n'y sont pas envahies par les morts-bois; leurs peuplements, composés en grande partie d'essences feuillues, sont peu combustibles : aussi, bien que les habitudes culturales y soient les mêmes que dans la région granitique, les incendies n'y déterminent jamais des ravages sérieux.

Dans les Maures et l'Esterel, au contraire, où le sol provient de la décomposition de roches anciennes (*schistes, grès, gneiss, granits,* etc.), les essences précieuses se développent avec une vigueur exceptionnelle, au milieu de massifs impénétrables de morts-bois, parmi lesquels la bruyère, le plus dangereux de tous, domine. C'est à ce sous-étage de morts-bois et aux amas de détritus secs que les incendies sont attribués avec raison. Ces matières, parmi lesquelles il faut surtout signaler les feuilles desséchées des résineux et les bruyères arborescentes, constituent le véritable aliment des incendies. Les déposants sont unanimes à le reconnaître, et leur témoignage ne peut laisser subsister un doute à ce sujet.

Pendant la saison chaude, ce sous-étage, existant à l'état naturel dans tous les massifs de la contrée, parvient à un tel degré de dessiccation qu'il suffit de la moindre étincelle pour produire la combustion. Lorsque le feu s'est déclaré, il se propage avec une rapidité plus ou moins grande, suivant la violence du vent, et on est disposé à admettre que, si le mistral souffle avec force, tous les moyens employés pour combattre l'incendie sont, le plus souvent, inefficaces et toujours dangereux pour les travailleurs. Dans ces circonstances, les cônes de pin seraient un agent de propagation des plus dangereux : de nombreux témoins oculaires affirment, en effet, que, sous l'influence de la chaleur de l'incendie, les strobiles encore verts éclatent, et que leurs débris enflammés peuvent allumer de nouveaux foyers à plusieurs centaines de mètres de leur point de départ; les flammèches et les fragments des écorces de résineux, qui pétillent sous l'action du feu, concourent au même résultat : de sorte qu'il n'est pas rare de voir de nouveaux incendies se multiplier en arrière de la ligne où les travailleurs combattent la marche du feu. Ces conditions particulières font de l'extinction d'un incendie une opération toujours très-délicate. Le plus souvent, les secours, quelque dévoués qu'ils soient, restent impuissants dans cette lutte inégale contre les forces aveugles de la nature, et le feu ne s'arrête que lorsqu'il n'a plus rien à dévorer.

Avec une pareille accumulation de produits combustibles et en présence d'éléments de propagation si dangereux, on comprend avec quelle attention les intéressés doivent veiller sur les circonstances qui peuvent donner naissance au feu.

Ces circonstances proviennent, pour la plupart, de l'imprudence des fumeurs, des chasseurs, des ouvriers charbonniers ou de ceux qui pratiquent des écobuages. En ce qui concerne les fumeurs, l'imprudence s'explique facilement : dans des massifs où les matières desséchées abondent, il suffit d'un fragment d'allumette encore en combustion, d'une étincelle échappée du fourneau d'une pipe ou d'un débris de cigare pour provoquer un commencement d'incendie.

L'imprudence des chasseurs tient à l'emploi qu'ils font généralement d'étoupes goudronnées pour bourrer leurs armes. Ces bourres s'allument au moment de l'explosion et brûlent lentement; il suffit alors d'un courant d'air pour amener l'inflammation de l'étoupe et des amas combustibles qui se trouvent dans son voisinage. Les faits d'incendie résultant de l'imprudence des chasseurs sont fréquents, et plusieurs exemples saisissants ont été cités à l'appui de cette observation.

Les charbonnières, établies dans l'intérieur des massifs, ont quelquefois donné naissance à des incendies. Mais, de toutes ces causes, celle à laquelle on attribue le rôle prépondérant consiste dans la pratique des écobuages.

Pour procéder à cette opération culturale souvent décrite, on dispose sur le terrain qui doit être ensemencé à l'automne de petits fourneaux formés de mottes de gazons retournés et garnis à l'intérieur de branches et de feuilles sèches. Ces débris sont allumés à un moment donné et procurent, par l'incinération des gazons et des matières végétales environnantes, un élément fertilisant. Les fourneaux d'écobuage une fois allumés, soit dans l'intérieur des massifs où s'exécutent des cultures temporaires, soit à proximité des forêts, ne sont pas toujours l'objet d'une surveillance suffisante; et de cette négligence proviennent la plupart des grands incendies. Du reste, ainsi que l'ont révélé plusieurs dépositions très-intéressantes, la surveillance des fourneaux d'écobuage est une opération des plus minutieuses et toujours de longue durée. Tantôt le fourneau se trouvant à proximité d'une vieille souche de pin ou de châtaignier, d'une racine desséchée, leur communique le feu; il s'y propage lentement, parfois pendant dix ou quinze jours, et c'est là un danger incessant, d'autant plus redoutable qu'il est peu apparent. D'autres fois, la combustion se communique à des amas de feuilles sèches de châtaignier ou à des amoncellements de débris d'écorce de pin ou de chêne liége, produits du démasclage. Ces amas conservent un foyer sourd que la fumée signale à peine, et on conçoit que, sous l'influence d'un vent violent, il puisse y avoir dans chacun de ces faits isolés une cause d'incendie.

La malveillance n'est peut-être pas complétement étrangère à ces sinistres; mais on peut au moins constater avec satisfaction qu'elle entre, pour une très-faible part, dans les causes accidentelles qui ont été signalées. On semble l'attribuer aux restrictions qui seraient apportées aux délivrances de menus produits dans les forêts communales et domaniales. Cette assertion tombe d'elle-même, en présence des mesures adoptées à ce sujet par l'Administration forestière, et quelques détails à ce sujet ne seront pas superflus.

Dans les forêts domaniales, les menus produits sont concédés gratuitement pour l'année, sous certaines conditions d'ordre indispensables et à charge, pour chaque concessionnaire, de fournir quatre journées de prestation, employées en améliorations. Ces conditions quoique fort légères en elles-mêmes, sont encore souvent adoucies dans la pratique, et le nombre de quatre journées est considéré comme un maximum rarement atteint.

Dans les forêts communales, les concessions de menus produits sont faites sur des bases encore plus larges : les journées de prestation sont supprimées le plus souvent ou réduites à une seule par an.

Ces avantages faits aux habitants des communes propriétaires de bois, et aux cultivateurs qui se trouvent à proximité des forêts domaniales, sont conçus dans un esprit si libéral qu'on est conduit à se demander si les déposants qui ont présenté des observations à ce sujet avaient une connaissance parfaite des arrêtés administratifs qui règlent les concessions de menus produits, dans les bois soumis au régime forestier.

4. — Viabilité.— Son influence sur les travaux de préservation et de mise en valeur.

Si, des causes des incendies, nous passons aux moyens qu'on a proposés pour y porter remède, le rôle de la viabilité a été parfaitement caractérisé par les déposants, et il n'y a pas à se méprendre sur l'influence prépondérante exercée par les routes dans une région à peu près neuve. Il ne faut pas oublier, en effet, que l'exploitation du chêne liége, pour ses produits subéreux, remonte à trente ans environ, et qu'avant cette époque les forêts des Maures et de l'Esterel formaient une zone déserte, à peine explorée, dans laquelle la propriété n'avait pas de valeur appréciable. On cite, à ce propos, des immeubles dont la valeur a été décuplée en quelques années par suite de la culture du liége et de l'ouverture de voies de transport.

L'attention a été également appelée par plusieurs déposants sur la dépréciation dont les produits ligneux sont frappés dans les massifs reculés. Ainsi tel arbre qui serait acheté 20 francs, à proximité d'une route, ne trouve pas preneur à raison de 5o centimes si les transports s'effectuent à dos de mulet. D'autre part, en tenant compte des frais de circulation sur essieu, eu égard à l'unité marchande et au nombre de kilomètres parcourus, on a pu apprécier le rayon au delà duquel les matières ligneuses, propres aux constructions, au chauffage et à divers usages industriels, cessent de donner des produits rémunérateurs.

Ces conditions posées, il est certain que la mise en valeur de ces bois nécessite l'ouverture de voies de transport destinées à relier les lieux de production aux centres de consommation. Indépendamment de l'économie résultant de l'amélioration introduite dans la viabilité, il y a lieu de tenir compte de l'insuffisance de la population locale pour pourvoir aux travaux forestiers.

Cette insuffisance tient en grande partie au défaut de voies de communication, et on conçoit *à priori* que la cherté des transports affectant également les produits extraits des forêts et ceux qui sont consommés par les habitants, ceux-ci se trouvent dans des conditions plus précaires dans l'intérieur du massif des Maures qu'à proximité des centres de population.

La création d'un réseau suffisant de routes, destiné à desservir les forêts, est donc considérée avec raison comme l'élément le plus sérieux de mise en valeur, et certainement on peut admettre, sans sortir des limites d'une appréciation très-modérée, que le prix de ces bois serait au moins doublé, si la viabilité était en rapport avec les besoins. Et pourtant une pareille transformation économique ne représente pas l'avantage le plus important que l'on doit attendre des routes. On sait, en effet, que les morts-bois en sous-étage, dans les peuplements composés de végétaux utiles, constituent par eux-mêmes la cause permanente des incendies; or ces morts-bois n'ont aucune valeur vénale sur place. Non-seulement on ne trouve pas à les concéder à charge d'extraction, mais encore des propriétaires qui réalisent des améliorations intelligentes ont fait connaître que, dans bien des cas, les menus produits une fois arrachés ne trouvent pas preneur à titre gratuit. Ces conditions sont en réalité exceptionnelles si on les compare à celles dans lesquelles se trouvent placées les autres forêts de France. Elles expliquent la situation actuelle de cette contrée du Var, si riche par ses produits, si déshéritée eu égard aux obstacles opposés à leur écoulement, et l'on comprend pourquoi 72,000 hectares sont exposés au danger des incendies, faute d'avoir été l'objet de travaux de nettoiement. Bien que ces travaux soient essentiellement productifs, comme les avantages à en retirer se présentent à une assez longue échéance, certains propriétaires ne se soucient pas d'engager des capitaux dans une pareille opération, qui n'est pas sans danger à cause de la propagation possible du feu, tant que les travaux n'ont pas embrassé tout un bassin; d'autres n'ont pas les ressources suffisantes, de sorte qu'un très-petit nombre se trouve en mesure de faire face aux exigences du présent.

Les inconvénients de l'état actuel des choses sont rendus plus palpables encore par la comparaison des modifications qui se produisent dans le voisinage des routes. Aux abords des voies de transport, les nettoiements s'effectuent sans efforts, et les propriétaires s'y trouvent suffisamment sollicités par la valeur attribuée aux menus produits; ils créent ainsi une zone qui a pour axe la route, plus ou moins profonde suivant les facilités locales, et s'arrêtent au point où l'éloignement des moyens de transports rend l'opération par trop onéreuse.

Actuellement, la viabilité utile aux forêts des Maures et de l'Esterel comprend 1,265 kilom. 800 mètres, ainsi répartis :

```
Voies de fer.....................................  102ᵏ 800ᵐ
Routes impériales................................  153.000
Routes départementales...........................  163.000
Routes vicinales.................................  847.000
```

Un pareil réseau paraît de beaucoup insuffisant, en ce qui concerne notamment les chemins vicinaux. Une étude approfondie pourrait seule permettre d'apprécier le développement que devrait comporter le réseau complémentaire; mais on doit admettre avec les déposants qu'il y a beaucoup à faire.

Il suffira de mentionner ici que dans certains grands bassins forestiers, le massif d'Orléans par exemple, les exploitations sont desservies par 1,000 kilomètres de routes pour une superficie de 30,000 hectares environ.

Les intéressés sont unanimes à ce sujet, et ils reconnaissent aussi que les ressources départementales et communales, affectées à l'exécution des chemins vicinaux, ne sont pas en rapport avec les besoins. A ce propos, l'opinion a été émise qu'il y aurait opportunité, en raison des besoins spéciaux de la contrée, à faire face aux travaux indispensables par des moyens exceptionnels. Les dispositions législatives relatives aux routes forestières de la Corse, aux routes agricoles des landes de la Gascogne, ont été signalées comme des précédents à invoquer en faveur du Var, et on s'est demandé s'il n'y aurait pas lieu de recourir à des moyens analogues.

5. — Débroussaillement. — Cultures temporaires. — Concessions de menus produits dans les forêts communales et domaniales. — Chèvres.

Les considérations exposées ci-dessus (§ 3, *Causes des incendies*), relativement au danger résultant de la présence des morts-bois, ont établi la nécessité de débarrasser les forêts de leur sous-étage arbustif, composé en général de bruyères, arbousiers, alaternes, térébinthes, lentisques, cistes, etc., qui forme, avec les amas de feuilles desséchées, l'aliment exclusif des incendies. Pour opérer ces nettoiements, qui répondent à un double but d'intérêt général de préservation et de mise en valeur, le procédé le plus recommandé consiste à arracher tous les végétaux inférieurs, en ayant le soin d'extraire le mieux possible leurs souches. Ce premier travail, quelque bien fait qu'il soit, n'est jamais définitif, en raison de la vigueur que présente la végétation dans les terrains schisteux ou granitiques. Les semences entraînées par le vent et les fragments de souches laissés dans le sol produisent, dans une période assez courte, qui peut varier de cinq à dix ans, un nouveau recru. Celui-ci, à la vérité, est beaucoup moins serré et tenace que le premier ; mais il est indispensable de le faire disparaître, sous peine d'avoir à recommencer plus tard ou d'exposer les massifs aux mêmes dangers. Du reste, les opérations de nettoiement qui succèdent à un arrachage complet sont des travaux relativement peu onéreux, comparés à ceux occasionnés par le premier nettoiement.

Ainsi, le prix de la main-d'œuvre, pour extraire complétement les morts-bois sur un hectare, varie de 50 à 300 francs. Ces différences s'expliquent par la quantité des arbustes, le taux plus ou moins élevé de la main-d'œuvre, les difficultés du terrain. Il est certain, par exemple, que les extractions s'opèrent beaucoup plus facilement, toutes choses égales d'ailleurs, dans les sols sablonneux que dans les terrains rocheux et abrupts.

Ces chiffres indiquent les limites extrêmes de la dépense, et l'on peut admettre que la dépense moyenne, à laquelle donne lieu le débroussaillement d'un hectare, varie entre 80 et 100 francs.

Les frais occasionnés par les nettoiements ultérieurs, qui doivent se répéter à des intervalles de cinq à dix ans, varient, suivant les difficultés locales, de 2 à 5 francs par hectare et ne s'écartent pas sensiblement des conditions ordinaires d'entretien d'une bonne exploitation.

L'importance de l'opération est dans le premier débroussaillement; il nécessite une dépense fort élevée et sans profit immédiat, si les forêts dans lesquelles s'exécutent les travaux sont éloignées des voies de transport ou des centres de consommation. C'est le cas le plus général, pour la région des Maures et de l'Esterel, de sorte que le plus souvent les propriétaires sont dans l'obligation de faire incinérer sur place et en pure perte les produits des nettoiements.

Ces conditions spéciales de dépenses faites sans profit pour le présent, et en vue d'avantages considérables, il est vrai, mais réalisables seulement dans un avenir éloigné, sont l'obstacle le plus sérieux à la pratique si recommandée des débroussaillements; aussi, ne doit-on pas s'étonner que les intéressés aient cherché à compenser en totalité ou en partie les frais de l'opération au moyen des cultures temporaires.

Ces cultures, effectuées après l'extraction des souches, lorsque le sol s'est trouvé ainsi ameubli, ne paraissent pas préjudiciables par elles-mêmes, lorsque le terrain ne présente pas de fortes déclivités, que le sol est suffisamment fertile et que l'opération ne se prolonge pas au delà de deux années. On remarque même qu'elles ont pour résultat de prévenir le retour des arbustes nuisibles dans les parties débroussaillées; si bien, qu'en ayant le soin de mélanger aux céréales ensemencées des graines de végétaux forestiers, la culture pourrait concourir utilement au repeuplement de la forêt.

Par les produits qu'elles procurent, de même que par leurs conséquences au point de vue du nettoiement ou du repeuplement, les cultures ne sont donc pas une pratique à repousser.

D'un autre côté, elles contribuent à fournir les céréales nécessaires à l'alimentation publique, et sous ce rapport elles offrent un intérêt sérieux, si l'on songe que les champs consacrés à l'agriculture occupent de très-faibles superficies dans la contrée.

Considérées sous ces divers aspects, les cultures temporaires rendraient ainsi des services incontestables. Il est bon de l'établir ici avant de s'expliquer sur les dangers qu'elles offrent, eu égard aux chances d'incendies, et sur l'opportunité de réglementer leur exécution, en tenant compte de la nécessité de leur maintien comme stimulant au débroussaillement.

Les débroussaillements par voie d'extraction de souches, avec ou sans culture temporaire, reçoivent surtout leur application dans les forêts de chêne liége et dans celles où le pin croît en mélange avec cette essence précieuse.

Dans les bois exclusivement peuplés en pin, le revenu n'est pas, en général, assez élevé pour motiver une pareille dépense de mise en valeur; d'autre part, les peuplements résineux, toujours à l'état jardiné, contenant des bois de tous âges, sur un même point, se prêtent difficilement aux cultures temporaires.

Pour les massifs de chêne liége, au contraire, le rendement en argent est très-élevé (de 80 à 120 francs par hectare); en outre, les arbres ne sont pas à l'état serré, de sorte que les frais de débroussaillement sont proportionnés à l'importance du capital, et que, d'un autre côté, le terrain présente des vides suffisants pour les exigences de la culture. Lorsque le pin est en mélange avec le liége, la tendance, parfaitement justifiée d'ailleurs, est de proscrire le pin aux abords des liéges, de manière à favoriser le développement de cette dernière essence. A ce point de vue encore, les extractions suivies de culture ont pour effet de prévenir les repeuplements en pins, qui se produisent avec abondance. Il ne serait pourtant pas à conseiller de proscrire aveuglément le pin maritime dans le cours des nettoiements. Sans doute, il ne doit pas être maintenu au détriment du liége; mais c'est seulement lorsque cette dernière essence est susceptible de prospérer qu'il est bon de lui sacrifier le pin.

Dans le paragraphe 3 ci-dessus, concernant les causes des incendies, on a fait connaître les mesures relatives aux concessions de menus produits dans les forêts communales et domaniales. Il n'y a donc pas lieu de revenir ici sur ce sujet; il suffit de rappeler que les extractions de morts-bois sont autorisées dans une large mesure et encouragées par tous les moyens dont dispose l'Administration forestière.

Les conditions d'ordre imposées aux concessionnaires, bien que fort peu gênantes, puisqu'on leur permet l'emploi de tous les instruments nécessaires et l'introduction des voitures dans les chemins ordinaires, feront l'objet d'un nouvel examen; et s'il est possible d'accroître les facilités accordées sans compromettre l'avenir des peuplements existants, je crois pouvoir le dire ici en passant à Votre Excellence, l'Administration des forêts ne perdra pas une occasion précieuse de favoriser l'enlèvement des arbustes nuisibles, tout en donnant satisfaction aux besoins des populations locales.

Les chèvres ont aussi été signalées comme pouvant, dans une certaine mesure, concourir au nettoiement des forêts. Cette opinion, qui a rencontré beaucoup de contradicteurs, ne semble pas justifiée.

On remarque bien, en effet, que les chèvres mangent les jeunes pousses de certains morts-bois, mais l'arbuste n'en continue pas moins à vivre. Il prend seulement l'aspect buissonnant; il cesse de croître en hauteur pour s'étaler; ses branches, constamment arrêtées par la dent du bétail, se ramifient à l'infini et donnent aux végétaux abroutis une apparence analogue à celle des végétaux qui sont soumis à la taille continue du ciseau. Ce changement d'état, dans le port des arbustes abroutis, se produit en même temps que l'induration des éléments ligneux, si bien que dans les bois abandonnés au parcours des chèvres ces bestiaux en viennent, après un certain temps, à s'affamer eux-mêmes.

Ainsi, la chèvre ne détruit pas les morts-bois; elle se borne à modifier l'attitude des arbustes, et il est permis de penser que sous la forme buissonnante ils ne sont pas moins combustibles que livrés à leur nature.

Ce point posé, la prévoyance du législateur (art. 78, C. F.) se justifie dans les forêts des Maures et de l'Esterel aussi bien que pour les massifs boisés des autres contrées de la France. La preuve en est que les propriétaires, soucieux de la bonne gestion de leurs fonds, interdisent d'une manière à peu près absolue l'entrée de leurs bois aux chèvres.

Il n'est pas à dire pour cela que dans certains peuplements complets, parvenus à l'âge de défensabilité, dont les feuillages et l'écorce sont à l'abri de la dent du bétail, la chèvre ait une influence nuisible; mais ce sont là, il faut le reconnaître, des cas exceptionnels pour lesquels chaque propriétaire est le meilleur appréciateur des mesures à adopter.

En thèse générale, l'introduction des chèvres est préjudiciable à la culture forestière et ne peut être recommandée comme venant en aide au débroussaillement.

6. — Nettoiement par le petit feu.

Il a été question, dans le paragraphe précédent, du nettoiement par voie de débroussaillement, avec arrachage de souches, qui est usité avec succès dans les massifs purs ou mélangés de chênes liéges.

Le nettoiement est plus indispensable encore dans les forêts résineuses que dans les peuplements feuillus; on sait, en effet, que les aiguilles de pin desséchées, arrivant par leurs dépôts successifs à former des couches épaisses sur le sol, sont un des éléments de combustion les plus dangereux, et que, d'un autre côté, les fragments de cônes et d'écorces peuvent propager le feu à de très-grandes distances. Il est donc essentiel, pour sauvegarder ces forêts, de maintenir le sol dans un état de propreté aussi complet que possible.

Les frais de nettoiement par arrachage de souches étant le plus souvent trop élevés pour que cette méthode pût être généralisée dans les forêts résineuses, on a dû rechercher des procédés plus économiques, et un propriétaire de la contrée, M. de More, a imaginé d'employer le feu comme moyen de destruction des sous-bois.

Cette pratique, connue sous le nom de petit feu, est usitée sur une large échelle, dans la plupart des grandes forêts de pins appartenant aux particuliers, et l'on doit constater qu'elle a produit de très-heureux résultats.

Dans son application, le petit feu exige certaines précautions; et d'abord on conseille de n'en faire usage qu'en hiver, lorsque la propagation du feu est le moins à redouter. En outre, il est essentiel, pour ne pas s'exposer à détruire avec les morts-bois l'avenir de la forêt, de le pratiquer seulement dans les peuplements âgés de quinze à vingt ans au moins et suffisamment complets, pour que le jeune recru puisse être impunément sacrifié.

Ces conditions premières étant observées, on a soin d'isoler, à l'aide d'une étroite tranchée parfaitement nettoyée et ratissée, la parcelle où l'on doit mettre le petit feu. Lorsque les morts-bois sont très-abondants et de grande taille, leur combustion ne serait pas sans danger pour les végétaux utiles environnants, et il est recommandé, pour la première opération, de les couper au préalable.

Ces précautions sont suffisantes pour permettre à des ouvriers exercés d'allumer le petit feu. Ils commencent, d'ordinaire, par la partie supérieure d'un versant en dispersant les points d'attaque, de manière à ce que le feu marche dans la direction du vent. Ils disposent alors des foyers de place en place, à l'aide de poignées de feuilles de pin enflammées. Quand les morts-bois commencent à flamber, des ouvriers suivent l'opération et dégagent les jeunes plants à conserver des feuilles qui se trouvent autour de leur pied, pendant que d'autres, armés de râteaux en fer, se tiennent sur la tranchée qui circonscrit l'enceinte, pour empêcher le feu de passer outre.

Cette opération détruit momentanément les morts-bois sans appauvrir le sol, puisque la combustion lui restitue par l'incinération les produits destinés à se décomposer lentement; aussi la végétation arbustive ne tarde-t-elle pas à se manifester de nouveau avec vigueur, et il devient nécessaire de recommencer le nettoiement à des intervalles assez rapprochés qui varient, suivant les localités, de trois à six ans.

Il est vrai de dire que le nettoiement par le petit feu nécessite peu de dépense : les frais de l'opération excèdent rarement 1 franc, et sont souvent inférieurs à 25 centimes par hectare.

Le bas prix de ce procédé de nettoiement, aussi bien que les résultats qu'il procure dans ses applications intelligentes, en font une méthode très-recommandée *pour les massifs résineux.*

L'efficacité de la méthode du petit feu est si bien reconnue, que les bois traités de la sorte peuvent être assurés à des conditions convenables.

7. — Réseau général de tranchées. — Tranchées délimitatives.

Les tranchées garde-feu sont de deux sortes : les unes relativement étroites (de 2 à 10 mètres) seraient entièrement découvertes et formeraient des vides allongés dans les massifs, en vue d'établir des solutions de continuité ; les autres, beaucoup plus larges (de 40 à 100 mètres), parfaitement purgées de morts-bois, conserveraient des peuplements de végétaux feuillus, composés des essences à la fois les moins combustibles et les plus utiles, de manière à constituer de véritables écrans, sur lesquels viendraient s'arrêter les fragments embrasés, portés par le vent à de très-grandes distances.

D'une manière générale, le nettoiement complet du sol est le seul procédé considéré comme réellement efficace pour mettre les massifs à l'abri de l'incendie. Les tranchées garde-feu, quelles que soient les dispositions adoptées à leur égard, ne paraissent pas devoir être conseillées comme un moyen de préservation définitif. On les admet, à titre de palliatif, et seulement dans un but transitoire, en attendant que les nettoiements complets puissent être effectués.

Sans sortir de cet ordre d'idées, on reconnaît qu'un réseau de tranchées ne peut être qu'un auxiliaire très-utile, lorsque le feu ayant éclaté il s'agit de prendre des mesures pour procéder à son extinction, et la meilleure preuve à invoquer à l'appui de cette observation, c'est que pour combattre le feu on commence par ouvrir une tranchée à une certaine distance du foyer, puis on dispose les travailleurs sur ce boulevard improvisé. Si donc les forêts se trouvaient divisées en un grand nombre de petites parcelles, isolées les unes des autres par des tranchées étroites, servant au besoin de chemins d'exploitation, et reliées à de grandes bandes feuillues, les conditions seraient aussi favorables que possible pour la défense.

Comme mesure se rattachant à l'établissement de tranchées de débroussaillement, des déposants, en grand nombre, ont émis l'opinion qu'il y aurait utilité à adopter, pour la création de tranchées délimitatives, des règles analogues à celles qui concernent le bornage entre particuliers. On comprend, en effet, que malgré toutes les dispositions prises par un propriétaire, sa forêt se trouvant, dans la plupart des cas, solidaire de celles qui lui sont contiguës, il y aurait lieu de donner à chacun la faculté de contraindre son voisin à s'isoler de lui, à frais communs, par une tranchée large de 20 à 3o mètres. Cette mesure aurait des effets d'autant meilleurs, que le plus souvent les crêtes des montagnes forment la limite des propriétés; et il est à noter que c'est précisément sur les points culminants que le feu peut être combattu avec le plus de chances de succès. Lorsque l'incendie a dévoré un versant, poussé par un vent violent, le courant d'air ayant moins d'intensité sur le revers de la crête, le feu éprouve un temps d'arrêt; il hésite, pour ainsi dire, et c'est à ce moment que les secours peuvent avoir le plus d'action. On comprend, dès lors, quelle serait l'utilité d'une tranchée dans de pareilles circonstances.

On le répète, les tranchées ne sont pas un moyen radical qui puisse équivaloir au débroussaillement complet, mais elle viennent en aide aux efforts entrepris dans les incendies; elles facilitent l'accès des points menacés et assurent la retraite des ouvriers, qui sont trop souvent exposés à être cernés par le feu.

En résumé, la création d'un réseau de tranchées garde-feu constitue une mesure préparatoire au nettoiement complet, très-recommandée, et il serait à désirer que toutes les propriétés boisées fussent séparées les unes des autres par des laies parfaitement entretenues sur une largeur de 20 à 3o mètres.

8. — Réglementation des écobuages pendant la saison sèche (art. 148, C. F. et 458, C. P.).
— Influence de la chasse en forêt avant l'époque des pluies.

La pratique des écobuages pendant la saison sèche, dans l'intérieur ou à proximité des forêts, paraît être la cause la plus générale des incendies, et la plupart des grands sinistres qui ont désolé la contrée lui sont attribués; aussi, l'attention des déposants s'est-elle portée d'une façon toute particulière sur cette question, et ils s'accordent à reconnaître la nécessité de réglementer l'allumage des fourneaux, en vue de sauvegarder les intérêts forestiers sans troubler des habitudes agricoles qui ont leur raison d'être.

Le principe de la réglementation, posé par les arrêtés préfectoraux qui interdisent de procéder à l'écobuage pendant les mois de juin, juillet, août et septembre, est accueilli favorablement, et semble ménager dans une juste mesure les besoins en cause. En effet, d'une part, les cultures des coteaux, celles pour lesquelles on emploie l'incinération dans les fourneaux, peuvent avoir lieu, en temps opportun, à dater du 1er octobre; et, d'un autre côté, le feu est beaucoup moins à redouter après les pluies d'automne qui commencent d'ordinaire vers la fin de septembre.

Le principe en lui-même n'est donc pas à discuter, et il suffit de s'expliquer sur les motifs qui ont pu déterminer l'intervention préfectorale en pareille matière.

L'article 148 du Code forestier, applicable aux bois et forêts en général, est ainsi conçu :

« Il est défendu de porter ou allumer du feu dans l'intérieur et à la « distance de 200 mètres des bois et forêts, sous peine d'une amende de « 20 à 100 francs, sans préjudice, en cas d'incendie, des peines portées « par le Code pénal, et de tous dommages-intérêts, s'il y a lieu. »

Ces dispositions paraissent au premier abord constituer pour la préservation des forêts, en général, des garanties suffisantes. En réalité, ces garanties sont très-incomplètes, en raison des conditions particulières de la propriété boisée dans la zone granitique du Var, car l'article 148 n'est applicable qu'à l'égard des tiers; par suite, un propriétaire de bois peut porter ou allumer du feu dans l'intérieur ou à proximité de sa propriété. Il n'y a contravention qu'autant que le feu allumé se trouve à moins de 200 mètres d'une forêt appartenant à autrui.

Dans cette situation, un propriétaire ne peut invoquer l'article 148 du Code forestier, que si on allume du feu à moins de 200 mètres de sa propriété; or la solidarité qui existe entre les forêts contiguës est telle, que des incendies provoqués dans le territoire de la commune de Collobrières ont parcouru parfois tout l'intervalle qui s'étend entre ce territoire et la mer, sur une longueur de 20 kilomètres environ. Dès lors, un cultivateur imprudent, ou peu soucieux de la responsabilité civile qu'il encourt, pourrait porter atteinte à la sécurité de toute la contrée, sans que les intéressés ou l'autorité pussent prévenir le mal.

C'est en présence de ce danger que le préfet du Var, justement préoccupé des intérêts généraux de la région, a pris, en vertu du paragraphe 5 de l'article 3 de la loi des 16-24 août 1790, un arrêté proscrivant les écobuages pendant la saison sèche. Une telle interdiction est une mesure sage, et on a pu constater que, dans les communes où elle est soigneusement observée, le nombre des incendies a sensiblement diminué. Il est à regretter seulement que les peines encourues par suite d'infraction à ces arrêtés soient trop faibles pour constituer une répression réellement efficace.

Dans l'état actuel de la législation, ce n'est pas la sanction pénale prononcée par le Code forestier qui atteint le contrevenant à cet arrêté : son infraction ne le rend passible que d'une amende de 1 à 5 francs, par application de l'article 471 du Code pénal. Or une répression aussi légère n'est évidemment pas en rapport avec l'importance de la contravention dont il s'agit, et ce qui se passe journellement ne laisse aucun doute sur la complète insuffisance de cette pénalité pour retenir le propriétaire qui, pour un motif quelconque, veut se soustraire aux conditions qui lui sont imposées au nom du bien public.

Il s'agirait donc, par une disposition législative nouvelle, de rendre l'article 148 applicable d'une manière générale dans les forêts qui forment le massif des Maures et de l'Esterel, afin que la prohibition s'étendît à l'ensemble de la propriété boisée, au nom de l'intérêt général, sauf à régler par des arrêtés préfectoraux les mois pendant lesquels les écobuages pourraient être pratiqués sans inconvénients sérieux.

Quelques déposants ont même exprimé l'avis que les peines édictées par l'article 148 du Code forestier n'étaient pas assez fortes, et que la prison serait seule un frein suffisant. Ils ont fait remarquer à ce propos que les imprudences n'étaient pas commises par le grand propriétaire :

4.

pour lui la responsabilité civile est un lien qui le rattache aux intérêts de ses voisins, tandis que le cultivateur peu aisé s'expose parfois, sans réflexion, aux peines pécuniaires ou aux dommages-intérêts qui peuvent être prononcés contre lui.

Du reste, cette question de pénalité a été soulevée par le procureur général à Aix, et le Ministre de la justice en est actuellement saisi.

D'autres déposants ont cru remarquer un défaut de concordance entre les dispositions de l'article 148 du Code forestier et celles contenues dans l'article 458 du Code pénal. En réalité, la contradiction est plus apparente que réelle.

L'article 458 du Code pénal édicte une prescription générale : il a pour but de punir l'incendie des propriétés mobilières et immobilières, causé non par la malveillance, mais par l'imprudence. Il porte que l'incendie résultant d'un feu allumé à moins de 100 mètres des bois et forêts est puni d'une amende de 50 francs au moins et de 500 francs au plus. Ce qu'il décide pour les bois et forêts, il le décide également à l'égard des maisons, édifices, meules, tas de grains, pailles, foins, fourrages, etc.

L'article 148 du Code forestier règle au contraire une matière spéciale et restreinte : il interdit d'allumer du feu à moins de 200 mètres des bois et forêts. Peu importe qu'il y ait eu ou qu'il n'y ait pas eu incendie; le seul fait d'allumer du feu est prévu et réprimé par l'article 148.

Loin de se contredire ou de s'exclure, ces articles se complètent : l'article 148 n'apporte qu'une précaution de plus. Le feu est allumé à plus de 100 mètres mais à moins de 200, l'article 458 ne permet pas de poursuivre. Le feu est allumé à moins de 100 mètres sans avoir causé d'incendie, l'article 458 n'est pas applicable. Le législateur a cependant reconnu que dans les deux cas il y avait, pour les bois et forêts, un dommage possible résultant de cette imprudence et qu'il convenait de réprimer; aussi, dans cette matière spéciale, s'est-il montré un peu plus rigoureux que dans la matière générale.

Les déposants estiment, enfin, qu'on atténuerait beaucoup les causes d'incendie dues à l'imprudence des chasseurs, en retardant l'ouverture de la chasse en forêt jusqu'à l'époque des pluies. La chasse est une occasion pour tout homme qui a un fusil de pénétrer en forêt, et quand on songe aux conséquences désastreuses que peut avoir la moindre imprudence, on comprend avec quelle juste appréhension les propriétaires voient arriver l'époque de l'ouverture. On pourrait, sans doute, opposer à ces craintes la faculté que la loi a donnée au propriétaire de régler l'exercice de la chasse chez lui. Mais, dans la pratique, il en est de la chasse comme des écobuages : personne ne veut encourir l'impopularité que peut entraîner la répression, de sorte que braconniers et chasseurs ont accès partout dès que la chasse est ouverte.

Les intéressés voient le danger, ils le signalent, et, se sentant impuissants à remédier au mal, ils réclament l'intervention de l'autorité supérieure. Ils pensent que cette intervention peut se produire efficacement sans qu'il y ait lieu de recourir à des dispositions nouvelles : la loi du 3 mai 1844 (article 3), en confiant aux préfets le soin d'ouvrir et de fermer la chasse dans chaque département, leur a donné en même temps le pouvoir de fixer plusieurs ouvertures, suivant les exigences locales. Il suffirait donc de retarder l'ouverture de la chasse en forêt jusqu'à l'époque des pluies, c'est-à-dire vers la fin de septembre, pour donner satisfaction à un désir souvent répété, et dissiper une des causes d'incendie.

9. — Surveillance. — Brigades ambulantes (art. 188, C. F.). — Sapeurs forestiers. — Contre-feu.

On s'accorde à penser que la surveillance est insuffisante, en ce qui concerne la pratique des écobuages et que, par suite, il y aurait lieu de modifier l'article 188 du Code forestier, en ce sens que les gardes forestiers devraient être autorisés à constater dans les bois particuliers les infractions à l'article 148 du Code forestier et aux arrêtés préfectoraux interdisant la chasse en forêt pendant la saison sèche. Avant de pourvoir à la création des brigades ambulantes, instituées par arrêté ministériel du 4 juillet dernier, on a examiné la question de savoir s'il ne serait pas possible d'attribuer aux préposés forestiers le caractère de gardes champêtres départementaux, et de leur donner ainsi une action efficace sur l'ensemble de la contrée. Cette combinaison avait tout d'abord paru réalisable et le Ministre de la justice, consulté à ce sujet, fit connaître que le seul moyen légal de mettre les gardes forestiers à même d'agir dans les bois particuliers consisterait à les faire commissionner par chacun des propriétaires.

Cette solution, qui pourrait peut-être recevoir une application pratique si les intéressés étaient groupés en syndicats de protection, soulèverait des difficultés de détail très-multipliées, en raison du grand nombre des intéressés, et il pourrait se produire, en outre, surtout de la part de certains petits propriétaires, des refus d'adhésion qui paralyseraient l'action commune.

Malgré les inconvénients de cette situation, les brigades ambulantes, au nombre de cinq, comprenant quinze gardes forestiers, ont été instituées et ont fonctionné pendant l'été de 1868. Ces préposés étaient dépourvus de tout caractère légal pour verbaliser en dehors des bois soumis au régime forestier, et néanmoins leur présence paraît avoir produit un effet moral assez marqué pour qu'il soit permis de compter sur une influence très-utile si leur intervention était moins limitée.

Le rôle des gardes ambulants se trouve parfaitement déterminé par l'Enquête : ces préposés, employés comme cantonniers aux travaux de routes et d'amélioration dans les forêts domaniales, seraient exclusivement chargés de la surveillance générale du feu, pendant la saison sèche. Ils parcourraient, dans des circonscriptions fixées à l'avance, les forêts, aussi bien celles de l'État que celles appartenant aux communes et aux particuliers, et auraient qualité pour constater les infractions aux dispositions législatives relatives au danger des incendies. Ils devraient veiller aux opérations d'écobuage, en s'assurant par eux-mêmes qu'elles sont convenablement dirigées et que les fourneaux sont surveillés jusqu'à complète extinction. Ils auraient à constater, en outre, les délits de chasse en forêt, avant l'époque fixée pour l'ouverture. L'action préventive exercée par les gardes forestiers devrait être complétée par les agents et les ouvriers employés aux travaux d'amélioration dans les bois particuliers, et, à ce propos, plusieurs déposants ont constaté l'opportunité de renforcer, pendant l'été, le personnel de leurs gardes par l'adjonction d'un certain nombre d'auxiliaires.

La surveillance, ainsi organisée d'après les vues des déposants à l'Enquête, aurait certainement des effets très-sérieux.

A côté des mesures de surveillance, conçues dans la pensée de prévenir l'incendie, prennent place celles qui concernent les secours à donner lorsque le feu est déclaré. La prévoyance la plus soutenue réduira sans doute le nombre des incendies, en atténuera notablement les conséquences, mais ne parviendra vraisemblablement pas à les supprimer d'une manière absolue. Il est donc essentiel de songer à l'organisation des secours.

Dans l'état des choses, lorsqu'un sinistre est signalé on fait appel à la bonne volonté des habitants, et leur concours, il faut le reconnaître, fait rarement défaut. Ce zèle est d'autant plus méritoire que l'extinction des incendies de forêts, surtout quand souffle un vent violent, présente de grands dangers. En outre, l'absence de direction occasionne des inconvénients de plus d'un genre : les travailleurs qui se rendent sur le lieu du sinistre ne reçoivent pas toujours une impulsion uniforme; ils manquent souvent des instruments nécessaires, parfois même des aliments les plus indispensables, de sorte que leurs efforts et leur dévouement se trouvent paralysés dans bien des cas.

L'Enquête fait ressortir clairement la nécessité de favoriser une institution analogue à celle des pompiers dans les villes, afin de créer dans chaque centre de population un noyau d'hommes éprouvés, prêts à se rendre au premier signal sur les points menacés, et agissant de concert avec les gardes forestiers. Il est certain qu'avec une pareille association, dont le fonctionnement serait assuré par le concours et les sympathies des propriétaires forestiers, bien des incendies de nature à prendre de vastes proportions pourraient être arrêtés dès le début. Ces associations se constitueraient, de même que les compagnies de pompiers, avec l'autorisation du préfet, qui approuverait les bases de l'organisation et serait chargé de pourvoir à la nomination des commandants. L'État comme propriétaire de forêts et les communes intéressées auraient tout avantage à encourager des sociétés de sapeurs forestiers organisées pour combattre les incendies.

Une question de principe a été soulevée à propos des mesures à prendre pour arrêter la marche de l'incendie, et il importe de lever les doutes qui pourraient se produire à ce sujet.

On a constaté, en effet, que le moyen le plus généralement employé, peut-être le seul réellement efficace, lorsque le feu est attisé par un vent violent, consiste à allumer un contre-feu. Cette disposition à prendre ne comporte pas de retard; l'incendie marche parfois avec une grande rapidité, et un instant d'hésitation peut compromettre des étendues boisées considérables. Or, il peut être nécessaire d'allumer le contre-feu dans une parcelle éloignée du foyer, et le propriétaire de cette parcelle peut être tenté de reculer devant ce procédé héroïque. D'autres fois le propriétaire est absent, et les personnes qui dirigent les travaux hésitent à assumer une pareille responsabilité, redoutant un recours exercé contre elles.

Cette question, on le voit, présente un caractère de gravité exceptionnel. Dans certaines circonstances, où le contre-feu était commandé par les événements, il n'a pas été placé, en raison d'un scrupule bien naturel, et pourtant la suite a démontré qu'un sacrifice relativement léger aurait déterminé la préservation de plusieurs milliers d'hectares, consumés faute d'avoir fait en temps opportun la part du feu.

On s'est donc demandé si, par une disposition analogue à celle qui est en vigueur pour les sinistres urbains, l'autorité locale qui se trouve sur le théâtre de l'incendie avait les pouvoirs nécessaires pour prescrire d'allumer le contre-feu dans les cas reconnus nécessaires.

La question ainsi posée ne peut être résolue que dans le sens de l'affirmative. Les dispositions législatives existantes (art. 3, § 5, de la loi des 16-24 août 1790) donnent aux autorités préfectorales et municipales pleins pouvoirs pour commander les précautions convenables, en vue de faire cesser les fléaux calamiteux, tels que les incendies, etc. Il ne peut y avoir de doute à cet égard, et, lorsque l'incendie est déclaré,

le maire a le droit, sans encourir la moindre responsabilité de la part
des tiers, d'ordonner d'allumer le contre-feu dans les conditions qui
lui paraissent opportunes, sans tenir compte de l'avis du propriétaire de
la forêt dans laquelle on le place.

10. — Syndicats libres ou autorisés pour l'exécution des travaux de préservation
contre les incendies.

La Société forestière des Maures avait conçu la première la pensée
d'organiser entre propriétaires forestiers des associations syndicales,
ayant pour objet l'application des mesures propres à prévenir les incendies et à mettre obstacle à leur propagation.

Une pareille association, si elle avait pu se constituer, aurait fourni
de précieux enseignements, et il est à regretter que les circonstances
aient mis obstacle à sa réalisation, car on peut supposer que les propriétaires syndiqués ne se seraient pas bornés aux travaux de préservation. Après avoir mis leurs forêts à l'abri du feu, ils n'auraient pas
manqué d'appliquer les forces de l'association à la création de voies de
transport et au développement des industries locales, capables d'accroître la valeur des produits ligneux de la contrée.

Mais si les efforts généreux de la Société forestière des Maures n'ont pas
eu les résultats qu'on aurait pu espérer au début, ils n'ont pas été pour
cela dépensés en pure perte ; ils ont appelé l'examen sur la question des
syndicats libres ou autorisés entre propriétaires forestiers, et l'Enquête
contient à ce sujet des observations fort intéressantes. Il paraît certain,
maintenant, qu'à de très-rares exceptions près les propriétaires n'accueil-
leraient pas avec sympathie des dispositions analogues à celles de la
loi du 21 juin 1865 sur les associations syndicales autorisées. Les répugnances qui se sont manifestées à cet égard s'expliquent par les conditions dans lesquelles se trouve placée aujourd'hui la propriété boisée dans
la région des Maures et de l'Esterel. La consistance des forêts est en effet
très-variable : certaines d'entre elles sont déjà débroussaillées ; d'autres en
voie de l'être ; d'autres, enfin, sont dans un état d'abandon presque complet ; on se trouverait donc conduit forcément à comprendre dans un même

groupe syndiqué des forêts ayant des intérêts sinon opposés, du moins très-distincts. Le principe de l'association comporte une unité d'action pour arriver à un but défini, intéressant dans une mesure parfaitement appréciable les membres du syndicat. Ici le but est clairement indiqué : il faut aux propriétaires d'abord la sécurité, ensuite les éléments indispensables pour une mise en valeur bien entendue; mais où naîtraient les difficultés, c'est lorsque, arrivant aux voies et moyens, on chercherait à établir dans quelle proportion chacun des propriétaires devrait concourir aux efforts communs. Cette difficulté a paru insurmontable dans la pratique, et elle l'est en effet, en raison de la diversité des intérêts engagés.

Ce n'est pas à dire pour cela que l'idée des syndicats doive être repoussée; mais, soit que les populations ne se rendent pas un compte exact des avantages que présentent les associations entre propriétaires, soit que les éléments hétérogènes qui composent la propriété boisée ne se prêtent pas à la combinaison des efforts collectifs, il faut en ajourner l'application.

La Société forestière des Maures se trouvait dans la meilleure situation pour mener son entreprise à bonne fin, et il est permis de penser que, si elle a échoué dans sa tentative toute désintéressée, c'est que la question était insoluble, quant à présent du moins.

11. — Scieries locomobiles. — Gemmage. — Culture du chêne liége et maladie de ce végétal. — Repeuplements artificiels. — Gazonnement des bois débroussaillés.

Telles sont, Monsieur le Ministre, dans leur ensemble, et autant qu'un rapide exposé permettait de le faire connaître, les solutions recommandées par les déposants à l'Enquête, soit à l'initiative des particuliers, soit à la sollicitude du Gouvernement,

Il est encore un ordre de mesures sur lesquelles je dois appeler l'attention de Votre Excellence parce qu'elles ont fixé celle des déposants. Quoiqu'elles aient plutôt pour but la mise en valeur des forêts que leur défense contre les incendies, elles peuvent néanmoins contribuer à la prospérité de ce pays, et à ce titre elles méritent tout l'intérêt de Votre Excellence.

L'emploi des scieries à vapeur locomobiles serait très-avantageux dans une région où, en raison de l'insuffisance de la viabilité, il importe de réduire le plus possible les dimensions et le poids des matières à transporter. La locomobile, pénétrant dans l'intérieur des massifs, opérerait sur place la transformation des bois en grume en produits façonnés, et supprimerait par ce seul fait les frais de transport des déchets qui seraient consumés par la scierie. Le fonctionnement de ces appareils mécaniques occasionnerait peu de dépense, puisqu'on trouverait sur les lieux du combustible sans valeur, et il entraînerait forcément le nettoiement des forêts dans le voisinage de leur station.

L'introduction des locomobiles ne produirait donc que de bons résultats; mais on incline à penser que, d'une part, les routes empierrées ont un développement trop incomplet pour permettre à ces machines de circuler utilement et de parvenir sur les points où l'on trouve de l'eau en quantité suffisante; d'un autre côté, les incendies ont causé de tels ravages qu'on rencontre peu de peuplements résineux, parvenus à maturité, ayant assez d'importance pour comporter actuellement les frais généraux d'une exploitation industrielle.

Plusieurs propriétaires ont introduit chez eux la pratique du gemmage; mais, soit que l'opération n'ait pas été convenablement dirigée, soit que les massifs ne fussent pas dans des conditions d'exploitation convenables, ils n'ont pas tardé à y renoncer.

Cependant, les expériences faites donnent à penser que, si le pin maritime du Var contient moins de galipot que celui des Landes, il fournit plus d'essence de térébenthine et que, par suite, le gemmage peut donner des résultats avantageux.

Jusqu'à présent, les essais tentés n'ont pas le caractère d'une expérience concluante, et il serait bon, avant d'entreprendre des exploitations de cette nature, d'attirer, du département des Landes, des hommes exercés qui introduiraient les méthodes usitées dans la région où le résinage est appliqué en grand.

Toutes les améliorations qui sont de nature à accroître le revenu des forêts sont à recommander, et, à ce point de vue, il ne faut pas négliger le gemmage; toutefois, dans les conditions où sont placées les forêts des Maures et de l'Esterel, il faut songer que des pins écorcés en partie deviendraient plus facilement combustibles, et que la pratique du petit feu n'est pas sans inconvénients dans des massifs de bois résinés.

Le chêne liége est un végétal rustique qui croît spontanément dans des fourrés plus ou moins serrés, composés de pins en mélange et de morts-bois en sous-étage. Sans parler de l'écorçage périodique, les conditions qui lui sont faites par le débroussaillement modifient profondément les habitudes naturelles de ce végétal.

Aussi, est-on disposé à attribuer en partie au nettoiement du sol la maladie dont certains de ces végétaux sont atteints. Il paraîtrait, ce qui tend à donner du poids à cette appréciation, que les chênes liéges malades se rencontrent surtout dans les terrains les plus fertiles et les mieux débroussaillés.

L'attention s'est portée, à ce propos, sur la nécessité de pourvoir, par des repeuplements artificiels, à l'entretien des massifs de chêne liége, et l'on s'est rendu compte des avantages qui pourraient résulter des gazonnements opérés sous ces végétaux, après l'extraction des morts-bois.

Il n'est pas douteux, en effet, que des chênes liéges, venus sur un sol défendu contre les ardeurs du soleil par une couche abondante d'humus et par un sous-étage de végétation arbustive, ont à souffrir des effets de la dessiccation du sol, d'autant plus que les peuplements de cette essence sont d'ordinaire fort clairiérés et que le couvert du chêne liége est léger. On comprend, dès lors, qu'il y aurait un grand intérêt cultural à substituer des plantes gazonnantes aux arbustes nuisibles.

Ces gazons naturels offriraient d'autres avantages au point de vue de l'alimentation des bestiaux pendant l'hiver, et ces ressources seraient très-appréciées dans une contrée où les fourrages ne sont pas abondants.

En outre, ils maintiendraient la terre végétale dans les coteaux à fortes déclivités et préviendraient les érosions qui se produisent habituellement lorsque le sol a été fortement remué par les extractions de souches.

Ces mesures se recommandent à toute l'attention des propriétaires.

III.

En résumé, Monsieur le Ministre, l'Enquête a révélé deux ordres de besoins, les déposants recommandent deux ordres de mesures très-distinctes.

Les premières sont des mesures d'économie rurale ; elles se groupent autour de deux procédés de préservation principaux : le débroussaillement dans les bois de chêne liége, l'emploi du petit feu dans les forêts de pin. Elles sont appliquées déjà, sur une large échelle, par les propriétaires les plus intelligents. Elles peuvent être généralisées ; mais leur emploi appelle spécialement et exclusivement l'attention et l'initiative des particuliers. Ici la puissance publique n'aura pas à intervenir.

Néanmoins, son action à cet égard, même bornée à l'Enquête, n'aura pas été inutile. L'Enquête a groupé les observations des hommes les plus autorisés en matière d'exploitation forestière dans le Var ; elle constitue un recueil fécond en enseignements spéciaux, précieux à consulter. A ce point de vue, il y aura peut-être convenance à la répandre dans la population intéressée.

L'État aura d'ailleurs, en sa qualité de propriétaire de forêts de chêne liége et de pin, à consulter lui-même avec fruit les résultats de l'Enquête, à les appliquer, à donner, selon son devoir et son intérêt, l'exemple des bonnes méthodes et des cultures pratiques et perfectionnées.

La seconde série des mesures recommandées par l'Enquête affecte des intérêts publics, comporte l'intervention du législateur et appelle ainsi toute l'attention du Gouvernement.

Elles consistent exclusivement, comme Votre Excellence l'a déjà pu voir :

1° Dans l'établissement d'un réseau spécial de routes, destinées à procurer la sécurité d'abord, la mise en valeur ensuite, de la région du feu ;

2° Dans l'extension des précautions prises par les articles 148 et 188 du Code forestier pour la surveillance des bois et contre la propagation des incendies;

3° Dans la création de la servitude de débroussaillement entre propriétaires de bois riverains, dans la région du feu.

Aux yeux des déposants, comme à ceux de l'Administration des forêts, le besoin le plus urgent, la mesure la plus utile, c'est d'ouvrir le pays par des routes, c'est de développer la viabilité.

Par quel moyen arrivera-t-on à créer ces routes?

Se bornera-t-on à développer le réseau existant, à l'aide des ressources actuelles du département et des communes, accrues des subventions des particuliers, et de celles que l'État pourrait consentir, au point de vue de la sécurité publique?

Devra-t-on créer un réseau spécial offrant de l'analogie avec les routes agricoles des Landes et les routes forestières de la Corse?

Quelle que soit la solution à intervenir, j'ai pu constater là des nécessités forestières impérieuses, et j'ai cru rester fidèle au texte et à l'esprit de la mission qui m'a été confiée en donnant sur place des ordres pour l'étude immédiate de ces besoins, et en prenant les dispositions nécessaires pour que Votre Excellence puisse allouer, à bref délai, aux plus urgents, sur les fonds de l'exercice courant, des subventions ou des crédits.

Dégagé de ces préliminaires, l'examen des questions de viabilité, d'une part, de police des bois et d'établissement de la servitude de débroussaillement, d'autre part, comporte inévitablement un concert avec les départements ministériels compétents. Émettre dès aujourd'hui une opinion motivée sur la solution à intervenir dépasserait dès lors les limites de la tâche qui m'avait été confiée, et Votre Excellence appréciera s'il ne conviendrait pas que cet examen fût remis, sous sa direction, à une commission composée d'hommes spéciaux, pris dans les services intéressés.

Mais ma mission, Monsieur le Ministre, ne serait pas complétement remplie si j'omettais de dire combien les populations se sont montrées reconnaissantes de la sollicitude que le Gouvernement de l'Empereur a témoignée pour les intérêts de cette région. Partout, pendant l'Enquête, à Hyères, à Fréjus, à Draguignan, à Toulon, j'ai recueilli, de cette reconnaissance, des témoignages unanimes et empressés.

Je ne terminerai pas, Monsieur le Ministre, sans vous entretenir, d'une manière toute spéciale, de la part active prise par M. Charles de Ribbe aux travaux de l'Enquête.

Ce publiciste distingué a inauguré, en 1866, par une publication fort appréciée, les études d'ensemble relatives à la régénération des forêts comprises dans la région des Maures et de l'Esterel. C'est à son initiative éclairée que doit être attribuée, en grande partie, l'organisation de la Société forestière des Maures dont il est le vice-président, et je tiens à ne pas laisser ignorer à Votre Excellence que, par son concours aussi désintéressé qu'intelligent, M. Charles de Ribbe a secondé, dans la plus large mesure, la Commission d'Enquête.

Je suis avec respect, Monsieur le Ministre,

De Votre Excellence,

Le très-humble et très-obéissant serviteur,

Le Conseiller d'État en service extraordinaire,
Directeur général des Forêts,

H. FARÉ.

ENQUÊTE

SUR

LES INCENDIES DE FORÊTS

DANS LA RÉGION

DES MAURES ET DE L'ESTEREL.

DÉPOSITIONS ORALES.

LISTE DES DÉPOSANTS

QUI ONT PRÉSENTÉ A L'ENQUÊTE DES OBSERVATIONS ORALES.

MM. Aube, notaire au Luc.

Aurran (Raymond), propriétaire à Hyères.

Azan (Antonin), adjoint spécial, à la Londe (Hyères).

Beauregard (le comte de), à Hyères.

Bérenguier, membre du conseil général, maire de Fréjus.

Borniol, notaire honoraire, à Cannes.

Bouis (Fortuné), propriétaire au Muy.

Boutiny (de), président de la Société forestière des Maures, conseiller général, maire d'Hyères.

Boyer, docteur à Lorgues.

Chappon, conseiller général, à Hyères.

Christine, docteur, premier adjoint au maire de Fréjus.

Coulomb, président honoraire du tribunal, conseiller général, à Draguignan.

Davin, docteur, membre du conseil général, maire de Pignans.

Decroix (Maurice), propriétaire à Hyères.

Drée (le comte de), à Bargemon.

Fournial, marchand de bois à Trans.

Gensollen, avocat à Hyères.

Georges, maire de Saint-Raphaël.

Grognier, maire de Collobrières.

Guérin, architecte du département, à Draguignan.

Hoslin, ingénieur des ponts et chaussées, à Draguignan.

Isnard (le baron), à Grasse.

Julien, juge de paix à Fréjus.

Lacouture (de), ancien magistrat, à Draguignan.

Laugier (Napoléon), propriétaire à Hyères.

MM. Léoube (de), conseiller général, à Collobrières.

Lussan, conseiller de préfecture, à Draguignan.

Maille, juge de paix à Grimaud.

Martin, ingénieur des ponts et chaussées, à Draguignan.

More (de), propriétaire au Muy.

Musset (de), vice-président du conseil de préfecture, à Draguignan.

Panescorse, propriétaire à Sainte-Maxime.

Pascal, propriétaire à Fréjus.

Pellicot, président du comice agricole, à Toulon.

Pons-Peyruc, député au Corps législatif, conseiller général, à Toulon.

Poulle, premier président honoraire, conseiller général, à Draguignan.

Roux (le baron Albert de), propriétaire à Hyères.

Roux-Larcy (de), propriétaire à Hyères.

Roux (E. de), à Sauvebonne (Hyères).

Scribe, à Saint-Raphaël.

Tourniaire, adjoint, à Saint-Raphaël.

Vidal, docteur, secrétaire de la Société forestière des Maures, à Hyères.

DÉPOSITIONS ORALES.

M. Aube, notaire au Luc.

Les forêts des Maures sont agrégées de chênes liéges, de châtaigniers et de pins maritimes.

Les chênes liéges constituent la principale richesse de cette contrée. La valeur de leurs produits s'est accrue rapidement pendant les quarante dernières années; ainsi, pour ne donner qu'un exemple, les chênes liéges de la forêt des Maures-du-Luc étaient affermés, en 1818, à 1,800 francs; en 1830, à 3,620 francs; en 1842, à 10,150 francs, et en 1854, à 10,500 francs. Les abus que commettent les fermiers ont déterminé la plupart des propriétaires à exploiter directement leurs chênes liéges. L'État, les communes, les grands propriétaires qui ne sont pas sur les lieux, et les paysans, qui ont souvent besoin de toucher de suite et à la fois toutes les annuités du bail, sont presque les seuls qui afferment encore leurs arbres.

Les châtaigniers donnent les marrons de qualité supérieure connus sous le nom de *marrons du Luc,* et leurs rejetons, dits *blettes,* fournissent le bois de tonnellerie le plus généralement employé dans le pays. On pourrait les cultiver avec avantage sur un très-grand nombre de points. Dans ces dernières années, on a essayé de tanner les cuirs avec le vieux bois des châtaigniers de l'Ardèche. Les fabricants prétendent que ce mode de tannage n'est pas très-avantageux; mais de même que l'écorce de chênes verts est meilleure dans le Midi que dans le Nord, et que le sumac d'Italie vaut mieux que celui de France, il est probable que le châtaignier des Maures, croissant dans un pays beaucoup plus chaud que l'Ardèche, fournirait beaucoup plus de tan. Il ne serait pas sans intérêt, et peut-être sans utilité, de faire à ce sujet des expériences de comparaison.

Le pin maritime, quoique vendu encore, selon que son exploitation est plus ou moins facile, de 2 à 5 francs par pied, mesurant 1 mètre de circonférence à 1 mètre du sol, est, des trois essences forestières ci-dessus mentionnées, celle dont l'avenir est le moins assuré par suite de la concurrence que les bois du Nord viennent faire sur nos marchés. Son bois ne sert guère maintenant que pour la caisserie et pour la menuiserie commune, et il n'est employé comme combustible que dans les villages voisins des forêts qui le produisent. Aussi, on tend généralement à lui substituer le chêne liége; ce résultat a déjà été obtenu par presque tous les petits propriétaires. Divers essais de gemmage n'ont pas réussi, soit parce que les arbres n'étaient pas dans les conditions voulues, soit parce que les ouvriers étaient inexpérimentés, soit encore à cause du climat.

En somme, la chaîne des Maures renferme des éléments de prospérité qu'il faut développer par la création de chemins qui faciliteront l'exploitation des produits ligneux, et par des nettoiements qui, favorisant la croissance des essences productives, augmenteront sensiblement la valeur du sol. Il faudra aussi mettre à l'abri des incendies ces richesses ainsi acquises ou en voie de développement. Pour cela il conviendra de diminuer les causes de ce terrible fléau, d'organiser une surveillance active et d'exécuter des travaux qui permettent d'éteindre le plus promptement possible les incendies.

Chemins d'exploitation, nettoiements, causes des incendies, surveillance, tranchées garde-feu, telles sont les différentes questions sur lesquelles nous allons fournir nos observations.

Chemins d'exploitation.

Pour que les propriétaires créent dans l'intérieur de leurs forêts des chemins d'exploitation, il faut auparavant que les communes aient achevé le réseau de leurs chemins publics ruraux, destinés à relier les divers quartiers de leur territoire, car c'est à ces derniers que devront se raccorder les chemins privés.

Demander aux communes des Maures et de l'Esterel, qui pour la plupart ont des revenus fort restreints, et qui ne communiquent avec les chefs-lieux des communes limitrophes que par des chemins impraticables pendant une grande partie de l'année, de créer avec leurs seules ressources des chemins de quartiers, c'est là une chose à laquelle il ne faut guère songer. Mais on pourrait efficacement venir à leur aide avec les fonds que l'État destine à l'achèvement des chemins vicinaux, en formant des syndicats composés de propriétaires intéressés, et en prescrivant aux agents voyers chargés de l'entretien des chemins vicinaux de veiller à l'exécution rigoureuse de l'article 14 de la loi du 21 mai 1836.

Quant à la création des chemins privés, elle n'imposerait pas de grandes dépenses aux propriétaires là où il n'y a à exploiter que des chênes liéges ou des châtaigniers. En effet, la récolte du liége se fait en juin; les liéges sont généralement vendus, pesés et enlevés fin août. Toutes ces opérations ont lieu l'été, et, à cette époque de l'année, tous les chemins sont praticables. Pour les châtaigniers, il suffit d'un sentier que suit la bête de somme qui porte au village ou à la ferme, à midi ou le soir, la récolte de la journée.

Mais pour les transports des pins, c'est bien différent. Ils sont faits autant et plus en hiver qu'en été. C'est de préférence en octobre, à l'arrêt de la séve, qu'ont lieu les coupes, et l'hiver les scieries hydrauliques fonctionnent avec plus d'avantage à cause de l'abondance des eaux. Il faudrait donc que les chemins destinés à ces charrois fussent bien établis et bien entretenus. Ces chemins seraient très-utiles, car avec deux mulets on ne porte guère que six ou huit billots, tandis qu'avec une charrette à deux colliers, on en porte vingt-quatre ou trente.

Nettoiements.

Les nettoiements présentent un double avantage : ils préviennent les incendies, et, en débarrassant les essences productives des morts-bois qui les entourent, ils favorisent singulièrement leur développement.

Ils sont opérés au moyen du petit feu ou de l'arrachage à bras.

Le petit feu est un mode de nettoiement fort incomplet. Les bruyères ne tardent pas à repousser, et le travail est à recommencer tous les sept ou huit ans, à moins que le petit feu n'ait été passé dans une partie d'arbres déjà gros. Alors le feuillage touffu des pins forme une voûte qui, en interceptant les rayons du soleil et en gênant la circulation de l'air, s'oppose à un renouvellement trop rapide des morts-bois. C'est le seul cas où le petit feu puisse produire des effets durables.

Quant à l'extraction des morts-bois, elle produit réellement des effets efficaces; seulement, son prix de revient est fort élevé : 90 à 110 francs par hectare. En présence d'une pareille dépense, on a recours à l'écobuage. C'est là une véritable extraction, ne coûtant rien au propriétaire, qui abandonne à l'ouvrier, pour prix de son travail, le blé récolté sur le terrain nettoyé par le défrichement.

Mais il faut reconnaître que l'écobuage présente de véritables dangers, et que de grandes précautions sont à prendre pour qu'il ne soit pas la cause de fréquents incendies. On pourrait le soumettre à une réglementation. Dans chaque commune, un ou deux gardes seraient chargés de la surveillance des écobuages. On ne pourrait mettre le feu que lorsqu'ils en auraient donné l'autorisation, après qu'ils se seraient assurés que les fourneaux sont établis avec soin, et que tout autour du champ à ensemencer le terrain a été parfaitement nettoyé, sur une largeur de plusieurs mètres. Ces gardes devraient veiller, les fourneaux une fois brûlés, à ce que les ouvriers restassent sur place jusqu'à ce qu'il n'y eût plus aucun danger à redouter. Pour faciliter cette surveillance, on fixerait une période de vingt-cinq à trente jours, pendant lesquels tous les fourneaux devraient être brûlés.

Les morts-bois, les bruyères, les feuilles de pin étant les principaux aliments des incendies, il conviendrait de permettre leur enlèvement dans les bois de l'État et des communes. Plusieurs propriétaires donnent sans redevances ces autorisations dans leurs forêts. Mais comme il serait très-difficile de réprimer les abus et les délits auxquels ces permissions pourraient donner lieu, s'il était facultatif d'en user à chaque époque de l'année, il faudrait ici aussi établir une réglementation. Les feuilles de pin étant ramassées le plus généralement en juillet et août, les cistes en novembre et décembre, les bruyères un peu avant la montée des vers à soie, en mai, on fixerait l'époque de l'enlèvement de chacune de ces matières, et on indiquerait chaque année des quartiers différents. Les gardes forestiers pourraient par ce moyen exercer une influence plus directe.

Causes des incendies.

Les chasseurs. — Faire exécuter rigoureusement les arrêtés des préfets qui interdisent la chasse dans les bois résineux avant les pluies de fin septembre; comprendre dans l'interdiction, non-seulement les parties agrégées de pins, mais aussi celles où se trouveraient des massifs de bruyère.

Les fumeurs. — Être aussi sévère pour eux que pour les chasseurs, et nettoyer, sur une largeur de 10 mètres au moins, les deux côtés des chemins qui traversent les bois, pour donner le moins d'aliments possible à une allumette enflammée ou à un résidu de pipe imprudemment jeté sur le chemin.

Les écobuages. — Les réglementer, comme nous avons dit ci-dessus.

La malveillance. — Nos populations du Midi sont facilement irritables; un

acte qui leur paraît empreint de trop de rigueur peut les pousser à la ven-
geance; mais d'un autre côté, avec un peu de condescendance, on obtient d'elles
un dévouement sans limites. Les employés des forêts doivent avoir, à leur
égard, toute la modération compatible avec une bonne administration, et établir
avec elles, sur les lieux, des rapports fréquents et bienveillants. Il faut aussi
que nos paysans s'habituent à voir en eux des guides et des conseillers accessibles, et non des hommes armés de toutes les sévérités de la loi.

Surveillance.

Presque tous les propriétaires de grandes forêts dans les montagnes des
Maures et de l'Esterel ont des gardes particuliers. Souvent plusieurs possesseurs
de bois moins importants en donnent la surveillance à un garde qu'ils payent en
commun. Dans leurs forêts des Maures-du-Luc, d'une superficie de 2,000 hectares, MM. les comtes Greffülhe ont constamment trois gardes, et pendant l'été
ils adjoignent à chacun d'eux un garde supplémentaire. Mais les efforts des
particuliers sont souvent insuffisants, lorsqu'ils ne sont pas combinés avec ceux
des administrations locales. Que peuvent des gardes particuliers en présence d'un
délit commis en dehors des triages confiés à leur surveillance? Il serait bon que
les gardes champêtres les accompagnassent dans plusieurs de leurs tournées.
Malheureusement, la plupart des petites communes emploient leurs gardes champêtres à tant de services divers, qu'il ne reste presque pas de temps pour la
surveillance des campagnes; ou encore les payent si peu qu'on ne peut pas être
fort exigeant à leur égard.

La création de compagnies de sapeurs ne serait pas sans utilité; en ce sens
surtout que ce seraient eux qui seraient chargés de commander les opérations
contre les incendies. On agirait sous leur direction, et on éviterait ainsi ce dé-
sordre inséparable des réunions d'un grand nombre de personnes qui toutes ont
un plan à proposer.

On ferait bien aussi de favoriser l'établissement de fermes au milieu des bois,
partout où le sol pourrait être mis en culture, ainsi que la pose des ruches à
miel. Les paysans de ces fermes et les propriétaires de ces ruches seraient autant
de surveillants *intéressés*; et, en cas d'incendie, les uns iraient appeler du secours,
tandis que les autres étant sur les lieux feraient le plus pressant. Bien souvent
les incendies seraient ainsi arrêtés dès leur début.

Tranchées garde-feu.

Les tranchées garde-feu seront plus efficaces dans les parties en plaine que dans les montagnes; il sera plus facile de les y établir utilement, en leur donnant une direction perpendiculaire à celle du mistral.

Dans les montagnes, le vent, resserré dans des vallées étroites, acquiert une grande impétuosité et emporte au loin des pommes de pin et des brindilles de bois enflammées; aussi faudra-t-il donner aux tranchées une largeur de 100 mètres au moins, et très-souvent ce sera même insuffisant. D'un autre côté, comme le vent tourbillonne avec furie dans les gorges de montagnes et prend souvent une direction oblique, il sera nécessaire d'étudier avec soin et de faire, là où on le croira opportun, quelques tranchées latérales.

Ainsi établies, les tranchées garde-feu pourront être utiles pour empêcher la propagation des incendies. Mais, je le répète, leur efficacité sera plus réelle dans les plaines que dans les montagnes.

Les tranchées devant être entièrement débroussaillées et parfaitement nettoyées, leur établissement et leur entretien seront assez coûteux. Prenons pour exemple une tranchée de 1,000 mètres de longueur sur 100 mètres de largeur.

La superficie sera de 10 hectares dont le nettoiement coûtera, à raison de 100 francs par hectare..; 1,000^f

La valeur du sol consacré à la tranchée représentera, à raison de 200 francs l'hectare... 2,000

On peut évaluer l'entretien à 25 francs par an, donnant un capital de.. 500

$$\text{TOTAL} \dots\dots\dots\dots\dots\dots\dots 3,500$$

Pour diminuer ces frais autant que possible, on devra, toutes les fois que l'occasion s'en présentera, comprendre dans les tranchées les ravins, les chemins et les clairières, et dans la plaine on pourrait peut-être donner une largeur inférieure à 100 mètres.

M. AURRAN (Raymond), propriétaire à Hyères.

Il a été établi, par de nombreuses dépositions, que le débroussaillement est le seul moyen vraiment efficace de mettre les forêts de chênes liéges à l'abri de l'incendie. Sans insister sur l'opportunité incontestable de la mesure, on doit reconnaître qu'elle présente certaines difficultés d'exécution; mais ces difficultés d'exécution ne diminuent en rien la nécessité de débroussailler quand même et à tout prix.

Un débroussaillement, pour être fait d'une manière durable, exige une suite de travaux pendant quatre ou cinq ans, et donne lieu à une dépense de 150 à 160 francs. En outre, lorsqu'on opère sur des terrains en pente, il est bon d'établir des fossés d'écoulement pour les eaux, afin d'éviter les érosions du sol. Ce prix élevé tient surtout à l'insuffisance de la viabilité, et, par suite, à l'absence totale de valeur attribuée aux morts-bois en forêt. Il est donc essentiel de mettre le développement des voies de communication en harmonie avec les besoins de la contrée. Il serait bon, en outre, d'encourager les particuliers soucieux de mettre leurs forêts en bon rapport, en leur accordant des primes qui seraient décernées par les sociétés d'agriculture et les comices régionaux.

Les tranchées à ouvrir dans les massifs ne doivent être considérées qu'à titre d'opération provisoire, en attendant le débroussaillement complet. Y a-t-il lieu, dès lors, de pourvoir à l'exécution de ces travaux, au moyen d'associations syndicales? On ne le pense pas. En principe, les syndicats ne peuvent que produire de bons effets, en habituant les propriétaires à agir en commun; mais dans la circonstance, en raison de la multiplicité des intérêts divers, les associations syndicales seraient, pour l'objet dont il s'agit, d'une application impossible.

L'attention a été appelée par plusieurs déposants sur la maladie dont sont atteints les chênes liéges. Peut-être les débroussaillements, faits sans précautions, sont-ils une cause de dépérissement pour ces végétaux; mais on est porté à attribuer une plus large part aux inconvénients résultant d'exploitations vicieuses, telles que l'enlèvement de l'écorce sur une trop grande superficie du végétal, les blessures faites au liber pour l'extraction du liége, etc. etc.

A ces causes s'est ajoutée la sécheresse exceptionnelle des années 1867 et 1868.

M. Azan, adjoint spécial, à la Londe (Hyères).

Le débroussaillement complet est le seul moyen efficace de prévenir les incendies; les autres mesures conseillées ne sont que des palliatifs.

On arriverait à provoquer le débroussaillement en établissant des routes dans les vallées principales, aboutissant à des gares ou à la mer. Ce premier réseau suffirait, car les propriétaires intéressés se montreraient jaloux de compléter la viabilité, en ouvrant des chemins de transport sur leurs propres fonds.

Il y aurait tout avantage à appeler les populations dans le centre des vastes massifs de forêts, presque inhabités, en leur assurant du travail et les moyens de se procurer les ressources nécessaires.

On trouverait sans difficulté, dans une grande forêt comme le Dom-de-Bormes, des espaces suffisants pour l'emplacement d'un village et de quelques cultures aux abords des habitations. Avec de semblables fondations agricoles, on pourrait être assuré d'avoir à sa disposition des éléments suffisants pour écarter tout danger d'incendie.

On ne parle que du débroussaillement, parce que dans la commune d'Hyères le liége est susceptible de prospérer sur tous les points du territoire et que, par suite, il y a lieu de proscrire la culture du pin le plus possible. Toutefois, le liége forme rarement des peuplements complets, et on doit venir en aide à la nature par des semis artificiels. Dans les conditions ordinaires, l'hectare de chênes liéges vaut de 6 à 800 francs, tandis que le prix de l'hectare de châtaigniers varie de 2 à 3,000 francs. Aussi doit-on conseiller l'introduction de cette essence lorsque les circonstances locales permettent de la cultiver utilement.

L'opinion exprimée par M. le docteur Vidal, dans sa déposition orale sur les syndicats, paraît fondée. Sans doute, s'il se rencontrait une réunion de propriétaires disposés à s'associer librement, en vue de prendre des mesures collectives de préservation, leur organisation en syndicat ne produirait que de bons effets; mais, d'une part, il est douteux qu'une communauté d'intérêts identiques puisse grouper un certain nombre de propriétaires, et, d'un autre côté, ce serait manquer le but que de vouloir exercer sur eux une certaine pression.

M. le comte DE BEAUREGARD, à Hyères.

On observe, depuis quelques années, une maladie dont le chêne liége est atteint. Cette maladie, dont la cause est encore inconnue, ne tiendrait-elle pas aux enlèvements de la partie subéreuse de l'écorce, faits peut-être avec quelque exagération, et à une sorte de culture qui résulte du débroussaillement?

On remarque, en effet, que les liéges sont surtout malades dans les parties

dont le sol est nettoyé, tandis que leur vitalité ne semble pas compromise lorsqu'ils se trouvent dans leurs conditions naturelles.

A ce point de vue, il y a lieu de constater que le sol des cantons de chênes
liéges parfaitement débroussaillés est en grande partie dénudé, et que, par
suite, les effets de la sécheresse s'y font sentir plus énergiquement que sur les
terrains recouverts d'une végétation secondaire. On pourrait, dans cet ordre
d'idées, faire des essais de gazonnement artificiel, dans le but de prévenir la
dessiccation excessive de la terre végétale, et aussi de fournir aux bestiaux des
fourrages d'hiver.

M. Bérenguier, membre du conseil général, maire de Fréjus.

Le nettoiement des forêts doit être pratiqué diversement, suivant l'essence
dominante des massifs. Quand le chêne liége forme le peuplement à peu près
exclusif, il faut opérer par voie d'extraction de souches; au contraire, lorsque le
pin est l'essence dominante, il est préférable de faire usage du petit feu, en ayant
soin d'agir très-prudemment dans les jeunes perchis.

Il arrive souvent que les chênes liéges se trouvent en mélange avec les pins.
Il est opportun, dans ce cas, de nettoyer préalablement les abords des chênes,
afin que le petit feu, s'arrêtant à une distance convenable du pied de ces végétaux, ne puisse pas endommager leur écorce.

On doit s'abstenir du petit feu dans les semis de pins; aussi, après la coupe,
il est bon d'isoler, par des tranchées nettoyées, les jeunes recrus, et d'attendre
l'époque de la première éclaircie pour passer le feu.

Le petit feu ne peut être pratiqué que par des hommes exercés; mais, bien
dirigé, il produit les plus heureux effets. On peut en juger par mes forêts, qui
ont été nettoyées de la sorte sur une étendue de près de 4,000 hectares. Il est
à noter que les forêts bien nettoyées s'assurent contre les chances d'incendie à
des conditions convenables, au prix de 7 francs pour 1,000 de leur valeur en
capital.

Dans les forêts qui ne sont pas nettoyées, l'établissement de tranchées convenablement disposées sur les crêtes, de 20 à 30 mètres de largeur, constituerait
un moyen utile de défense. Vers les crêtes, en effet, l'intensité du feu dimi-
nue, et c'est, par suite, sur les lignes de faîte que se répartissent les travailleurs
qui combattent l'incendie. Il serait bon, en outre, de prescrire la formation de

tranchées délimitatives sur les confronts de toutes les propriétés boisées, de manière à établir des solutions de continuité dans les massifs.

Du reste, il faut bien établir que le principal obstacle que rencontre le débroussaillement par extraction de souches, et l'application de la méthode des éclaircies dans les jeunes massifs de pin, tient à la valeur infime sinon nulle des produits secondaires des forêts. C'est seulement par une viabilité suffisante qu'on peut rendre les travaux d'extraction de morts-bois rémunérateurs; il faut donc surtout faire des routes. La création des voies de transport est le meilleur des encouragements et le plus puissant des stimulants, pour amener les propriétaires à faire chez eux les travaux de préservation nécessaires.

La contrée présente quelques gisements houillers dans lesquels on a commencé des extractions qui tendent à prendre de l'importance. Les mines consomment des perches, fournies dans le voisinage, et concourent à donner du prix à des produits autrefois négligés. On y trouve aussi un banc de calcaire, le seul qui ait été découvert dans la région de l'Esterel. L'exploitation de ce banc, dans une contrée où la chaux fait défaut, pourrait employer des quantités considérables de menus produits et favoriser les débroussaillements; enfin, plusieurs gisements minéraux ont été reconnus, et tout permet de penser que, dans l'avenir, l'extraction de ces produits pourra activer l'exploitation des forêts; mais, on le répète, il faut, avant tout, des routes, pour permettre la circulation des matières minérales et le transport des produits forestiers.

La surveillance ne paraît pas assez fortement organisée en vue des incendies : pour la rendre efficace, il faudrait être en mesure de la renforcer lorsque le mistral souffle; car il est notoire que c'est sous l'influence de ce vent violent que les grands sinistres se produisent.

Il y aurait donc lieu de disposer d'un grand nombre d'hommes, qui parcourraient les forêts dans ces circonstances météoriques, se tenant prêts à porter secours au premier signal. Les gardes ambulants se mettraient en campagne lorsque le vent souffle, et rallieraient à eux, le cas échéant, les ouvriers disséminés dans les forêts.

C'est la disposition que j'ai adoptée avec succès pour mes bois : en temps ordinaire, j'ai quatre gardes; mais, dès que le mistral se déclare, j'emploie une trentaine d'hommes qui veillent au feu.

L'État aurait tout avantage, pour se concilier l'esprit des populations agglomérées à portée de la forêt de l'Esterel, à concéder, à titre gratuit, l'extraction des menus produits et à permettre de placer des ruches à miel sur les confins de son domaine. Ces concessions, qui ne seraient préjudiciables en rien à la forêt, assureraient les sympathies et le concours des habitants.

J'ai pratiqué le gemmage pendant cinq ans sur 2,000 pins, et ce genre d'exploitation, qui rapporte net 16 centimes par pied d'arbre, n'étant pas rémunérateur, je l'ai abandonné. Le bois des arbres gemmés perd peu de sa qualité; mais la croissance est ralentie pendant la période de gemmage, et il faut tenir compte de cette diminution de production ligneuse.

Le gemmage a aussi l'inconvénient de ne pouvoir s'associer à la pratique du petit feu, et de favoriser la combustion des arbres saignés.

Néanmoins, lorsque le commerce trouvait des difficultés à s'approvisionner en Amérique, pendant la guerre des États-Unis, il pouvait y avoir avantage à gemmer en raison des prix élevés (2^f 50^c le litre d'essence de térébenthine); mais maintenant que le prix est redescendu à 90 centimes le litre, il est préférable de renoncer à cette pratique.

La question des chèvres, si souvent soulevée, semble devoir être résolue dans ce sens, que ce bétail doit être soigneusement écarté des peuplements où se trouvent de jeunes plants de chêne ou d'essence feuillue à conserver.

Dans les massifs résineux d'un certain âge, il n'y a pas d'inconvénient à les y introduire, surtout si leur nombre n'est pas trop considérable.

M. BORNIOL, notaire honoraire, à Cannes.

Il est à désirer que, par des dispositions analogues à celles de l'article 646 du Code Napoléon, un propriétaire de forêts puisse contraindre son voisin à établir, à frais communs, des tranchées délimitatives, de manière à former des solutions de continuité entre les héritages boisés.

Il faut indiquer aussi, comme utile, l'introduction libre du menu bétail, même des chèvres, dans les forêts communales peuplées d'arbres résineux.

M. BOUIS (Fortuné), propriétaire au Muy.

Je possède 2,000 hectares de forêts, en essences mélangées, pin et chêne liége, et le procédé que j'emploie avec succès pour les nettoyer consiste à faire passer le petit feu dans le courant des mois de janvier, février et mars.

Cette méthode, qui demande à être appliquée avec prudence, surtout dans les jeunes peuplements résineux, débarrasse le sol des morts-bois et des feuilles sèches, qui sont les éléments de combustion les plus dangereux. Elle est peu onéreuse et la dépense qu'elle exige n'atteint pas 50 centimes par hectare. Pour mieux expliquer ma pensée, je dirai que, sur 2,000 hectares de bois que je possède, je ne dépense guère au delà de 100 à 150 francs par année, et l'on parcourt ainsi environ la moitié de la forêt. Ce n'est donc annuellement qu'une dépense de 10 à 15 centimes par hectare parcouru. Mais cette dépense n'est ainsi réduite que parce que j'entretiens ma forêt; il m'a fallu une vingtaine d'années pour atteindre ce résultat. Ce n'est donc plus à proprement parler qu'une dépense d'entretien. Je me suis trompé en disant 50 centimes; cette somme était celle à laquelle pouvaient s'élever les travaux primitifs. Il ne faudrait cependant pas supposer qu'une forêt, convenablement débroussaillée, est d'une manière absolue à l'abri du feu; lorsque le vent est très-violent, l'incendie envahit la cime des arbres, les flammèches sont transportées à de grandes distances par les tourbillons et le feu se propage par les houppiers.

La propriété boisée est répartie en un petit nombre d'héritages ayant de 1,000 à 2,000 hectares de superficie; les petites propriétés forment un faible contingent, et il est à remarquer qu'elles sont en général mieux soignées que les grandes. Ce fait doit tenir à l'insuffisance des débouchés qui rend l'opération des débroussaillements et des éclaircies très-onéreuse pour les grands propriétaires, tandis que les cultivateurs trouvent dans la consommation nécessitée par les usages domestiques l'emploi de produits, du reste sans valeur.

On s'est demandé souvent à laquelle des essences, du pin ou du chêne liége, il y avait lieu de donner la préférence. On ne peut formuler d'opinion à cet égard, parce que tous les sols ne conviennent pas également bien à ces deux végétaux; cependant, il est permis d'établir en principe que, dans les parties où le liége se trouve en abondance, il est bon de repousser les résineux : d'une part, ils favorisent le développement du feu et, d'un autre côté, ils donnent un revenu moins élevé. La production du liége s'est développée depuis une trentaine d'années, et on peut compter, quelles que soient les éventualités commerciales, sur le prix de 50 francs pour les 100 kilogrammes de liége brut. Je serais porté à préconiser le traitement qui consiste à laisser les pins et les liéges croître en mélange, sauf à exclure graduellement les résineux à l'aide d'éclaircies successives, de manière à faire prédominer le liége dans un temps donné.

La pratique des écobuages n'est pas sans influence sur les incendies, mais c'est surtout aux chasseurs qu'il faut les attribuer. Il est à la connaissance de chacun que les sinistres éclatent d'ordinaire à l'époque de l'ouverture de la chasse. Pourquoi donc ne pas en retarder l'ouverture dans les forêts, et ne pas encourager la répression, en allouant une prime élevée aux gardes qui constateraient des délits de chasse dans ces circonstances?

Les sinistres dus à la malveillance sont très-rares maintenant. La tolérance bien entendue des propriétaires à l'égard des cultivateurs a fait disparaître les animosités qui avaient pu se traduire autrefois par des incendies.

Le gemmage pourrait être pratiqué avec quelque avantage, en ayant soin de pousser à la production de la térébenthine, la résine de pin fournissant peu de galipot; cependant, je n'ai pas continué ce genre d'exploitation qui n'est pas très-rémunérateur.

Je crois devoir faire observer, en outre, que si la dépense du petit feu passé chaque année dans mes forêts ne revient, en moyenne, qu'à 50 centimes environ par hectare, c'est parce que depuis longtemps j'ai fait faire les travaux préliminaires de nettoiement, ce qui me permet aujourd'hui d'alterner cette opération. Je peux me procurer des ouvriers à raison de 2 francs la journée, tandis que dans certaines localités on en trouve avec peine à raison de 3 francs pour ce genre de travail.

Relativement au gemmage, je fais aussi remarquer que si cette industrie était connue dans ce département et pratiquée avec intelligence, ce serait une branche de commerce qui pourrait devenir avantageuse et profitable à l'État, aux communes et aux propriétaires forestiers; si je n'ai pas donné suite à ces essais primitifs, c'est parce que je ne connaissais pas la manipulation et la fabrication des résines. Ayant plusieurs branches d'industrie, il m'aurait été difficile d'aller dans mes forêts surveiller ce travail pour y faire des essais; mais si l'Administration forestière dépensait de 3,000 à 4,000 francs pour faire arriver dans ses forêts un bon ouvrier gemmeur (avec un appareil distillatoire), capable de diriger les ouvriers de la contrée, tout porte à croire que les produits de l'essai pourraient être en partie rémunérateurs, comme ils le sont déjà dans d'autres départements; il est très-probable que le désir du bien-être, qui augmente chaque jour dans toutes les classes de la société, ne tarderait pas, devant une réussite, à accroître le nombre des imitateurs.

M. DE BOUTINY, membre du conseil général, maire d'Hyères.

M. Blaise Aurran, propriétaire forestier dans la commune d'Hyères, a tenté de créer des fourrages dans ses bois. Après le dessouchement des arbustes nuisibles, il a fait semer des graines de graminées croissant spontanément dans la localité. Ces essais avaient convenablement réussi, et pendant longtemps on a pu voir un spécimen intéressant de forêt peuplée en chêne liége, dont le sol était parfaitement gazonné.

M. le docteur BOYER, à Lorgues.

La malveillance n'est pas toujours étrangère aux incendies. Elle peut être en partie attribuée à la gêne occasionnée par la réglementation des écobuages.

La malveillance est d'autant plus à craindre, dans la partie des Maures qui s'étend de l'Esterel à Collobrières, que, dans la plus grande partie des campagnes, les habitants manquant de terres arables n'ont d'autres moyens, pour se procurer la quantité de blé nécessaire à leur alimentation, que de se livrer à des cultures *temporaires,* au moyen d'écobuages. D'où première nécessité de faciliter aux petits ménagers les moyens de se livrer à leurs travaux.

L'opportunité de nettoyer les forêts est très-bien comprise de tout le monde ; mais les petits propriétaires, qui ne travaillent pas eux-mêmes leurs terres comme les ménagers (ainsi qu'on appelle, chez nous, les petits propriétaires cultivateurs et habitant les champs), ne peuvent pas faire de pareils travaux, qui coûtent fort cher. Autrefois ils avaient l'avantage de donner leurs travaux d'écobuage à des voisins, cultivateurs plus pauvres, qui consentaient volontiers à faire les débroussaillements moyennant l'autorisation de se livrer pendant deux ou trois ans à des cultures temporaires.

L'autorisation demandée donnera satisfaction aux propriétaires, aux tâcherons, et aura pour conséquence immédiate l'étendue des terrains annuellement débroussaillés.

Si l'Administration des forêts croyait que la persistance de ces cultures pût amener la disparition des forêts actuelles (ce qui pourrait arriver pour certaines parties agrégées en pins, mais ce que l'on ne verra jamais pour les forêts de chênes liéges), elle ferait fort sagement de prendre un arrêté qui obligerait chaque propriétaire, demandeur d'une autorisation d'écobuage, à semer la troisième année des glands de chênes liéges dans toute la partie écobuée. Cette opération serait faite par le propriétaire, sous la surveillance des agents forestiers. Cette mesure aurait du bon, moins qu'on ne le croit généralement; car il résulte d'expériences faites par plusieurs de mes amis et par moi, et des renseignements que j'ai pris auprès de plusieurs cultivateurs âgés, que ce procédé que l'on a souvent employé n'a jamais donné de très-beaux résultats.

La propriété est très-divisée, et il se trouve un grand nombre de cultivateurs qui ne vivent que par le produit des écobuages. Les arrêtés préfectoraux interdisaient d'allumer les fourneaux pendant cinq mois, de juin à octobre inclusivement; d'après les nouveaux arrêtés sur la matière, les écobuages sont autorisés à partir du commencement d'octobre.

C'est une satisfaction donnée aux populations, mais elle est insuffisante; on pourrait, en effet, permettre l'allumage des fourneaux à dater du 15 septembre, c'est-à-dire à partir de la saison des pluies.

Les difficultés résultant de cette réglementation ont pour conséquence de réduire la somme des écobuages et, par suite, les étendues annuellement débroussaillées.

La limite d'autorisation, fixée au 15 septembre, me paraît encore trop sévère; il faudrait accorder une plus grande latitude, sous la surveillance des agents de l'Administration, et ces autorisations devront subir de nombreuses modifications selon la responsabilité de l'impétrant. Une autorisation demandée sous la responsabilité d'un propriétaire riche sera plutôt accordée, en toute saison, que celle d'un simple tâcheron; les précautions prises par le propriétaire seront toujours au-dessus de celles prescrites par l'Administration.

Du reste s'il est bon de faciliter les travaux d'écobuage, il est indispensable d'en surveiller soigneusement l'exécution. Dans ce but, le nombre des gardes ambulants devrait être augmenté. Ces gardes indiqueraient les jours et les circonstances dans lesquels le feu pourrait être mis. Ils veilleraient notamment à ce que la parcelle écobuée soit entourée d'un sentier dit *rassade*. Le garde séjournerait sur les lieux jusqu'à l'entière extinction des feux.

Avec un pareil surcroît de service, on conçoit que le propriétaire aurait à contribuer au payement du garde, en raison du service de surveillance qui lui est rendu.

C'est surtout à l'égard des petits propriétaires et des fermiers peu aisés que ces mesures de surveillance sont importantes à observer.

8.

La responsabilité civile étant admise par la jurisprudence, en matière d'incendie de forêt, un grand propriétaire parfaitement solvable est le premier intéressé à veiller sur les ouvriers ou tâcherons qu'il emploie.

Lorsqu'il s'agit, au contraire, d'un petit propriétaire ou d'un fermier qui se trouve dans l'impossibilité de faire face aux réparations pécuniaires qu'entraîne la responsabilité civile, il y a un intérêt sérieux pour les propriétaires forestiers de la contrée à ce que les écobuages soient bien surveillés.

Dans la commune de la Garde-Freinet, la viabilité est notablement insuffisante, si bien que les produits secondaires n'ont aucune valeur et que l'écobuage est concédé en échange des frais d'extraction de morts-bois.

Il y a donc un grand avantage, au point de vue du débroussaillement, à donner aux écobueurs de grandes facilités, tout en veillant à ce que la combustion des fourneaux n'occasionne pas d'incendies.

On s'occupe si peu de viabilité que pour une route vicinale, à laquelle tous les propriétaires ont contribué et qui a été commencée en 1863, je suis encore à pétitionner de tous côtés pour en voir l'achèvement; et pourtant M. Ollivier, mon beau-père, demeurant à la Moure, commune de la Garde-Freinet, a donné à lui seul 2,000 francs en argent et le terrain, sur une étendue de près de 3 kilomètres, dans des forêts de liége, terrain qui représente une valeur de 7 à 8,000 fr. Aussi sera-t-on reconnaissant envers une administration qui s'occuperait sérieusement de donner des chemins à toute la région des Maures.

Le nettoiement est un moyen de préservation radical; à défaut de nettoiement complet, on peut établir des tranchées de débroussaillement, convenablement disposées. Mais il est certain qu'un fort incendie, poussé par un vent violent, franchit les tranchées les plus larges. En général, lorsqu'il fait peu de vent, le feu se communique de proche en proche, par le sous-bois et les détritus secs. Au contraire, quand le mistral souffle, le feu se communique par la cime des arbres et alors les flammèches emportées par le courant d'air vont porter le feu à de grandes distances.

M. Chappon, membre du conseil général, à Hyères.

Les tranchées ouvertes dans les forêts peuplées d'essences résineuses, où se trouvent en quantités considérables des morts-bois et des éléments facilement combustibles, ne sont pas un procédé préservatif efficace; elles peuvent servir de bases d'opération pour asseoir des moyens de défense contre l'incendie;

mais leur donnerait-on 5o et même 1oo mètres de largeur, elles n'arrêteraient pas le feu; car il est à remarquer que les incendies prennent surtout de la gravité sous l'action stimulante des vents violents, et, dans ces circonstances, les flammèches emportées à des distances très-grandes franchissent les intervalles des tranchées pour aller porter le feu au delà.

M. le docteur CHRISTINE, premier adjoint, à Fréjus.

La cause première des incendies est la présence des morts-bois sur le sol des forêts, et l'entassement des feuilles sèches des résineux.

Même lorsque les morts-bois sont enlevés, l'incendie peut être alimenté par les aiguilles de pin; l'incendie de 1865, qui a dévoré une portion de forêt débroussaillée, en a fourni la preuve.

Dans les peuplements de chênes liéges, il faut opérer par dessouchement, et recommencer l'opération cinq ans après le premier travail. La bruyère est alors détruite et il ne pousse plus que des cistes; ces arbustes sont peu combustibles et fournissent un engrais recherché.

Il y a lieu de faire remarquer, à ce propos, que le peu d'empressement que mettent les propriétaires à opérer le dessouchement tient exclusivement à l'insuffisance de la viabilité.

En effet, cette opération est très-onéreuse, et il est indispensable que, par l'amélioration des voies existantes et la création de voies nouvelles, on donne aux menus produits une certaine valeur.

Les particuliers ont un grand intérêt à la confection des chemins, et il est permis de penser qu'ils se montreraient disposés à concourir à la formation du réseau de viabilité nécessaire, soit en abandonnant le terrain de la route à établir, soit en le cédant à un prix raisonnable, suivant la qualité de ce terrain.

Dans les bois de pins un pareil nettoiement serait trop coûteux, et il est préférable de faire usage du petit feu. On commence par couper les bruyères et autres morts-bois, que l'on brûle sur place (cette opération coûte de 4o à 5o francs par hectare). Puis tous les deux ou trois ans, on passe le petit feu; cette pratique exige peu de dépenses et les frais n'excèdent pas 5o centimes par hectare.

En détruisant les feuilles sèches par le petit feu, on ne supprime pas les éléments fertilisants que l'humus fournit au sol; on se borne à les transformer et à donner au terrain, par l'incinération, ce que la décomposition lui aurait fourni.

Il serait bon, en outre, d'élaguer convenablement les pins en vue d'éloigner les tiges du milieu combustible.

Les bourres d'étoupe dont se servent les chasseurs ont parfois occasionné des incendies; on pourrait en citer de nombreux exemples. Un des faits les plus saisissants s'est produit dans la forêt de Prabaucoul (commune de Saint-Raphaël).

La propriétaire, assise sur le pas de sa porte, entendit une détonation; un instant après le feu se déclarait dans la forêt et dévorait un espace considérable; ausssi, y aurait-il un intérêt sérieux à proscrire la chasse en forêt avant l'époque des pluies. Je fais exécuter cette défense dans mes bois, et il en est de même dans la forêt communale de Fréjus.

La malveillance peut être considérée comme étrangère aux incendies; les causes de froissements qui avaient pu se produire tendent à disparaître, et on doit rendre hommage à l'esprit de conciliation qui anime l'Administration des forêts, de même qu'au bon vouloir des populations.

Les incendies par imprudence sont les plus fréquents; ils ont en général pour origine les écobuages; parfois, mais rarement, la combustion des charbonnières en forêt.

A ce propos, on ne saurait trop apprécier le bon effet produit par les arrêtés préfectoraux interdisant d'allumer les fourneaux d'écobuage pendant les mois de juin, juillet, août et septembre; ces dispositions ne sont pas un sujet de gêne pour les cultivateurs, car les semailles des terrains situés en coteaux se font du 15 octobre au mois de décembre; on a donc tout le temps nécessaire pour brûler les fourneaux et préparer le terrain à partir du 1er octobre. La plupart des grands incendies, et en particulier celui de 1859, qui s'est étendu du Puget à la mer, sont attribués aux écobuages, et on ne saurait prendre assez de précautions pour interdire d'allumer des fourneaux à proximité des forêts pendant la saison sèche,

Les mesures préventives doivent être observées d'autant plus strictement que, lorsque l'incendie éclate par un grand vent, tous les secours sont inutiles, et rien ne peut arrêter la marche du fléau. Les pommes de pin embrasées sont lancées comme des fusées, et vont porter le feu à plusieurs centaines de mètres du point d'où elles sont parties. Aussi, les tranchées ne sont-elles pas d'une grande utilité; on pourrait cependant établir quelques larges tranchées devant servir, le cas échéant, à asseoir le contre-feu et nettoyer les crêtes, car c'est d'ordinaire sur les sommets que le feu a le moins d'intensité et peut être plus facilement combattu.

Les moyens dont dispose l'Administration forestière pour faire exercer la surveillance paraissent suffisants, mais il y aurait de grands avantages à les compléter par l'organisation de compagnies de sapeurs forestiers, organisées sur des bases analogues à celles adoptées pour les pompiers dans les villes; une pareille institution paraîtrait appelée à rendre d'importants services.

M. Coulomb, président honoraire, conseiller général, à Draguignan.

Les étendues de terrains qui sont considérées comme constituant la grande propriété ont 10,000 hectares; la moyenne propriété a 1,000 hectares; les petites propriétés ont 500 hectares et au-dessous.

Le pin est l'essence dominante.

Le chêne liége vient en seconde ligne.

Les châtaigniers sont en petite quantité, et il n'y a pas lieu de s'en occuper, parce que les châtaigneraies, étant traitées à peu près comme des vergers, sont à l'abri des incendies.

La consistance des forêts de liége est tellement variable qu'il est impossible d'indiquer avec quelque précision la valeur de l'hectare peuplé en cette essence.

Pour les forêts de pins, on peut admettre, dans des conditions moyennes, que l'hectare vaut 500 francs.

L'intensité des incendies est due à la grande quantité des morts-bois qui couvrent le sol des forêts. L'imprudence des chasseurs est rarement l'occasion des sinistres. Sans vouloir faire une grande part à la malveillance, on doit reconnaître que les populations, autorisées autrefois par les propriétaires à pratiquer des cultures en forêts, moyennant de minimes redevances, manifestent quelques mécontentements des restrictions apportées à cette pratique; de là au moins de l'indifférence de leur part lorsque le feu se déclare.

Pour empêcher la propagation du feu, il serait très-utile de couper les grands massifs par des tranchées qui serviraient de lignes d'opération lorsqu'on aurait à établir le contre-feu.

La formation des syndicats en vue de la création d'un réseau de tranchées pourrait être utile, mais il serait bien difficile de les constituer, en raison de l'intérêt relatif que la mesure présenterait pour chacun des membres du syndicat; quoi qu'il en soit, si l'établissement des tranchées nécessite quelques sacrifices, on est obligé de convenir que les frais d'établissement seraient un capital bien placé.

Les écobuages faits avec soin dans les forêts clairiérées produisent un effet analogue à celui des tranchées; le sol se trouve nettoyé dans les parties écobuées, et les massifs sont ainsi isolés les uns des autres; mais il est indispensable de ne pas pratiquer les écobuages pendant la saison sèche, sous peine d'accroître les chances d'incendie. Les arrêtés préfectoraux qui interdisent d'allumer des fourneaux pendant les mois de juin, juillet, août et septembre doivent être maintenus; dans ces conditions, il n'en résulte aucune gêne pour les populations, et le danger se trouve en grande partie conjuré.

Le petit feu, employé comme procédé de nettoiement, du mois de novembre au mois d'avril, est une bonne pratique. En brûlant à des intervalles de deux ou trois ans, suivant les circonstances, on débarrasse à peu de frais le sol des éléments combustibles. Il convient d'éviter de passer le petit feu dans les jeunes peuplements résineux. Dans les forêts de liége, il n'y a pas à redouter que le petit feu dégénère en incendie.

Les brigades ambulantes sont appelées à rendre de grands services.

L'incendie n'est parfois pas dommageable pour le propriétaire.

On cite notamment quelques circonstances dans lesquelles le feu ayant détruit les peuplements de pins, un recru abondant de chêne liége s'est substitué à celui qui avait disparu.

M. le docteur DAVIN, membre du conseil général, maire de Pignans.

L'hectare de bois (essence chêne liége) vaut, dans les conditions ordinaires, 1,000 francs. Lorsque l'arbre est en plein rapport, la valeur de l'hectare peut s'élever jusqu'à 3,000 francs.

Le territoire de ma commune présente peu de forêts de chênes liéges en plein rapport. En général, les peuplements sont jeunes. Il est à remarquer que les petites propriétés sont les mieux entretenues.

On peut évaluer, en moyenne, les frais de débroussaillement, avec arrachage de souches, à 100 francs par hectare, et ceux d'entretien, y compris le repassage, à 3 francs par an et par hectare.

La malveillance est étrangère aux incendies. On ne peut que signaler parfois l'indifférence des populations à porter secours; et cette indifférence s'explique, d'une part, en raison des dangers que courent les travailleurs, et, d'un autre côté, par le défaut de direction. Il arrive ainsi que les travailleurs ne reçoivent pas de salaires et manquent même d'aliments pendant leur présence sur le lieu du sinistre.

Le manque d'aliments et de boissons surtout est la principale cause de l'indifférence des travailleurs.

Il serait utile, en vue des débroussaillements à exécuter et du concours empressé à obtenir de la part des habitants, de les autoriser à extraire les morts-bois et les litières dans les bois soumis au régime forestier; mais il est indispensable de proscrire les chèvres qui, avec les incendies, sont le plus puissant élément de destruction.

L'écobuage est d'une utile application; toutefois, il importe qu'il soit réglementé. Les gardes ambulants pourraient, à ce sujet, rendre de grands services. Ils préciseraient le jour où le feu pourrait être allumé sans inconvénients, et détermineraient le nombre de personnes destinées à surveiller l'opération. Ils veilleraient, en outre, à ce que les écobueurs, qui ont intérêt à semer la plus grande superficie possible, respectassent les essences précieuses.

Comme mesure de précaution, la parcelle à écobuer devrait être entourée d'un sentier parfaitement nettoyé.

La première année, le sol serait ensemencé en céréales; la seconde année, on jetterait des semences forestières en mélange avec le grain. L'action des gardes ambulants deviendrait plus complète si les forêts étaient percées de sentiers, même très-étroits. Il est bon d'ajouter que les intéressés auraient à concourir au payement des gardes-feu.

Quant aux tranchées de débroussaillement, il est essentiel de les entretenir en parfait état, c'est-à-dire complétement débarrassées des morts-bois. Malgré ces précautions, lorsque le mistral est violent, les tranchées, quelle que soit leur largeur, sont inefficaces; mais, en temps ordinaire, des tranchées de 4 mètres de largeur, bien entretenues, suffisent.

Sur les crêtes, où d'habitude se développent les travailleurs pour arrêter l'incendie, il serait bon de donner aux tranchées une largeur de 8 à 10 mètres. Toutes ces tranchées devraient être reliées par des sentiers étroits, servant à l'exploitation ou à l'écoulement des eaux. Ce réseau de sentiers faciliterait la surveillance des gardes et permettrait aux travailleurs de se rendre aisément sur les points menacés.

Les amas de feuilles de châtaigniers, les tas d'écorces de pins ou de chênes liéges démasclés, sans valeur et abandonnés sur les coupes, sont souvent une cause d'incendie.

Le feu peut couver dans ces matériaux pendant plusieurs jours, sans qu'on s'en aperçoive, et il suffit alors de l'action du vent, qui active la combustion, pour provoquer un sinistre.

Il en est de même pour les vieilles souches, surtout celles de châtaigniers. Le feu s'y perpétue très-longtemps. Toutefois, il est à remarquer que la combustion des souches est toujours signalée par de la fumée.

L'attention étant ainsi appelée, on peut supprimer le danger en couvrant la souche allumée de terre et de pierres; mais il faut, on le voit, une surveillance constante.

Lorsque l'incendie se produit par un vent violent, les cônes de pin sont un agent de propagation très-dangereux. Ils pétillent, et leurs fragments embrasés sont entraînés par le mistral. Ils vont ainsi déterminer de nouveaux foyers d'incendie à des distances considérables, quelquefois à 1 kilomètre de leur point de départ.

M. DECROIX (Maurice), propriétaire à Hyères.

Pour arriver au nettoiement absolu, qui est le procédé le plus efficace de préservation, il est indispensable de donner aux morts-bois une valeur vénale. On y arriverait aisément en créant des centres de fabrication d'acide acétique et d'acide pyroligneux. La carbonisation en vases clos produirait des charbons et des acides que le commerce recherche. On fait usage, dans les forêts du Morvan et de la Bourgogne, de procédés de fabrication très-simples, à la portée des bûcherons; ces procédés seraient peut-être susceptibles d'être utilement introduits dans la région des Maures.

N'y aurait-il pas utilité également à pratiquer le gemmage, qui, usité aux environs de Marseille, sur les pins d'Alep, donne de bons résultats?

Les pins de toutes dimensions injectés au sulfate de cuivre seraient, par le seul fait de cette opération, recherchés par les diverses industries ou exploitations qui demandent pour certains emplois des bois ayant de la durée, notamment pour les poteaux de télégraphie électrique et pour les charpentes des maisons; ce qui augmenterait peut-être du triple la valeur de ces bois.

En encourageant par des primes et des secours pécuniaires la création de quelques fabriques, on injecterait les pins, et on se servirait de l'acide acétique et de l'acide pyroligneux. Le Gouvernement améliorerait ainsi, je crois, consirablement l'état si peu productif et si précaire des forêts du Midi.

L'introduction de l'ajonc aux expositions méridionales, où le reboisement en bonnes essences, chênes liéges, chênes verts, et même pins, est si difficile à cause de la chaleur et de la sécheresse, pourrait produire de bons effets. Fauché annuellement, et trituré par des machines à concasser, il donne un fourrage apprécié par les bestiaux, et, traité de la sorte, il n'y aurait pas d'incendies à redouter sur les terrains dont il aurait pris possession. Il permettrait de nourrir beaucoup de bétail sur des terrains improductifs.

Les tranchées ne peuvent être considérées comme un moyen sérieux de préservation si elles n'ont environ 800 mètres de largeur; car les pommes de pin, sous l'action des vents violents, propagent le feu à des distances parfois plus considérables.

Les tranchées me paraissent devoir être orientées, autant que possible, de l'est à l'ouest, pour arrêter les incendies, qui n'ont de gravité que par les vents du nord, et être faites sur les deux versants de la crête d'une chaîne de montagne, allant de l'est à l'ouest, afin de mieux arrêter les flammes et surtout les pommes de pin.

Il serait, je crois, utile que le Gouvernement fît faire pendant quelques années des cours publics dans les centres forestiers, pour expliquer et faire comprendre aux habitants intéressés les avantages des diverses améliorations à introduire.

M. le comte DE DRÉE, à Bargemon.

La création d'un réseau suffisant de routes d'exploitation produirait indirectement, mais dans des conditions assurées, le nettoiement des forêts.

On remarque, en effet, que dans tous les massifs où ont pénétré des voies de vidange, les menus produits ayant une certaine valeur, le nettoiement cesse d'être onéreux. Dans le cas contraire, on est obligé d'arracher et de brûler sur place. Les frais de l'opération s'élèvent parfois jusqu'à 3oo francs par hectare ; car il faut observer qu'une seule opération de nettoiement ne suffirait pas pour détruire les arbustes qui végètent dans nos forêts, et sont une des principales causes de propagation des incendies.

Après avoir arraché les racines de ces arbustes, il est rare, quelque soin que l'on ait apporté à l'opération, qu'il ne se produise pas un nouveau recru provenant des fragments de souches laissés dans le sol.

Il est donc indispensable de revenir sur ce travail au bout d'un an ; c'est cette seconde opération qui contribue à porter les frais de l'arrachage à 3oo francs par hectare.

Les produits principaux subissent, de leur côté, une dépréciation marquée, résultant de l'insuffisance de la viabilité, et dans les bois d'un accès difficile on se borne à extraire les pièces de fortes dimensions ; les houppiers et bois de chauffage sont consumés ou abandonnés sur place.

Il n'est pas moins nécessaire de créer des industries pouvant consommer les menus produits.

Ainsi, dans certaines parties du département, l'industrie des poteries et des verreries procure des débouchés très-avantageux aux forêts environnantes.

L'hectare peuplé en pins, dans de bonnes conditions, vaut en moyenne 5oo francs.

Si le bois est exposé au danger de l'incendie, et d'une exploitation difficile, la valeur de l'hectare n'est que de 25o francs.

L'hectare peuplé en chênes liéges a une valeur supérieure, mais très-variable, en raison des circonstances qui peuvent donner de la sécurité au placement.

La valeur des produits ligneux n'est pas demeurée stationnaire. Depuis quinze ans, les sciages ont baissé ; les liéges se maintiennent, de même que les charbons ; une hausse de 15 à 20 p. o/o s'est produite sur les écorces à tan.

Outre les nettoiements par voie d'extraction de morts-bois, dont il a été question, on peut encore détruire les arbustes qui croissent sous les grands végétaux en faisant usage du petit feu d'hiver.

Cette pratique peut être employée sans inconvénients dans les massifs résineux âgés de vingt ans et au-dessus.

Je partage l'opinion de M. le président Coulomb, au sujet des tranchées à ouvrir dans les massifs, en leur donnant 20 mètres de largeur à des intervalles de 1,000 mètres ; la dépense d'un réseau de tranchées serait environ de 6 francs par hectare. Il est à remarquer, en outre, que ces tranchées seraient les points d'arrêt des incendies et donneraient aux travailleurs une sécurité qui leur fait quelquefois défaut lorsque le vent est violent.

Il est impossible de s'expliquer, dès à présent, sur les effets des syndicats organisés entre particuliers pour la création d'un réseau de tranchées. Ces associations rendues obligatoires pourraient avoir un caractère vexatoire, et donneraient peut-être lieu à des dépenses dont l'importance ne serait pas en rapport avec les résultats obtenus; aussi, avant de songer à faire entrer les particuliers dans cette voie, l'État devrait-il, par des spécimens établis dans ses propres forêts et dans celles des communes, fournir la preuve de ce qu'on peut attendre d'une pareille mesure.

L'Administration forestière donnerait aussi un exemple qui ne manquerait pas de porter ses fruits, en établissant une ceinture de nettoiement autour des forêts domaniales et communales. Dans cet ordre d'idées, il serait très-utile d'adopter pour les tranchées délimitatives des dispositions analogues à celles qui régissent les questions de délimitation et de bornage entre riverains.

Les brigades ambulantes ne peuvent qu'exercer une heureuse influence, et il y a lieu de les multiplier autant que possible.

La chasse exercée en forêt, dans la saison sèche, est la principale cause d'incendie. La plupart des chasseurs font usage de bourres d'étoupe, ils fument aussi, et ce sont là autant d'occasions de mettre le feu par imprudence. Ce serait donc une disposition très-sage, que celle qui consisterait à reculer l'ouverture de la chasse en forêt jusqu'après l'époque des pluies.

L'écobuage est une pratique dangereuse et à des points de vue différents : d'une part, les fourneaux d'écobuage peuvent communiquer le feu aux forêts voisines ; d'un autre côté, comme les particuliers concèdent les écobuages dans les parties brûlées, c'est, en quelque sorte, encourager l'incendie et donner une prime à la malveillance.

D'une manière générale, les cultures temporaires sont une opération fâcheuse, mais où elles produisent un effet des plus nuisibles, c'est dans les terrains en pente.

Les cultures temporaires déterminent des érosions du sol et devraient être interdites dans les coteaux à fortes déclivités, à l'égal des défrichements.

M. Fournial, marchand de bois à Trans.

Les bois de pin sont employés à la menuiserie, à la confection des barriques de ciment, à la caisserie pour le transport des savons de Marseille. On les débite aussi en piquets ou étançons de mines.

Les arbres choisis de vingt à vingt-cinq ans sont propres à la confection des douelles. Ils peuvent également être débités en piquets de mines; on obtient, en outre, des piquets avec les houppiers.

On débite, en produits de caisserie, les pins qui ont de 90 centimètres à 1 mètre de circonférence à 1 mètre du sol. Ceux de dimensions supérieures sont affectés à la menuiserie.

Marseille est le plus important des centres de consommation pour les produits façonnés; quant aux piquets ou étançons de mines, ils sont dirigés sur Alais. Il est certain que, dans des conditions d'exploitation ordinaires, Marseille suffirait à absorber tous les bois façonnés de la contrée, et si l'année dernière il s'est produit un certain encombrement sur la place, c'est en raison de la quantité de bois provenant des incendies, qui formait un stock considérable.

La viabilité joue un rôle prépondérant en matière d'exploitation de forêts; ainsi, il est établi que, dans la situation actuelle des voies de débouchés, les menus produits sont onéreux à extraire; les piquets cessent de donner des bénéfices au delà d'un rayon de 20 kilomètres autour des gares de chemins de fer, et les planches ou les sciages ne sont produits avec avantage que dans un rayon de 40 kilomètres autour de ces mêmes gares.

L'attention doit donc se porter sur l'extension que comporte la viabilité.

Par l'effet du développement des routes, on peut être assuré que les nettoiements, devenant rémunérateurs, seront effectués avec empressement par les propriétaires qui auront un double intérêt à l'opération, et, d'un autre côté, les exploitations seront dirigées avec tout le soin nécessaire.

Dans l'état des choses, et en vue de pousser au débroussaillement, il serait bon d'accorder aux habitants la faculté de prendre les morts-bois et les litières pour leur usage. Cette tolérance, sagement réglementée, ne pourrait que donner d'heureux résultats.

La surveillance exercée par les préposés forestiers n'est pas toujours suffisante; mais il faut reconnaître que la plupart d'entre eux ne reçoivent pas des communes propriétaires de forêts des traitements suffisants.

Pour assurer leurs moyens d'existence, il faudrait leur allouer un traitement minimum de 80 francs par mois. On pourrait alors exiger d'eux du travail pendant l'hiver, et, après avoir été utilisés comme gardes débroussailleurs, ils exerceraient dans la saison sèche une surveillance effective.

Leur situation actuelle est tellement précaire, qu'ils sont obligés de chercher des ressources dans d'autres occupations, et leur service de garde forestier en souffre.

M. Gensollen, avocat à Hyères.

L'opportunité de l'enlèvement des morts-bois étant établie, on se demande s'il n'y aurait pas lieu de les remplacer par une végétation fourragère qui aurait pour conséquence de prévenir les érosions des sols en pente, de fournir des pâturages et de prévenir le recru des arbustes partout où ils auraient été arrachés.

Le brome de Schrader paraît susceptible de satisfaire à ces divers objets. Les expériences faites dans ce sens ont établi que le brome peut résister trois ans dans des terrains épuisés de très-médiocre qualité. C'est notamment sous le couvert de gros oliviers qu'il a prospéré. On peut en déduire que les forêts de chêne liége, toujours clairiérées, présenteraient des conditions assez favorables à sa réussite.

On pourrait donc, après avoir extirpé les morts-bois, semer sur le sol ameubli par le dessouchement du brome de Schrader, de manière à constituer des sortes de prés-bois.

Les associations syndicales établies en vue d'une communauté d'intérêts de défense auraient d'excellents effets, mais il ne semble pas qu'elles doivent avoir un caractère obligatoire. On pourrait se borner à isoler par de larges tranchées les propriétaires qui se refuseraient à exécuter chez eux des travaux de préservation.

Les syndicats une fois formés, il serait facile d'organiser un service de gardes commissionnés par les syndics.

Les liéges de France de première qualité ont des qualités différentes de ceux que produit l'Algérie.

Ils sont minces et fins, tandis que ceux de l'Algérie sont plus épais, plus grossiers et en général un peu cassants.

Aussi la concurrence des liéges d'Afrique, qui n'est pas à redouter pour nos liéges de première qualité, occasionne-t-elle une dépréciation marquée sur ceux de deuxième et troisième qualité, plus abondants que les premiers.

M. Georges, maire de Saint-Raphaël.

La viabilité est insuffisante et il y aurait tout avantage à la développer, au point de vue de l'exploitation des produits principaux et de l'enlèvement des morts-bois.

Les arbustes qui croissent en abondance dans les forêts et forment de véritables maquis sont, avec les feuilles desséchées des pins, l'aliment à peu près unique des incendies; aussi ne peut-on que souhaiter les améliorations qui seraient de nature à provoquer l'enlèvement rapide des morts-bois.

Les routes, il faut le reconnaître, ne sont pas des moyens immédiats de défense contre l'incendie, en ce sens que le feu franchit des intervalles considérables; mais elles exercent une heureuse influence en permettant aux secours d'arriver promptement sur le lieu du sinistre. Elles peuvent être utilisées, en outre, comme ligne d'opération pour asseoir le contre-feu.

Le débroussaillement est le résultat essentiel à obtenir; dans cet ordre d'idées, il serait avantageux de donner aux populations de grandes facilités pour l'enlèvement des menus produits dans les forêts communales et domaniales. Du reste, l'Administration forestière fait preuve d'un esprit de sage tolérance, et elle en trouve la récompense dans l'empressement que mettent les habitants à se porter au secours lorsque le feu éclate. Il y a vingt ans les dispositions étaient tout autres. Les populations se montraient assez indifférentes, et cette situation était due aux difficultés dont la concession des menus produits était entourée.

Le petit feu passé en hiver est un procédé de nettoiement économique qu'il ne faut pas négliger.

Les écobuages concourent aussi au nettoiement et, à ce titre, ils doivent être conseillés dans de sages limites, en ayant soin de défendre l'allumage des fourneaux pendant les quatre mois de saison sèche.

La chasse ne présenterait pas d'inconvénient en forêt pendant l'été, si les chasseurs avaient la précaution d'employer des bourres de feutre; un grand nombre en font usage, mais quelques-uns se servent encore de bourres d'étoupe, et il est constant que ces bourres allumées sont susceptibles de déterminer des incendies. On pourrait citer des exemples à l'appui.

La création des brigades ambulantes a déjà produit un bon effet, et il y aurait lieu d'en augmenter le nombre. On pourrait aussi étudier la combinaison la plus favorable pour les répartir sur le territoire des forêts, et on arriverait sans doute à reconnaître qu'il serait préférable de les placer par petits groupes de deux ou trois sur des points culminants.

M. Grognier, maire de Collobrières.

Le petit feu d'hiver est employé utilement dans la commune de Collobrières, et il serait bon de le rendre obligatoire dans les forêts résineuses.

L'opération se fait à peu de frais : la première fois elle coûte environ 1 fr, 50 cent. par hectare; la seconde fois la dépense s'élève au plus à 50 centimes par hectare.

L'établissement de larges tranchées, convenablement disposées sur les crêtes des montagnes qui relient Collobrières à la Garde-Freinet, constituerait une excellente barrière de préservation pour la contrée, en séparant le bassin du Luc de celui où se trouvent les forêts de Grimaud et de Cogolin. Il y aurait opportunité à créer en outre un réseau de petites tranchées, larges seulement de 2 mètres, qui sépareraient les massifs de manière à former des parcelles de 4 hectares environ.

Les frais d'établissement de ce réseau n'excéderaient pas 3 francs par hectare.

Ces tranchées ne formeraient pas par elles-mêmes un obstacle suffisant à l'incendie, mais elles faciliteraient les secours. Si l'on avait un corps de surveillance organisé sur les bases adoptées pour les compagnies de pompiers, les hommes se porteraient facilement sur les points menacés et ce réseau deviendrait une base d'opération très-utile.

Une semblable organisation serait d'autant plus utile qu'elle permettrait de pourvoir au payement des travailleurs qui vont porter secours. Il ne suffit pas, en effet, d'éteindre le foyer, il faut encore le surveiller pendant plusieurs jours après l'extinction apparente, afin d'éviter que, sous l'influence du vent, la combustion se produise de nouveau.

Quant aux tranchées délimitatives, à établir sur les confronts des propriétés boisées, il ne pourrait qu'en résulter de bons effets.

Reste à examiner la question de surveillance.

Les gardes forestiers ambulants, chargés de prévenir les incendies et de porter secours en cas de sinistre, répondent à une pensée d'intérêt public. Les services qu'ils rendent sont des plus sérieux, et il y aurait lieu de faire contribuer au payement de leur solde le département et les intéressés.

M. Guérin, architecte du département, à Draguignan.

La formation de syndicats entre propriétaires, en vue de prendre des mesures préservatrices contre les incendies, doit être surtout laissée à l'initiative des intéressés.

L'Administration n'aurait à intervenir dans ces associations qu'au nom des intérêts qu'elle représente, pour les forêts de l'État et des communes. Mais, à ce titre, elle pourrait remplir un rôle utile en provoquant l'union des propriétaires de la contrée.

Les populations, sans être malveillantes, montrent quelquefois de l'indifférence et ne prêtent pas toujours un concours empressé en cas d'incendie.

On modifierait sans doute cet état des esprits en se montrant tolérant pour les délits de peu d'importance.

Il serait bon de provoquer dans les centres de population la création de sapeurs forestiers, ayant une organisation analogue à celle des pompiers. Ils recevraient une bonne direction donnée par les gardes ambulants en cas de sinistre. Ces préposés, qui pendant la plus grande partie de l'année travailleraient en forêt à des nettoiements, seraient spécialement chargés de la surveillance des incendies durant la saison sèche. De la sorte, vivant au milieu des intéressés, veillant à la sécurité des propriétés boisées, il se produirait certainement un accord des plus salutaires entre les surveillants et les surveillés.

M. Hoslin, ingénieur des ponts et chaussées, à Draguignan.

Il est à regretter que la pratique du gemmage n'ait pas été introduite pendant la guerre d'Amérique, à l'époque où les produits en résine atteignaient des prix largement rémunérateurs. Quoique ces prix soient sensiblement réduits, il pourrait être fort utile, pour l'avenir des forêts de pins du Var, d'appliquer à leur exploitation les méthodes usitées dans les Landes; mais, afin d'éviter les premiers insuccès qui sont trop souvent la cause de découragements mal justifiés, il serait opportun de faire exécuter le gemmage par des hommes exercés venus des Landes. Une proposition dans ce sens a été soumise à la société d'agriculture de Draguignan; jusqu'à présent elle n'a pas eu de suite, et on se demande si l'Administration forestière n'aurait pas à intervenir dans l'intérêt des forêts dont la gestion lui est confiée.

D'après des expériences faites sur les résineux de la région des Maures et de l'Esterel, les pins maritimes y donnent moins de galipot que dans les Landes; mais, d'un autre côté, la production en essence de térébenthine est plus considérable et, somme toute, il paraît y avoir là une exploitation à tenter qui, si elle réussissait convenablement, serait d'un puissant secours pour les débroussaillements à effectuer.

Il est certain que la présence dans les forêts de cette masse énorme de mortsbois, qui sert d'aliment aux incendies, est due en grande partie à l'insuffisance de la viabilité. Le jour où ces mêmes produits auront une valeur vénale, quelque minime qu'elle soit, les propriétaires auront un double intérêt à les extraire, et on peut être assuré que les travaux de nettoiement seront promptement exécutés.

Il faut donc des routes, établies avec toute l'économie désirable, larges de 6 à 8 mètres, ouvertes au travers des massifs.

Elles serviraient à la fois de voies de transport et de tranchées pour isoler les peuplements et permettre aux secours d'arriver sans perte de temps sur le lieu du sinistre.

M. le baron ISNARD, propriétaire au Muy.

Une forêt qui n'est pas nettoyée est pour ainsi dire sans valeur, en raison de l'état précaire dans lequel la met le danger des incendies. Le nettoiement, qui est le moyen assuré de prévenir la propagation du feu dans les bois, est donc le but essentiel à atteindre. En second lieu, il importe de développer par des voies convenablement disposées la valeur des produits ligneux. Les routes portent la vie dans les massifs; sans elles, les matières premières, lourdes et encombrantes, subissent des frais de transport tellement élevés que les produits secondaires provenant des nettoiements ou des éclaircies sont parfois abandonnés sur le parterre des coupes.

J'ai contribué pour 13,000 francs à l'établissement de routes intéressant ma propriété, et ces subventions ont augmenté sa valeur dans une très-notable proportion.

Le procédé de nettoiement, qui paraît devoir être préconisé dans les peuplements de pins maritimes parvenus à l'âge de défensabilité, consiste à brûler en hiver le sous-bois et les feuilles desséchées amassées sur le sol.

C'est la méthode dite le *petit feu*. Les hommes qui l'appliquent doivent être exercés, et avoir soin d'isoler les parties dans lesquelles on passe le petit feu des jeunes fourrés de pins et des parties dans lesquelles l'incendie pourrait se propager.

Cette pratique, usitée dans de grandes propriétés particulières, présente le double avantage d'être peu onéreuse et de débarrasser complétement le sol des morts-bois ainsi que des détritus combustibles.

La feuille desséchée du pin est le principal aliment de l'incendie; aussi, doit-on s'efforcer de substituer au pin le chêne liége, dans toutes les parties où cette essence est susceptible de prospérer. Cette substitution, outre qu'elle a l'avantage de diminuer les chances d'incendie, est en elle-même une opération culturale bien entendue, car les produits du chêne liége sont sensiblement plus élevés que ceux du pin.

J'ai tenté d'introduire le gemmage dans mes bois, mais je n'ai pas tardé à y renoncer. Le résinage n'est pas assez rémunérateur dans cette région pour compenser les inconvénients auxquels il donne lieu. Ainsi, lorsque les pins sont gemmés, ils deviennent plus facilement combustibles. Le petit feu qui, dans les conditions ordinaires, est d'une innocuité parfaite pour les végétaux pourvus de leur écorce, atteint ceux dont l'aubier est mis à nu, peut même les embraser et provoquer des commencements d'incendie.

La surveillance, quelque nombreux que soit le personnel des gardes, n'est jamais une garantie : rien en effet ne peut arrêter le feu lorsque souffle un vent violent. Les flammèches et les éclats de pommes de pin embrasés sont emportés par le courant d'air à de très-grandes distances, et franchiraient les tranchées les plus larges. Il faut, en pareil cas, recourir au contre-feu : c'est le seul moyen à tenter.

Toutefois, quoique les tranchées ne soient qu'un palliatif, il serait bon, en vue d'isoler les massifs et de faire cesser autant que possible la dangereuse solidarité qui pèse sur les forêts limitrophes, d'établir des tranchées délimitatives, ouvertes et entretenues par les intéressés.

M. Julien, juge de paix à Fréjus.

Les incendies doivent être attribués à l'imprudence des chasseurs, des passants et des écobueurs. La malveillance est étrangère à ces sinistres.

On a pu déjà constater le bon effet produit par la présence des gardes ambulants : ces préposés, sans résidence fixe, nomades, pour ainsi dire, sont un sujet de préoccupations constantes pour les braconniers et pour les cultivateurs disposés à enfreindre les arrêtés préfectoraux sur les écobuages. Il est à souhaiter que cette institution soit développée le plus possible. Il y aurait lieu d'étendre le pouvoir des gardes et de les autoriser à verbaliser, en matière de feu, dans toutes les propriétés.

Il est à désirer aussi que l'époque de l'ouverture de la chasse dans les forêts soit reculée jusqu'au moment des pluies.

Comme complément nécessaire des mesures préventives contre l'incendie, il faudrait pourvoir, par des associations locales, à l'organisation des secours nécessaires aux hommes qui luttent contre l'incendie. Dans l'état des choses, les travailleurs qui se rendent spontanément en forêt, pour concourir à l'extinction du feu, ne reçoivent pas de salaire; ils manquent des instruments nécessaires et parfois même les aliments leur font défaut. C'est là une lacune à combler.

Des signaux convenablement disposés sur les points culminants seraient un moyen de communication excellent pour avertir les populations du danger qui les menace, et demander du secours sur les points où l'incendie a éclaté.

L'établissement de tranchées délimitatives serait une excellente mesure en principe, car plus on pourra isoler les propriétés boisées entre elles et moins on aura à redouter la propagation du feu. Dans bien des cas, on pourra mettre ces tranchées en culture, et alors l'opération s'effectuera à très-peu de frais.

M. de Lacouture, ancien magistrat, à Draguignan.

Les essences utiles qui croissent dans la contrée sont : le châtaignier, le pin et le chêne liége.

Il n'y a pas à s'occuper du châtaignier, au point de vue des incendies : cet arbre est cultivé presque exclusivement en vue de ses fruits qui donnent un rendement élevé. Les châtaigneraies sont traitées à peu près comme des vergers; on les afferme généralement à des conditions avantageuses (les deux tiers des fruits pour le propriétaire, un tiers pour le fermier), et on a soin d'entretenir le sol parfaitement nettoyé de morts-bois.

Les pins croissent tantôt en massifs purs, tantôt en mélange avec les liéges, et il est bon d'établir, tout d'abord, que le pin ne doit pas être sacrifié aveuglément. Sans doute, le liége mérite la préférence, et il y a lieu, lorsque passent les éclaircies, de dégager ces derniers convenablement. Mais c'est seulement en vue de faciliter le développement des liéges existants qu'il importe de repousser les pins.

Dans les forêts de pins, le mode de nettoiement pratiqué avec succès consiste dans l'emploi du petit feu plusieurs fois décrit. Il serait superflu d'insister à ce sujet.

Dans les bois de liége, le petit feu présenterait des inconvénients sérieux, et on est obligé de recourir au débroussaillement par arrachage de souches. Cette opération, qui met les massifs complétement à l'abri du feu, est malheureusement fort onéreuse lorsque les débouchés pour les menus produits font défaut. Quand les racines de bruyère peuvent être utilisées pour la confection des pipes, on obtient ainsi un certain rendement qui favorise les débroussaillements.

L'ensemencement temporaire des terrains débroussaillés peut être conseillé, dans les terrains à faibles déclivités. Les récoltes de céréales indemnisent en partie et parfois entièrement des frais d'extraction; la culture restreinte, loin de nuire au chêne liége, favorise son développement, et elle a pour résultat la destruction à peu près complète des morts-bois qui sont, comme chacun le sait, l'auxiliaire le plus dangereux des incendies.

Le point essentiel est donc de développer la viabilité, qui se composerait d'un réseau suffisant de routes et de sentiers ou chemins d'exploitation, ouverts en forêts par les propriétaires, et se reliant aux voies principales.

Ces sentiers auraient le double avantage de faciliter l'enlèvement des produits et la libre circulation des ouvriers employés à éteindre le feu.

Les menus produits empruntent toute leur valeur à la viabilité; ainsi, sur place, ils sont abandonnés, tandis que dans les centres de population on recherche même les pommes de pin, employées aux usages domestiques. Le prix des bois de pin consommés par les savonneries en fournit une preuve évidente, qui témoigne en faveur de la nécessité d'accroître les débouchés.

Il n'est pas hors de propos de faire apprécier par des exemples l'influence exercée par l'ouverture de certaines routes sur la valeur des propriétés boisées.

M. le baron Isnard possède une grande forêt, dont les produits s'écoulaient avec peine et à des prix inférieurs, avant l'ouverture de la route du Muy à Saint-Maxime. Cette route a été établie, il y a peu d'années, avec l'aide d'une subvention de 10,000 francs accordée par le propriétaire, et depuis lors il a vendu pour 400,000 francs de pins.

Il en est de même pour la forêt appartenant à M. Martin de Roquebrune, l'un des grands propriétaires de Bormes. Il y a quelques années, lorsque ses bois se trouvaient isolés, sans débouchés faciles, sa propriété était estimée 40,000 fr.; aujourd'hui que les conditions de viabilité sont changées, elle vaut environ 500,000 francs.

Ces exemples, que l'on pourrait multiplier, permettent d'apprécier la plus-value donnée aux produits par l'ouverture des débouchés, et ne laissent aucun doute sur la nécessité d'achever le plus tôt possible l'établissement des routes.

M. LAUGIER (Napoléon), propriétaire à Hyères.

Le débroussaillement est le moyen de préservation le plus efficace, et on doit constater que depuis quelques années la pratique des nettoiements tend à se répandre. Les bons effets s'en font déjà sentir: ainsi, il y a vingt-cinq ans, les incendies attribués à l'imprudence des écobueurs, des chasseurs, des fumeurs, rarement à la malveillance, étaient fréquents et parcouraient de grandes étendues boisées. Les améliorations introduites par les propriétaires dans leurs bois ont rendu les sinistres beaucoup moins fréquents et leur ont enlevé de leur gravité.

L'obstacle le plus sérieux que rencontrent les débroussaillements provient du prix élevé de l'opération, qui varie de 60 à 80 francs par hectare. Ces frais considérables sont dus à l'insuffisance de la viabilité; faute de moyens de transports, les morts-bois sont entièrement dénués de valeur dans l'intérieur des forêts. Les propriétaires comprennent si bien la nécessité de la création de voies de vidange, qu'ils seraient disposés, dans bien des cas, à abandonner le terrain de la route et à concourir à la dépense, à la condition, toutefois, que le chemin ne fût pas public.

Les tranchées de débroussaillement peuvent servir de moyen de préservation, à la condition de leur donner une largeur de 100 mètres au moins, et d'extirper sur leur développement tous les pins maritimes.

Lorsque les morts-bois ont été soigneusement enlevés, et il faut y revenir plusieurs fois, le sol se couvre de cistes. Ces arbustes, quoique beaucoup moins combustibles que la bruyère, sont cependant un aliment pour les incendies, et à ce point de vue, il importe de les détruire, mais d'un autre côté, ils sont indispensables au maintien des terrains en pente. Ils protégent le sol contre l'action desséchante du soleil, pendant la saison chaude, et contre l'action dissolvante des eaux pluviales, qui entraînent la terre végétale dans les vallées pendant la saison des pluies.

Il s'agirait donc de substituer aux cistes des plantes fourragères susceptibles de végéter dans la contrée dont il s'agit. Il y aurait, à ce sujet, des expériences à faire sur diverses graminées. Le *trifolium graveolens* (psoralier bitumineux) pourrait convenir. La valériane à fleurs rouges est très-rustique et se prêterait à ce rôle ; toutefois, elle aurait l'inconvénient sérieux d'être repoussée par les bestiaux.

La *ferula communis* serait susceptible de fixer convenablement les terrains en pente ; il est à regretter que cette plante vivace, se desséchant en été, ne puisse être utilisée à cause du danger qu'elle présenterait pour les incendies.

L'introduction des plantes fourragères en forêt offre un intérêt de premier ordre pour la commune d'Hyères : ce genre de culture aurait pour effet de pousser à la substitution de la race bovine à la race ovine. Le mouvement qui s'est produit depuis quelques années dans ce sens recevrait, par cette transformation, une impulsion énergique des plus profitables pour l'agriculture et le commerce local.

Les chèvres ont déjà disparu en grande partie, et on en compte à peine une trentaine.

La nécessité de produire du laitage en abondance, pendant la saison d'hiver, a motivé l'introduction des bêtes bovines. On en compte près de 300 dans la commune d'Hyères, et ce nombre est susceptible de s'accroître dans une notable proportion.

L'extension donnée aux races bovines détermine un mouvement en sens inverse pour les bêtes ovines, et il y a tout profit au point de vue de la quantité des engrais produits, du laitage et de la viande livrée à la consommation.

L'organisation des brigades ambulantes constitue pendant la saison sèche un moyen de surveillance spéciale, encore incomplet, qui rendra de grands services lorsque les gardes seront en nombre suffisant.

La commune d'Hyères est en dehors de la sphère d'action des gardes ambulants : la surveillance est exercée sur son territoire, qui est de 22,000 hectares, par deux gardes champêtres ; ce personnel ne peut suffire à sa tâche. Il serait bon de répartir les gardes ambulants le plus possible en les isolant dans les massifs, de manière à ce que leur influence pénétrât partout. On pourrait étudier aussi un système de signaux qui seraient placés sur les points culminants, afin d'indiquer rapidement et à de grandes distances les incendies au moment où ils se manifestent.

Le chêne liége a deux ennemis parmi les insectes de la contrée : une grosse fourmi et une larve qui établit ses galeries entre l'aubier et l'écorce. Il serait intéressant d'étudier les mœurs de ces ravageurs et de rechercher les moyens pratiques de les combattre.

M. DE LÉOUBE, membre du conseil général, à Collobrières.

Les dispositions à recommander sont différentes, suivant qu'il s'agit de prévenir les incendies ou d'arrêter le feu.

Les mesures préventives sont les débroussaillements généraux ou partiels, à l'aide de grandes tranchées dans lesquelles on débarrasse soigneusement le sol des morts-bois et des détritus combustibles. Ces grandes tranchées seraient reliées par un réseau de petites tranchées très-étroites, servant à faciliter la circulation et les secours en cas de sinistre.

Le petit feu, pratiqué l'hiver dans les peuplements assez complets pour que les jeunes semis puissent être sacrifiés sans inconvénient, est une bonne opération : on supprime ainsi, à peu de frais, le sous-étage, si dangereux, composé de morts-bois et les amas de feuilles sèches.

Quant à la disposition à adopter pour les tranchées, en ce qui concerne la largeur à leur donner et leur répartition dans les massifs, on s'en réfère à l'expérience des agents forestiers.

Il serait sans doute utile, en vue d'établir un réseau général de tranchées, d'amener les propriétaires forestiers à former entre eux des syndicats ; toutefois, comme les mesures à adopter ne pourraient être exécutées avec ensemble qu'à la condition d'être rendues obligatoires, on pourrait craindre de voir se produire des mécontentements.

Du reste, il y a un mouvement assez marqué dans le sens des bonnes pratiques forestières, et peut-être n'y a-t-il pas lieu de recourir aux syndicats ; mais il serait essentiel de renforcer la surveillance en augmentant le nombre des gardes forestiers ambulants. Le personnel de l'Administration forestière est animé d'un très-bon esprit ; il est zélé, seulement, il est trop restreint pour pouvoir suffire à la surveillance des bois menacés.

Lorsque l'incendie s'est déclaré, on doit procéder par le contre-feu ; c'est, sans contredit, le moyen le plus efficace. Sans entrer dans les détails bien connus de l'opération, il est indispensable de poser à ce propos une question de principe, à savoir si l'autorité compétente qui dirige les travaux de défense a le droit de faire allumer le contre-feu dans une propriété, lorsque les circonstances paraissent l'exiger au nom de l'intérêt général. Quand l'incendie éclate dans une ville, l'autorité fait la part du feu et ordonne au besoin la démolition d'un immeuble, sans encourir de responsabilité civile. En est-il de même en matière d'incendies de forêts ? Dans diverses circonstances, on s'est trouvé arrêté par la crainte du recours qu'aurait pu exercer un tiers, et pourtant c'est seulement par l'emploi de ce moyen exercé avec modération et prudence, mais aussi sans limite, qu'on peut parvenir à circonscrire l'incendie et préserver des étendues considérables.

M. Lussan, conseiller de préfecture, à Draguignan.

Il est à désirer que des expériences soient faites en vue d'établir, d'une manière décisive, si la pratique du gemmage peut être utilement introduite dans la région des Maures et de l'Esterel. Quelques propriétaires ont fait, il est vrai, des essais dans ce sens ; mais on doit se demander s'ils disposaient d'éléments suffisants pour que ces essais eussent le caractère d'une expérience concluante.

M. Hoslin, ingénieur des ponts et chaussées, dans sa déposition, a émis le vœu que l'Administration forestière prêtât son concours à la société d'agriculture de Draguignan, pour subvenir aux frais de déplacement d'ouvriers exercés, qui seraient appelés des Landes dans la région du Var où le pin maritime est abondant. Quand on considère les avantages que procure le gemmage dans les massifs résineux des Landes, on ne peut que s'associer à ce vœu et souhaiter de voir ce genre d'exploitation encouragé dans les forêts, où les incendies causent de si grands ravages.

Le résinage, en effet, n'est pas une cause de dépréciation pour les arbres qui y ont été soumis; d'un autre côté, les gemmes sont d'un transport facile, et dans une contrée où l'insuffisance des voies de communication est un obstacle sérieux à l'exploitation des bois de peu de valeur, cette considération a une importance sérieuse. On peut admettre, en outre, que la plus-value résultant du gemmage serait un précieux encouragement aux sages pratiques de débroussaillement qui sont la plus efficace des garanties contre l'incendie.

M. Maille, juge de paix à Grimaud.

Tout le monde paraît d'accord sur ce point que les forêts des Maures sont dévastées périodiquement par les incendies, et que cet état précaire est dû à la quantité considérable des morts-bois ainsi qu'aux amas de détritus végétaux.

La nécessité du débroussaillement résulte de cette situation, et on peut éprouver quelque étonnement en voyant que des propriétaires si intéressés à nettoyer leurs bois ne procèdent pas à ces travaux d'amélioration, d'une incontestable utilité; et pourtant cette indifférence apparente s'explique quand on étudie de près les conditions économiques de l'opération. Le débroussaillement coûte en moyenne 80 francs par hectare, et, faute de routes, les produits extraits sont sans valeur. L'insuffisance de la viabilité pèse très-lourdement aussi sur les végétaux de grandes dimensions : ainsi les pins parvenus à maturité qui, à proximité d'un chemin d'exploitation vaudraient 20 francs, se vendent 50 centimes dans les massifs reculés. On peut conclure, d'après ces chiffres, qu'il y aurait imprudence à proscrire le pin. Cette essence, quoique moins précieuse que le chêne liége, ne doit la défaveur dont elle est atteinte qu'à l'absence momentanée des débouchés.

Pour ne parler que des morts-bois, on peut être assuré qu'un réseau convenable de routes accentuera suffisamment la tendance des propriétaires à les enlever. L'industrie des pipes emploie des racines de bruyère, et cette branche de commerce a suffi pour motiver des extractions importantes, dans certaines localités. L'étude des couches géologiques a fait découvrir un banc de calcaire : cette découverte sera très-profitable pour la localité, où la chaux à bâtir fait défaut, en ce que les fours à chaux consommeront une quantité considérable de menus produits.

C'est uniquement dans les besoins de l'industrie qu'il faut trouver l'emploi des produits secondaires des forêts. Il serait hors de propos de leur chercher des débouchés pour les besoins domestiques. Les habitants ont pour leur chauffage plus de bois qu'ils n'en absorbent, et il suffira, comme preuve à l'appui, de dire que les débris provenant de la fabrication du liége sont brûlés en pure perte dans les centres de population.

D'un autre côté, on ne fait usage, pour la confection des engrais, que des feuilles de pin ; si bien que les morts-bois ne peuvent être affectés qu'à de grandes consommations industrielles.

C'est donc par l'ouverture de voies nouvelles, permettant aux produits de la contrée d'arriver facilement sur le littoral, qu'on stimulera dans une large mesure le débroussaillement des forêts. L'effet que peut produire la création d'une route au milieu de ces massifs est facile à constater ; il suffit, pour s'en rendre compte, de jeter un coup d'œil sur la situation de la contrée, depuis l'ouverture de la route impériale n° 98, d'Hyères à Cogolin : on peut dire que le pays s'est transformé sur le parcours de cette artère principale, et plus de cent fermes se sont construites à proximité de la route.

Cet exemple saisissant est le plus précieux des encouragements, et on ne saurait trop hâter le classement de voies nouvelles qui seraient faites le plus souvent avec le concours des intéressés.

On peut conseiller comme mesure préventive et transitoire, avant que le débroussaillement complet soit effectué, les grandes tranchées délimitatives : les espaces parfaitement nettoyés, interposés entre les massifs, permettraient de combattre utilement la propagation des incendies.

Il y aurait donc lieu de favoriser l'organisation de corps de sapeurs forestiers analogues aux compagnies de pompiers. On trouverait sans difficulté dans les campagnes des hommes éprouvés, habitués aux travaux de la forêt, et qui, par l'effet d'une bonne organisation, arriveraient à rendre de grands services en cas de sinistre.

Le débroussaillement complet est indiqué comme l'objectif vers lequel doivent tendre les propriétaires forestiers soucieux de la bonne gestion de leur fonds. On a fait entrevoir les difficultés que présentait l'opération. Il s'agit d'examiner maintenant les voies et les moyens à l'aide desquels on pourrait la rendre pratique.

On ne doit pas hésiter à entrer dans la voie des associations syndicales rendues obligatoires, car il est certain qu'avec des ressources relativement faibles on arriverait promptement à des résultats importants.

A cet effet, on créerait dans chaque municipalité de la région une caisse de fonds communs pour la conservation et l'amélioration des forêts. Cette caisse serait alimentée :

1° Par une cotisation fixe de 3 francs par hectare, imposée à chaque propriétaire ;

2° Par les dons et souscriptions volontaires ;

3° Par les subventions de l'État, du département, de la commune.

On poserait en principe que la cotisation seule est obligatoire et que le nettoiement est libre ; de sorte que les fonds seraient distribués, à titre de primes d'encouragement, aux propriétaires désireux d'effectuer des nettoiements.

L'étendue boisée dans le territoire de Grimaud est de 10,000 hectares environ. En évaluant à 1,500 hectares, ce qui n'a rien d'exagéré, la superficie qui, à l'aide des encouragements, serait nettoyée annuellement, on arriverait promptement à la solution du problème ; d'autant mieux que les liéges, et les châtaigniers étant en général nettoyés, on devrait se borner à opérer dans les pineraies.

L'emploi des cotisations donnerait lieu à un règlement ultérieur dans lequel toutes les éventualités seraient prévues : ainsi tout propriétaire qui prendrait l'engagement de nettoyer sa forêt dans un délai déterminé serait dispensé de payer la cotisation ; mais, d'un autre côté, la caisse commune ne contribuerait pas à ses travaux.

Ces cotisations, qui seraient perçues comme en matière de contributions directes, n'auraient pas une durée transitoire, car il ne suffit pas de débroussailler une fois sa forêt pour la garantir du feu. C'est une opération continue qui demande à être renouvelée tous les cinq ou six ans dans le territoire de Grimaud. Pour des besoins constants, il faut donc des ressources fixes et assurées ; aussi la cotisation serait-elle établie d'une façon permanente.

M. Martin, ingénieur des ponts et chaussées, à Draguignan.

L'influence des routes, comme obstacle apporté à la marche du feu, a pu être appréciée en 1864 : l'incendie, poussé par un vent très-violent, a franchi la route impériale n° 98 dans les points où la distance minimum est de 40 à 50 mètres ; dans les parties où l'espace vide est de 60 à 80 mètres, le feu est resté tangent à la route, qui a été, par suite, une barrière efficace.

On a pu, à cette occasion, faire quelques remarques intéressantes sur le mode de propagation de l'incendie au moyen des pommes de pin : par l'effet de la tension des gaz provenant de la vaporisation des huiles essentielles contenues dans l'intérieur des tissus résineux, les cônes verts, chauffés à une haute température, font parfois explosion, et leurs débris enflammés sont lancés, comme des fusées, dans toutes les directions. Le vent accélère encore la portée du jet de certains de ces débris, qui vont allumer de nouveaux foyers à de grandes distances. Aussi, les tranchées de débroussaillement, à moins d'avoir des largeurs démesurées, ne peuvent être considérées comme infranchissables, et peut-être vaudrait-il mieux interposer, dans les massifs résineux, des bandes suffisamment profondes, complantées en végétaux peu combustibles, tels que le cyprès et l'eucalyptus. Des plantations, faites dans la même pensée, sur le bord des routes, pourraient également concourir à arrêter les matières enflammées, portées par le courant d'air à de grandes distances.

M. de More, propriétaire au Muy.

Je suis le premier à avoir pratiqué le petit feu dans les forêts résineuses de la contrée. Grâce à cette méthode de nettoiement, mes bois sont en très-bon état, et les incendies n'y sont pas à redouter.

Cet exemple a été suivi par plusieurs grands propriétaires du pays qui ont obtenu de très-bons résultats, et je partage, à l'égard du petit feu, l'opinion de M. le baron Isnard.

M. de Musset, vice-président du conseil de préfecture, à Draguignan.

Les incendies sont alimentés par les détritus végétaux et par les grandes quantités de morts-bois qui couvrent le sol des forêts.

Le mistral, qui souffle dans la région, parfois avec une violence extrême, est un puissant agent de propagation.

Il est donc essentiel de nettoyer les bois et de les débarrasser, aussi complétement que possible, des arbustes dangereux.

Le nettoiement en plein étant une opération relativement onéreuse, il serait bon de commencer par couper les massifs par des tranchées destinées à isoler les cantons les uns des autres.

La création de syndicats, en vue des mesures à prendre pour prévenir les incendies, présenterait des difficultés, en raison des intérêts opposés qui se trouveraient en présence, car certains propriétaires préconisent les écobuages, tandis que d'autres les proscrivent.

Cependant, si des syndicats, par groupes de forêts, pouvaient se former, il n'est pas douteux que d'un pareil accord naîtraient d'excellentes dispositions conservatrices.

La surveillance n'est pas suffisante.

L'accroissement du nombre des gardes aurait pour effet de prévenir des incendies commis par imprudence.

En outre, ces préposés avertiraient les populations et organiseraient les secours, dès qu'un sinistre serait signalé.

On ne saurait attribuer les incendies à la malveillance.

M. Panescorse, propriétaire à Sainte-Maxime (région de Fréjus).

Je possède 350 hectares, partie en nature de bois, partie à l'état de terrains vagues.

Les bois sont peuplés en pins et en chênes liéges; dans les terrains vagues, le ciste domine. Un tiers de mes bois est complétement débroussaillé et, par suite, à l'abri de l'incendie.

Le feu n'est, du reste, pas à redouter dans ma propriété : ainsi, en vingt ans, il ne s'est produit que cinq incendies qui n'ont pas occasionné de dégâts appréciables.

Dans ces circonstances, le feu a pris de la manière suivante :

La première fois, une charbonnière en combustion en a été la cause;

La deuxième et la troisième fois, il dut être attribué à l'imprudence d'un fumeur;

Enfin, les deux dernières fois, des fourneaux d'écobuage produisirent un commencement d'incendie.

Ces bois, qui rapportent en moyenne 1,500 francs par an, ne sont pas régulièrement aménagés.

On peut apprécier la plus-value des produits ligneux par un exemple qui m'est personnel : en 1816 et 1820, on avait cédé la coupe de tous mes bois pour 6,000 francs; maintenant je vends, tous les huit ou dix ans, pour une somme de 4 à 5,000 francs.

Il est bon d'établir, à ce propos, que l'amélioration de la viabilité a beaucoup contribué à cette plus-value : ainsi les arbres qui se vendaient 3 francs le pied valent maintenant 5 francs.

Le petit feu est le plus économique et peut-être le meilleur des préservatifs. On le passe surtout en hiver; mais, quand on a assez de monde pour le diriger convenablement, on peut l'employer même en été : l'opération se fait, en cette saison, plus rapidement et mieux.

Les chèvres causent des dommages sérieux dans les forêts où se trouvent des chênes.

J'entretiens des chèvres dans mes bois de pins, et je suis obligé de reconnaître que leur présence ne suffisant pas pour débarrasser le sol des arbustes nuisibles, je dois néanmoins passer le petit feu.

Il serait à désirer, en vue d'assurer la sécurité de chacun, qu'une loi spéciale contraignît les propriétaires à ouvrir sur leurs confronts des tranchées délimitatives établies à frais communs. Elles devraient avoir, pour être efficaces, 10 mètres de largeur sur chacun des fonds, soit 20 mètres en totalité.

Les débroussaillements peuvent se faire sans dépense, en concédant, avec faculté d'ensemencer, de petits lots aux cultivateurs. Dans ma localité, la demande de lots à débroussailler, avec faculté de cultiver, est supérieure à l'offre. Aussi est-il à remarquer que toutes les petites propriétés sont bien nettoyées.

Le châtaignier ne vient pas partout, et des plantations en cette essence, faites dans ma propriété, n'ont pas réussi. Cependant on pourrait peut-être l'introduire utilement, à l'aide de semis mélangés de résineux, faits à l'exposition du nord et en vue de créer, par la suite, des taillis de châtaigniers. La région est viticole et les cercles y sont très-recherchés. Cependant, dans les localités où le châtaignier prospère, comme à la Garde-Freinet, on préfère le cultiver pour ses fruits, et on plante en général des sujets greffés.

L'entente entre les intéressés, pour arriver à la formation de syndicats de protection contre l'incendie, serait impossible à obtenir; mais les particuliers se confieraient volontiers à la surveillance des gardes forestiers, et certains d'entre eux accepteraient de recevoir, dans leur propriété, un garde auquel ils donneraient le logement et un terrain à cultiver.

M. Pascal (Ferdinand), ancien président du tribunal de commerce à Fréjus.

Depuis vingt ans j'ai vu éclater environ quinze ou seize incendies qui ont parcouru les forêts de l'Esterel et Palaison appartenant à l'État; celles de

Bagnols, Fréjus, Callian, Montauroux, le Pujet, Saint-Raphaël, Gonfaron, appartenant aux communes de ce nom. J'ai contribué bien souvent à éteindre le feu.

Je dois constater que généralement les populations sont indifférentes à porter secours lorsqu'un incendie est signalé. Cette tiédeur s'explique, pour les uns, par la crainte d'accidents qu'ils redoutent; pour d'autres, par le peu d'intérêt qu'ils portent à la forêt qui brûle et dont l'accès ne leur est permis qu'alors, et pour le plus grand nombre, par la perte de temps, les privations et les fatigues qu'ils éprouvent, et dont le plus souvent ils ne sont pas rémunérés. Une exception doit être faite en faveur des habitants des Adrets, que l'on rencontre toujours les premiers lorsqu'un incendie éclate. La connaissance des lieux et du terrain, par suite des travaux qu'on leur a fait exécuter, les a rendus très-aptes et très-utiles en temps d'incendie.

Si les incendies ont pour cause la malveillance, l'imprudence des riverains, le plus souvent celle du braconnier et quelquefois celle du chasseur, les proportions désastreuses qu'ils atteignent se trouvent dans le manque complet et absolu des moyens préservatifs, et dans l'état précaire et abandonné où se trouvent nos forêts.

Dans notre région, qu'on a appelée avec raison la région du feu, il suffit en été d'une étincelle pour occasionner la destruction des plus riches massifs; car si les causes sont la malveillance et l'imprudence, le mistral en est le grand propagateur; et il fait des ravages d'autant plus considérables que jusqu'à ces dernières années l'État, les communes et beaucoup de propriétaires se sont inclinés devant cette fatalité annuelle des incendies, et n'ont pris aucun moyen de s'en garantir.

J'ai dit jusqu'à ces dernières années, et permettez-moi de fixer une date qui a été le point de départ d'un tout nouvel ordre de choses, c'est la date de la nomination de M. le conservateur actuel à la conservation de Nice, qui dès son arrivée a visité tous les cantonnements de notre région, et qui a provoqué et obtenu la création de brigades ambulantes et fait exécuter divers travaux préservatifs. La création des brigades ambulantes et la visite journalière dans les forêts des gardes ambulants déjouera les projets des malintentionnés, tiendra en garde les braconniers et empêchera les riverains des forêts d'allumer du feu aux époques prohibées.

J'ai dit que les incendies étaient quelquefois le résultat de l'imprudence du chasseur; j'ai remarqué, en effet, que plusieurs fois des incendies avaient éclaté le jour de l'ouverture de la chasse. Il serait à désirer que l'ouverture de la chasse dans les forêts fût retardée jusqu'après les pluies d'automne, et qu'un arrêté spécial du préfet ne permît la chasse qu'après les pluies, quelle qu'en fût l'époque.

Des travaux d'isolement ont commencé à être exécutés dans les forêts domaniales; il est à désirer que l'État fasse isoler toutes ses forêts par des tranchées d'une largeur de 20 à 25 mètres, qui seraient constamment bien entretenues par le passage du petit feu, et qui pourraient être utilisées comme chemins. Des tranchées garde-feu devraient être pratiquées dans les grandes forêts, du nord au midi, à des distances de 500 à 1,000 mètres; on devrait les établir sur les crêtes des coteaux et non sur les revers des montagnes; car de ces points culminants les personnes préposées aux travaux de défense suivraient la marche de l'incendie et seraient dans une position plus avantageuse pour porter secours; en outre, elles ne seraient pas exposées à se voir enveloppées par le feu qu'un vent violent porte souvent à des distances très-grandes.

Je puis attester qu'en une circonstance le feu a franchi une distance de plus de 400 mètres du foyer où il brûlait; du reste, on pourrait utiliser pour l'établissement de ces tranchées garde-feu les lacunes qui existent dans les forêts, en y faisant aboutir les travaux qu'on désire exécuter.

Les communes devraient imiter cet exemple, et, dans un intérêt public, des mesures générales devraient être ordonnées pour arriver à un isolement des forêts entre elles; les travaux de tranchées seraient exécutés à frais communs par les riverains, comme ceux occasionnés par l'action en bornage.

Le petit feu est un des procédés employés avec succès pour mettre les massifs boisés à l'abri des incendies, et surtout pour empêcher la propagation de l'incendie. L'époque choisie pour passer le petit feu est de décembre au mois de mars ou avril, suivant la température de l'hiver.

L'écobuage devrait être réglementé, et l'époque de l'allumage des fourneaux serait fixée par arrêté annuel de M. le préfet, après les pluies d'automne; il devrait être interdit d'écobuer et d'ensemencer les terrains en pente, attendu qu'à la plus petite pluie la terre est emportée et que les eaux, n'étant pas retenues, occasionnent des crues torrentielles.

Les taillades sur les parties planes des montagnes devraient être permises; ces parties pouvant servir de tranchées garde-feu. Les chèvres détruisent la venue de toute essence forestière; l'avenir d'une forêt est complétement ruiné par la dent meurtrière de cet animal; leur parcours dans les forêts doit donc être prohibé.

Le sort des gardes forestiers domaniaux et communaux, qu'on devrait employer aux travaux de préservation, devrait être amélioré en raison du service pénible qui leur est confié. Le service des agents dans toutes les forêts de notre région est plus pénible sous tous les rapports que celui des agents des autres forêts de la France; la culture du chêne liége que les agents connaissent en théorie exige des connaissances spéciales qu'on n'acquiert que par une longue pratique. Le séjour qu'ils font parmi nous est trop court; il serait à désirer que les services dans les conditions spéciales où se trouvent ceux de la contrée fussent des titres exceptionnels à l'avancement; de la sorte on n'aurait pas à regretter ces changements fréquents et préjudiciables qui toujours sont la cause de l'ajournement et de l'abandon des mesures adoptées dans l'intérêt de la conservation des forêts, l'agent qui arrive ne se souciant point de faire exécuter une mesure dont il n'a pas eu l'initiative, et désirant faire prévaloir une proposition qui, par un nouveau changement, est, comme sa devancière, vouée à l'abandon.

Depuis dix-sept ans nous avons eu à Fréjus treize gardes généraux.

M. PELLICOT, président du comice agricole, à Toulon.

Le nettoiement des forêts, qui a donné lieu à de nombreuses observations de la part des déposants, est le moyen le plus radical de mettre les forêts de chênes liéges à l'abri des incendies; il serait surabondant d'insister sur ce point qui ne paraît pas contestable; mais il est utile de constater la nécessité de remplacer les morts-bois par des plantes fourragères ou arbustives, destinées à couvrir le sol et susceptibles d'être utilisées. On a remarqué, en effet, que le débroussaillement n'est pas sans exercer une certaine influence sur la végétation des chênes liéges. Dans les premières années qui suivent le débroussaillement, leur croissance est plus rapide, mais elle ne tarde pas à se ralentir, et peut-être serait-on conduit à imputer à cette pratique culturale une maladie observée sur le chêne liége. Ce qui tendrait à donner à cette opinion quelque consistance, c'est que les liéges malades se rencontrent le plus fréquemment dans les sols les plus riches et les mieux débroussaillés. On a remarqué aussi que la surface du sol, dans les parties où se trouvent des végétaux atteints, est souvent envahie par les mousses, ce qui indique une humidité sous-jacente.

12.

Ces observations n'ont pas pour but d'amoindrir le mérite des débroussaillements, mais uniquement d'appeler l'attention sur les végétaux peu combustibles et utiles qui pourraient être substitués aux morts-bois, afin que le sol sur lequel reposent les chênes liéges ne soit pas directement exposé aux influences extérieures.

Le brome de Schrader se développe avec vigueur dans les terrains qui ont été cultivés; il vient volontiers sous le couvert, et il pourrait être utilisé dans les massifs débroussaillés. On pourrait également essayer la propagation en forêt du *psoralier bitumineux* et de *l'agrostis effusa*, graminée un peu dure, mais très-rustique.

L'écobuage est une bonne pratique au point de vue exclusif du nettoiement, mais il épuise le sol, et, lorsqu'il a été pratiqué, les ronces seules prennent possession du terrain; l'humus accumulé a été absorbé et les éléments minéraux sont ainsi appauvris.

Les nettoiements effectués par voie de dessouchement sont la meilleure opération; mais, dans les conditions actuelles de la viabilité, elle est fort onéreuse, et sous ce rapport la création d'un réseau de routes départementales et vicinales est indispensable.

A défaut de débroussaillements complets, on pourrait placer avantageusement des tranchées larges de 5o mètres sur les crêtes de montagnes; ces espaces entretenus dans un état de nettoiement complet, disposés dans la partie où l'incendie perd de son intensité, pourraient dans bien des cas être une barrière suffisante.

M. PONS-PEYRUC, député au Corps législatif, conseiller général.

On peut établir, en principe, que l'état d'infériorité dans lequel se trouve placée la région boisée des Maures et de l'Esterel, tient à l'insuffisance de la viabilité.

En effet, si les nettoiements ne sont pas effectués dans de plus larges proportions, c'est parce que les menus produits manquent de débouchés, n'ont aucune valeur vénale en forêt, et que, par suite, leur enlèvement devient une opération fort onéreuse. D'un autre côté, si les méthodes culturales, usitées dans les forêts bien administrées, telles que les éclaircies, les travaux d'entretien, de repeuplement, etc. etc., ne reçoivent pas une application suffisante dans la région qui nous occupe, c'est encore pour ce même motif.

Lorsque les exploitations donneront des résultats avantageux, l'intérêt, qui sert de mesure aux actions, sera un stimulant suffisamment sérieux, et les propriétaires exécuteront spontanément des travaux utiles dans leurs propres forêts.

La création d'un réseau convenable de routes est donc la question la plus importante à envisager dans son ensemble, puisque de sa solution dépendent, d'une façon indirecte mais assurée, les mesures préventives contre le danger des incendies et la mise en valeur rationnelle de forêts appelées à un grand avenir.

Mais comment pourvoir à l'établissement de ce réseau de routes?

La région des Maures et de l'Esterel, dont la superficie est de 120,000 hectares environ, comprend très-peu de cultures productives, et les forêts qui la couvrent presque en totalité sont en grande partie ruinées par les incendies; les centres de population y font presque totalement défaut et les habitants y sont en petit nombre; aussi, les ressources locales, provenant des fonds départementaux ou communaux et des journées de prestation, ne sont-elles pas, à beaucoup près, en rapport avec les besoins.

On se trouve ainsi, pour ainsi dire, enfermé dans un cercle vicieux : d'une part, cette contrée si intéressante semble vouée à la ruine par l'absence de routes, et, d'un autre côté, les ressources locales ne peuvent suffire aux frais de création des routes reconnues indispensables.

N'y aurait-il pas lieu, dans cette situation exceptionnelle, de recourir à des mesures spéciales et de provoquer l'étude de dispositions analogues à celles du décret du 28 mars 1852 sur les routes forestières de la Corse, ou de la loi du 19 juin 1857 sur les routes agricoles des landes de Gascogne? L'État, les communes et les particuliers ont des besoins similaires comme propriétaires forestiers, et il ne paraît pas impossible d'apprécier l'importance relative de leurs intérêts; en outre, comme l'État dispose d'un personnel forestier qui se trouve dans les meilleures conditions pour préparer les projets et pourvoir à l'exécution des routes, on peut, sans sortir du cadre des mesures pratiques, recommander à l'examen de l'Administration supérieure l'étude d'un projet relatif à la création d'un réseau de routes, ayant un caractère spécial d'intérêt forestier, dans la région boisée des Maures et de l'Esterel.

M. Poulle, premier président honoraire, conseiller général à Draguignan.

Dans la portion des Maures, dite Maures de Tanneron, les incendies étaient très-fréquents il y a une trentaine d'années, en raison de la grande quantité de morts-bois qui couvraient le sol des forêts. On peut citer notamment l'incendie de la forêt de Montauroux en 1835, à la suite duquel on a vendu 33,000 francs de bois morts par le feu. La perte éprouvée dans cette circonstance s'est élevée à 100,000 francs environ.

Depuis que la méthode du petit feu y a été introduite, les sinistres ont tendu à diminuer, et, maintenant que cette pratique est généralisée, les incendies sont assez rares; on ne peut donc qu'en recommander l'application.

Il y a lieu toutefois de faire une réserve à ce sujet : le petit feu est d'une efficacité certaine et sans inconvénients dans les bois de pins. Il n'en serait pas de même dans les massifs où le liége domine. En premier lieu, les feuilles sèches de pin faisant défaut, la combustion s'entretiendrait très-difficilement, et, d'un autre côté, les jeunes liéges auraient à souffrir du feu.

C'est donc aux forêts de pins qu'il faut limiter l'usage du petit feu, et, dans cette application, il est permis de dire que le petit feu supprime les incendies.

Des faits singuliers se sont produits à la suite de divers incendies, et plusieurs fois le feu, en dévorant le peuplement de pins et les morts-bois sous-jacents, a favorisé le développement des liéges, de sorte que, loin d'être ruinée par l'incendie, telle forêt a vu sa valeur accrue, dans une proportion notable, par le passage du feu. Sans doute, ces exemples ne sont pas à suivre, mais ils contiennent un enseignement précieux : c'est que le chêne liége, qui est l'essence la plus productive de nos contrées, demande à être suffisamment dégagé, et que là où il existe à l'état latent, il suffirait de lui donner accès à la lumière pour favoriser son essor.

Les dommages résultant des incendies ont fait naître, à plusieurs reprises, des questions de responsabilité. La jurisprudence semble fixée à cet égard; elle a établi, en effet, que la responsabilité ne remonte pas du fermier au propriétaire, mais que ce dernier est en tous points responsable des dégâts occasionnés par le fait des serviteurs, métayers ou tâcherons.

Il serait prématuré de se prononcer sur l'opportunité que présenterait la création de syndicats entre propriétaires. Ces associations, qui auraient pour but de pourvoir à des mesures d'ensemble, répondent à la fois à une pensée d'intérêt général et d'intérêt particulier. Elles seraient, en réalité, des sociétés d'assurances mutuelles et, considérées ainsi, elles ne produiraient que de bons résultats; mais il y a lieu, avant tout, d'étudier les bases d'une organisation pratique des syndicats et la question, envisagée sous cet aspect, paraît présenter de sérieuses difficultés.

M. le baron DE ROUX (Albert), propriétaire à Hyères.

Le débroussaillement des forêts est le moyen le plus radical de les mettre à l'abri de l'incendie, et c'est surtout au peu de valeur des menus produits qu'il faut attribuer la faible extension donnée aux travaux d'amélioration.

Dans l'état actuel de la viabilité, les morts-bois donnent lieu à des frais d'extraction élevés, et pourtant les produits des éclaircies sont abandonnés sur le parterre de la coupe. Il y aurait donc un grand intérêt, au double point de vue de la mise en valeur et des mesures concernant la sécurité des forêts, à améliorer les routes existantes et à en créer de nouvelles.

Une question digne d'appeler l'attention est celle du petit nombre des ouvriers forestiers et, par suite, de la difficulté qu'éprouvent les propriétaires à faire exécuter, même à des prix élevés, des travaux utiles. On se demande si les troupes ne pourraient pas être employées dans la région des Maures et de l'Esterel, comme elles le sont en Algérie, à des travaux d'intérêt public.

M. DE ROUX-LARCY, propriétaire à Hyères.

Les propriétaires de forêts, dans la région des Maures et de l'Esterel, doivent tendre au débroussaillement complet de leurs bois, car c'est en réalité le seul moyen efficace de les mettre à l'abri de l'incendie.

Le but à atteindre est clairement indiqué; il suffit donc d'examiner par quels moyens pratiques on pourrait exécuter les travaux nécessaires.

Il est hors de doute que, si les menus produits avaient une certaine valeur, les intéressés n'auraient pas à être encouragés, puisqu'ils se trouveraient sollicités à extirper les morts-bois, par le prix à retirer des produits des nettoiements et par la sécurité que leur procurerait l'opération. Or, dans l'état actuel de la viabilité, les morts-bois ne trouvent aucun débouché dans bien des cas. Ainsi, pour ne citer qu'un exemple qui m'est personnel, j'ai en permanence trente ouvriers employés aux travaux de dessouchement, et les menus produits extraits, non-seulement ne sont pas vendus, mais ne trouvent même pas preneurs à titre gratuit. Cette non-valeur des matières ligneuses, qui sont pourtant recherchées dans les centres de consommation, ne peut être attribuée qu'à l'absence de routes, et on peut être assuré que la création de voies de communication donnerait une énergique impulsion aux travaux d'amélioration dans les forêts particulières. Les propriétaires sentent si bien la nécessité des voies de transport que dans bien des cas ils ont offert de subventionner, et même largement, des chemins à construire.

Le débroussaillement doit avoir pour conséquence, sinon pour but, de favoriser le développement du chêne liége partout où il est susceptible de prospérer, et il y a lieu de pousser à la substitution du liége au pin toutes les fois que les circonstances le permettent; c'est ainsi que je procède.

Les frais qu'occasionne le débroussaillement complet sont parfois un obstacle sérieux qui arrête les propriétaires.

Quant aux tranchées, il est difficile d'admettre que, même en leur donnant une grande largeur, elles puissent opposer une barrière infranchissable aux incendies. On sait, en effet, quelle distance les pommes de pin enflammées sont susceptibles de franchir avec l'aide d'un vent violent.

On se demande, à propos de ces travaux, qui, sous un certain côté, touchent aux intérêts généraux du pays, s'il ne serait pas opportun d'instituer des primes d'encouragement qui seraient distribuées par les comices agricoles.

L'organisation des syndicats obligatoires ne manquerait pas de soulever des difficultés, car il serait impossible d'arriver par la pression à obtenir l'assentiment moral des propriétaires compris dans une association de cette nature. Cependant, les tentatives individuelles étant souvent stériles, il serait à désirer que des mesures d'ensemble pussent être entreprises sous l'action d'efforts collectifs; toutefois le concours des intéressés devrait être libre, et on doit supposer qu'un syndicat fonctionnant librement serait d'un salutaire exemple dans la contrée.

Après avoir indiqué sommairement les mesures à prendre pour mettre les forêts à l'abri du feu, il y a lieu de présenter quelques observations, en ce qui concerne les écobuages, cause à peu près unique des incendies.

La plupart des sinistres ont été occasionnés par des fourneaux d'écobuage allumés dans le territoire de la commune de Pierrefeu.

La réglementation des écobuages est donc un des points essentiels de la question, et il paraît indispensable d'en proscrire l'usage pendant six mois de l'année, sauf à en favoriser la pratique en hiver.

M. E. DE ROUX, à Sauvebonne (Hyères).

C'est surtout par les améliorations de la viabilité qu'on arrivera au nettoiement complet des forêts.

Toute route nouvelle,, ouverte à travers les massifs, amène en très-peu de temps le débroussaillement des bois situés à proximité. C'est là un fait d'expérience qui se manifeste dans le rayon des diverses usines qui emploient des fascines faites avec les morts-bois.

Ces usines consomment tous les menus produits qui se trouvent à leur portée et, par suite, donnent lieu au débroussaillement. Leur consommation s'étend en raison de la facilité des débouchés, et ne s'arrête que lorsque les frais de transport cessent d'être en rapport avec les conditions de l'entreprise.

La pétition adressée le 27 mars 1868 à M. le préfet du Var permet d'apprécier l'importance que les propriétaires de la contrée attachent à la création de voies nouvelles.

En raison de l'intérêt que présente ce document, je crois devoir en donner lecture :

« MONSIEUR LE PRÉFET,

« Les soussignés, désireux de profiter de la généreuse et bienveillante im-
« pulsion donnée par S. M. l'Empereur pour ce qui concerne les commu-
« nications entre les pays agricoles, viennent vous solliciter de leur accorder un
« chemin d'intérêt commun qui établirait une communication directe entre la
« vallée de Sauvebonne et la Londe, en reliant la route départementale n° 12,
« de Cuers aux Salins, avec la route impériale d'Hyères à Saint-Tropez.

« Ce chemin, qui aurait pour point de départ le quartier des Vaccons, près le
« pont du vallon de ce nom, auprès de la propriété de M. Jules Toucas, suivrait
« ensuite la direction du vallon de la Vène dans la forêt communale de Pierrefeu,
« et pourrait arriver par une pente insensible à tourner la colline au lieu dit
« Jeu-Sarroire. Il prendrait alors dans le vallon de l'Argentière le chemin existant,
« mais peu viable, de Pierrefeu à la mer, qui conduirait jusqu'à la propriété de
« M. Durand.

FORÊTS. — Enquête.   13

« Par décision du conseil municipal d'Hyères, la partie comprise entre
« M. Durand et la Londe a été classée en première catégorie, comme faisant
« partie du chemin vicinal de Borel à la Londe.

« Les dépenses seraient relativement faibles :

« 1° Par la diminution de la moitié précitée entre M. Durand et la Londe ;

« 2° Par la donation des terrains nécessaires à l'établissement de la voie, par
« tous ou presque tous les propriétaires ;

« 3° Par la donation de sommes par plusieurs intéressés, ainsi qu'il résulte de
« la souscription ci-jointe (le chiffre de la souscription s'élève à plus de
« 7,000 francs en argent).

« Outre l'avantage d'établir une communication facile de Pierrefeu à la vallée
« de Sauvebonne avec la Londe, Bormes et la route de Saint-Tropez, et de
« rendre possible le transport des denrées de ces vallées par l'établissement
« du chemin en question, qui couperait en deux une immense étendue de forêts
« de liége manquant complétement de route jusqu'à ce jour, on faciliterait le
« débroussaillement en donnant à la population ouvrière le moyen de trans-
« porter les bois de peu de valeur, ce qui contribuerait puissamment à arrêter
« les incendies; l'ouverture de voies de communication dans les grandes éten-
« dues boisées est le plus sûr moyen de conservation. »

C'est donc surtout à l'amélioration des routes que les efforts doivent tendre ;
car c'est par elles que les menus produits prendront la valeur qui permettra de
les extraire à peu de frais.

Tout en donnant à la surveillance préventive toute l'extension nécessaire, il
convient de recourir le moins possible aux mesures de rigueur, en vue de se
concilier l'esprit des populations.

M. SCRIBE (Francis), à Saint-Raphaël.

Lorsqu'on est conduit, par la pensée d'isoler les massifs, à établir de grandes
tranchées de débroussaillement, il y a lieu de rechercher les essences les moins
combustibles et les plus productives pour en complanter les tranchées. Ces
tranchées, complantées en arbres feuillus, seront alors de véritables pare-feux et
pare-étincelles. Sous ce rapport, l'ailante paraît appelé à rendre des services.
On sait qu'il croît dans les sols les plus arides et que le drageonnement de ses
racines le rend éminemment propre à la retenue des terres.

L'ailante croît avec vigueur en Provence, jusqu'à une hauteur de 3oo à 4oo mètres au-dessus de la mer, suivant les expositions.

Au-dessus de cette hauteur, le jeune plant est susceptible de geler, mais il ne craint pas la chaleur, et il résiste aux sécheresses les plus persistantes.

Les plantations expérimentales faites sur les talus du chemin de fer dans les marnes du lias, entre les Arcs et Trans, et dans les sables, entre Saint-Raphaël et Fréjus, ne laissent aucun doute sur la rusticité de ce végétal. (Ingénieur de la voie, M. Gouin; chef de section, M. Pillon.)

M. Raoulx, ingénieur des travaux hydrauliques du port de Toulon, a constaté que l'ailante se place entre le chêne et l'orme pour la densité, et qu'il dépasse de beaucoup ces deux belles essences pour la ténacité et la flexibilité : échalas, meubles élégants, peut-être même charronnage. Il serait bon, néanmoins, de le conserver dans l'eau pendant quelques mois, aussitôt après son sciage, et de ne l'employer ensuite qu'après l'avoir convenablement séché.

L'amertume de son écorce et de sa feuille le met à l'abri des atteintes des rongeurs, des moutons et probablement aussi des chèvres.

Il est peu combustible; en outre, sous son couvert épais, surtout si on l'élague chaque année, de façon à lui faire produire un parasol au sommet, les végétations arbustives, si dangereuses dans la contrée, ne se développeraient pas. Nous pouvons nous en rapporter, sur ce point, aux résultats déjà obtenus par l'Administration forestière dans les plantations pare-feux du département des Landes.

Enfin, il peut être une source de produits importants par l'éducation du ver à soie de l'ailante, *bombyx cynthia*. M. Givelet a démontré, dans le nord de la France, qu'une plantation d'ailantes de 6 hectares, organisée comme celle qu'il a faite à Flamboin (Seine-et-Marne), et surtout comme celle de la ferme d'ailanticulture qu'il vient de fonder près du camp de Châlons, peut facilement donner, dès la quatrième année, un produit net de 5a5 francs par hectare, en ne faisant qu'une seule récolte de cocons par an. Il faut remarquer qu'en Provence on pourra obtenir deux récoltes de cocons par an, car le climat de la Provence est plus chaud que celui du département des Landes, où M. de Milly obtient déjà deux récoltes de cocons par an. La seconde récolte sera, il est vrai, inférieure à la première.

L'éducation des vers à soie de l'ailante a été tentée avec succès aux environs d'Aix, en Provence, dès l'année 1862. Nous n'en commencerons l'élève qu'en cette année 1869, sur les talus du chemin de fer. Déjà nous avons mené à bien,

13.

en 1868, une petite éducation de vers à soie du chêne blanc, tentée par nous en plein air à Saint-Raphaël, sur des rameaux de chêne rouvre. Le ver à soie *cynthia* de l'ailante et le ver à soie *yama-maë* du chêne paraissent devoir réussir dans des conditions identiques de climat et de procédé d'éducation. Dès 1863, M. Auzende, directeur du jardin botanique de Toulon, y commençait avec M. Guérin-Méneville l'éducation des vers à soie *yama-maë* sur des rameaux de chêne pédonculé. L'élève de ces deux bombices, celui du chêne et celui de l'ailante, combiné avec un système de préservation contre les incendies, semble de nature à être encouragé.

Pourtant, dans les Maures et l'Esterel, les planteurs d'ailantes devront agir avec précaution, d'abord sur une petite échelle, en ce qui concerne l'essai de l'éducation du ver à soie de l'ailante.

L'élément calcaire, ainsi que viennent de le constater MM. Reinery et Givelet, dans le nord de la France, paraît favorable, peut-être même indispensable à la santé des chenilles, surtout dans leurs deux premiers âges, jusqu'à ce qu'elles se soient recouvertes d'une cire blanche, passé la seconde mue; et les terres des Maures et de l'Esterel pourraient manquer, en certains points, de l'élément calcaire. Il faudra peut-être alors ou les chauler, ou les plâtrer, si l'on tient à y élever des vers à soie. Mais si le ver à soie ne réussit pas, on aura dans tous les cas un bon boisement.

L'attention se porte également sur certaines cultures maraîchères de primeurs, qui donnent dans la contrée des résultats surprenants. Pour n'en citer qu'un exemple, chez M. d'Agay, l'hectare en terre de bruyère, exposé au midi, défoncé profondément, ayant reçu les cendres des produits du débroussaillement, complanté en pommes de terre, et semé en petits pois avec tourteau palmiste sur raies ou en couverture, peut rapporter de 2,500 à 3,000 francs de produit net. Le semis des pois et l'épandage des tubercules se font fin décembre; la récolte se fait en avril. Les résultats obtenus par M. d'Agay, pendant cinq années consécutives, ont été exposés dans un mémoire qui a été confié récemment à M. Guérin-Méneville.

En présence de rendements si élevés, on se demande s'il ne serait pas possible de livrer à la culture une partie des tranchées nues, ou certaines portions de forêts formant des solutions de continuité dans les massifs boisés, en terres siliceuses à pentes douces, non ravinées par les eaux, pendant trois ou quatre ans, avant le reboisement de ces tranchées en arbres feuillus ou dans l'attente de la croissance naturelle des chênes liéges dont on aurait conservé les souches.

M. Tourniaire, adjoint, à Saint-Raphaël.

Il n'y a pas lieu d'insister sur la nécessité de détruire les morts-bois qui sont la cause des incendies. Il suffit d'indiquer les moyens qui paraissent les plus pratiques pour arriver au nettoiement des forêts.

Le petit feu d'hiver est surtout à recommander. Cette méthode, appliquée souvent, occasionne peu de dépenses et débarrasse complétement le sol des arbustes nuisibles.

Les chèvres peuvent aussi se rendre utiles en forêt. Le revenu qu'elles procurent est considérable et leur dent contribue à détruire les morts-bois. Les chèvres ne sont pas aussi nuisibles qu'on le croit généralement, lorsqu'on a soin de proportionner leur nombre à l'étendue des bois livrés au pacage. On peut citer, à l'appui de cette assertion, la forêt de M. d'Agay, dans le territoire de la commune de Saint-Raphaël, où les chèvres sont admises au parcours, et qui est une des mieux soignées de la contrée.

Il est certain que l'insuffisance de la viabilité est l'obstacle le plus sérieux qui s'oppose au débroussaillement, puisque le seul fait du manque de routes enlève aux produits secondaires des forêts toute leur valeur; aussi, y a-t-il lieu de pourvoir le plus tôt possible à la création des routes nécessaires. Il n'est pas douteux que les propriétaires, pénétrés du sentiment de leurs véritables intérêts, se montreraient disposés à concourir à un travail d'une si grande utilité, et concéderaient sur leur terrain l'étendue nécessaire à la confection de la route.

Il serait bon de donner aux habitants les plus grandes facilités pour l'extraction des menus produits. Ils contribueraient ainsi à l'œuvre du nettoiement et se montreraient, par le seul fait de la tolérance dont on userait à leur égard, disposés à porter secours en toutes circonstances. Dans cet ordre d'idées, on pourrait sans qu'il en résultât d'inconvénients pour la forêt, autoriser l'établissement de ruches à proximité de la forêt domaniale de l'Esterel.

Tous les travaux d'amélioration qui seront entrepris dans les forêts de Saint-Raphaël ne tarderont pas à porter leurs fruits. Le liége est en effet de qualité supérieure dans cette contrée. Sa valeur, pour les 40 kilogrammes, est de 25 francs, tandis que les liéges de qualité ordinaire se vendent de 18 à 20 francs. Il y a donc un grand intérêt à ne rien négliger de ce qui peut contribuer à développer un produit si recherché.

En terminant, nous indiquerons la marche que nous avons suivie pour éteindre un incendie qui a éclaté en 1864 dans le massif de l'Esterel. J'étais à cette époque le fermier des liéges dans cette forêt, et je disposais d'un personnel assez nombreux d'ouvriers occupés aux travaux. Le vent n'était pas très-violent, ce qui a permis à trente hommes de combattre avec succès les progrès de l'incendie. Vingt d'entre eux, armés de haches et de serpes, coupaient les bois pour faire une tranchée; cinq ouvriers balayaient l'emplacement de la tranchée, de manière à nettoyer complétement le sol des feuilles mortes et des détritus végétaux; enfin, cinq autres, armés de branches munies de feuilles vertes, éteignaient le feu en battant sur le sol les débris enflammés.

M. le docteur Vidal, secrétaire de la Société forestière des Maures, à Hyères.

Le petit feu d'hiver est un procédé économique de nettoiement qui donne d'excellents résultats dans les forêts de pins, lorsque les peuplements sont assez formés pour que le jeune recru puisse être sacrifié impunément. Dans les massifs où le chêne liége domine, le petit feu présente l'inconvénient sérieux de compromettre l'existence des jeunes plants, et en outre la combustion s'y effectue dans de mauvaises conditions, en raison de l'absence des feuilles sèches des arbres résineux. Dans tous les cas, le petit feu doit être dirigé avec prudence, et il exige des soins attentifs de la part des opérateurs; aussi y aurait-il lieu de pourvoir à la formation d'escouades d'ouvriers exercés à cette pratique, qui seraient mis, moyennant salaire, à la disposition des particuliers, sur leur demande.

Il faut tendre au nettoiement en plein dans les bois de chêne liége, c'est le seul moyen réellement efficace de les mettre à l'abri du feu; mais les frais de l'opération étant élevés (ils varient de 50 à 100 francs par hectare), on est conduit à examiner si la création d'un réseau de tranchées ne serait pas un remède suffisant, en attendant que le débroussaillement fût généralisé.

L'observation a permis de reconnaître que sur les points culminants le feu a moins d'intensité : après avoir dévoré un versant, il hésite pour ainsi dire à poursuivre sa course; aussi est-ce sur les crêtes qu'il serait opportun d'ouvrir des tranchées dont la largeur paraît devoir être fixée à 100 mètres, soit 50 mètres sur chaque versant.

Les héritages ont d'ordinaire pour limites des lignes de faîte, et les tranchées se trouveraient, dans la plupart des cas, former la séparation des propriétés boisées. Dans le but d'intéresser les populations à la conservation des forêts, l'Administration pourrait fermer les yeux sur l'enlèvement des morts-bois et des litières.

Quant aux associations syndicales, organisées en vue de procéder avec ensemble à la formation du réseau de tranchées, il est permis de concevoir au moins des doutes sur leur mode de fonctionnement. Sans contredit, on peut admettre, en principe, que chaque particulier doit concourir à l'exécution des mesures commandées par la sécurité de tous; mais, lorsqu'arrive la période d'exécution, bien des difficultés naissent de circonstances imprévues à l'origine.

La pensée des syndicats a été émise pour la première fois par la Société forestière des Maures, et, après des efforts généreux pour arriver à une organisation sérieuse, elle a été obligée de reconnaître que si, d'une part, les populations supporteraient avec répugnance la contrainte des syndicats autorisés ou obligatoires, elles n'ont peut-être pas à un assez haut degré le sentiment de la solidarité en présence du danger, pour s'associer librement.

Il faut bien reconnaître, du reste, que la difficulté d'établir les syndicats sur des bases équitables serait grande. Comment, en effet, répartir avec justice les obligations et les charges de l'association, quand on songe qu'un même groupe comprendrait forcément des bois complétement à l'abri du feu, d'autres dans lesquels des travaux de débroussaillement seraient en cours d'exécution, d'autres enfin entièrement à l'abandon? Que l'État et les communes donnent l'exemple des exploitations bien entendues, ce seul fait exercera une influence des plus profitables.

L'État, du reste, pour ne parler que de son intérêt comme propriétaire de forêt, y aurait tout avantage. Ainsi, le massif du Dom-de-Bormes, qui a environ 2,000 hectares, vaut à peine, dans les conditions présentes, 100,000 fr., et personne ne doute que, si les travaux de préservation y étaient effectués, sa valeur ne s'élevât à 1,200,000 francs.

Ce qui fait surtout défaut dans les Maures, ce sont les bras. Dans cette vaste région forestière, la population est très-peu dense et la viabilité est beaucoup trop restreinte. La création de voies nouvelles, en donnant aux produits secondaires une certaine valeur, déterminerait, de la part des intéressés, des travaux de débroussaillement laissés en suspens à cause du prix élevé de l'opération. Ces travaux, conséquence naturelle de l'établissement de routes, appelleraient des habitants.

Des centres de population ne manqueraient pas de se créer dans les vallées susceptibles d'être converties en vignobles, et à mesure que la vie pénétrerait dans cette contrée presque déserte, on verrait se dissiper graduellement le danger des incendies, en même temps que de riches districts seraient mis en valeur.

Pour arriver à ces résultats, il suffirait d'établir un réseau général de routes empierrées, car on doit supposer que les propriétaires intéressés se hâteraient de compléter ce système de viabilité, en ouvrant des chemins en terrain naturel pour les besoins de leurs exploitations.

Quelle serait la plus-value des matières ligneuses résultant de ces améliorations? C'est ce qu'il serait impossible de prévoir dès à présent; toutefois, en présence des besoins croissants qui se manifestent dans les grands centres de consommation, des quantités de bois que pourront nécessiter les exploitations minières en voie de développement, il est permis de concevoir la certitude que la hausse sur les bois serait considérable si leur transport s'effectuait dans des conditions économiques. Il s'est déjà produit une hausse de 10 p. o/o sur ces matières depuis une vingtaine d'années, et, bien que les liéges soient à peu près stationnaires, en raison du prix élevé de la main-d'œuvre ou de la fabrication et de la concurrence des liéges algériens, il est certain que les liéges du Var seront toujours recherchés sur les marchés à cause de leurs qualités spéciales.

Le gemmage serait sans doute une heureuse innovation pour les forêts du Var; on peut dire innovation, car il n'a pas été fait en réalité d'expérience concluante à ce sujet. Cette pratique n'a pas pour effet de diminuer le mérite des bois résinés; au contraire, on assure que les arbres ainsi traités ont des qualités supérieures.

Aucune considération ne paraît donc devoir s'opposer à l'introduction d'une méthode qui, appliquée aux mêmes végétaux, donne de féconds résultats dans le département des Landes.

A côté des sages méthodes de débroussaillement et d'exploitation doivent prendre place les travaux d'amélioration consistant en repeuplements artificiels.

Il paraît malheureusement avéré que dans quelques localités, et notamment dans certaines parties de la forêt de M. Chappon, les chênes liéges sont sujets à une maladie qui amène leur dépérissement et leur enlève la faculté de repousser de souche. C'est là une question très-importante, car il est certain que si, en raison du traitement intelligent, mais contre nature, qu'on impose à ces végétaux, peut-être aussi à cause des débroussaillements qui changent les conditions ordinaires dans lesquelles ils se trouvent placés, les liéges sont exposés à ne pas fournir une longue carrière, il est essentiel de pourvoir par des moyens artificiels au repeuplement des forêts.

Les semis paraissent préférables aux plantations; mais on ne devrait pas se borner à jeter du gland; il faudrait encore propager le châtaignier, dont les produits sont très-recherchés, soit comme fruit, soit comme bois, et à toutes les dimensions. Les sangliers, assez nombreux dans la localité, sont, dans une certaine mesure, un obstacle à ces sortes de repeuplements; cependant il serait possible, soit de détruire en partie les sangliers, soit de prendre des précautions pour se défendre de leurs incursions dans les semis de l'année.

Après les questions d'exploitation, de mise en valeur et d'amélioration, se placent naturellement celles qui sont relatives à la surveillance. Telle qu'elle est organisée, elle est insuffisante. Elle présente surtout l'inconvénient sérieux de placer les gardes forestiers communaux sous la dépendance directe des administrations municipales. Les conséquences d'une pareille situation seraient rendues frappantes par de nombreux exemples : un seul suffira pour en faire comprendre toute la portée.

Il y avait dans une commune de la contrée, qu'il n'y a pas lieu de désigner, un excellent garde forestier, faisant respecter la forêt communale sans apporter de rigorisme dans l'exercice de ses fonctions. Il se trouva dans la nécessité de constater un délit de pâturage à la charge d'un membre influent du conseil municipal; qu'en advint-il? l'année suivante le traitement de ce bon serviteur fut réduit de 200 francs.

Eh bien! peut-on compter sur un service sérieux de la part de préposés dont la situation est dans un état si précaire? Évidemment non. Pour obtenir une surveillance efficace, il faudrait embrigader les gardes communaux, les affranchir complétement des attaches de l'autorité municipale et les placer sous la dépendance exclusive des chefs forestiers. Leur traitement devrait être mis en harmonie avec les services exceptionnels qu'on aurait à exiger d'eux, et cesserait d'avoir ce caractère aléatoire qui devient une entrave, même pour les hommes les plus éprouvés.

Ce n'est pas tout; c'est à tort, paraît-il, que l'action des gardes est limitée aux bois soumis au régime forestier. Pourquoi ne pas les assimiler, pour l'étendue des pouvoirs de constatation, aux gardes champêtres? Il y aurait, en effet, tout avantage à avoir des gardes forestiers champêtres, exerçant leur surveillance sur les bois et forêts en général. Ils seraient pourvus de commissions départementales et auraient ainsi des pouvoirs plus étendus.

Cette organisation se rattache à la pensée de spécialisation du service forestier dans les Maures. La région forestière des Maures a un caractère spécial par ses productions; elle a des besoins spéciaux en raison du danger toujours menaçant des incendies; il faut donc que de pareils intérêts soient confiés à des agents spéciaux qui puissent, par un long séjour dans la contrée, se concilier les sympathies des populations et agir de concert avec elles.

La spécialisation du service n'aurait pas pour effet d'infirmer l'institution des brigades ambulantes, qu'il est essentiel de conserver et d'augmenter si cela est possible.

A la surveillance se rattache, d'une façon étroite, la réglementation des écobuages. Cette pratique, indispensable dans la région des Maures et de l'Esterel, a donné lieu trop fréquemment à des incendies, pour qu'il n'y ait pas un grand intérêt à prescrire à ce sujet des mesures préventives.

Les arrêtés préfectoraux qui proscrivent d'allumer des fourneaux à proximité des forêts pendant les mois de juin, juillet, août et septembre, sont inspirés par une sage prévoyance. Leur application ne préjudicie en rien aux cultures locales, et l'allumage des fourneaux, restreint aux mois pendant lesquels la température est moins élevée, ne présente pas d'inconvénients au point de vue des besoins agricoles.

L'écobuage contribue au débroussaillement : c'est là un motif de plus pour l'admettre en principe ; mais sa réglementation semble devoir comporter quelques modifications. En premier lieu, il serait à désirer que les infractions à l'article 148 du Code forestier, applicable aux bois et forêts en général, fussent constatées par des fonctionnaires indépendants des autorités municipales et des particuliers. Dans beaucoup de communes, les arrêtés préfectoraux ne reçoivent pas de sanction en raison de l'impopularité ou des rancunes que les maires redoutent d'encourir. Les particuliers agissent de même, en ce qui cncerne l'article 148 du Code forestier; ils redoutent de faire constater par leurs gardes les délits de feu à distance prohibée ; et pourtant, c'est seulement par l'application des mesures préventives prescrites par la loi qu'on peut arriver à la sécurité. Les considérations qui portent les autorités municipales et les particuliers à une tolérance exagérée n'existeraient pas pour des fonctionnaires de l'État; aussi est-il à désirer que les gardes forestiers soient mis en mesure de constater les délits de feu à distance prohibée. Dans tous les cas, une modification législative deviendrait encore nécessaire; car il est à désirer, d'une part, que l'article 148 souffre des exceptions pendant la saison où les incendies ne sont pas à redouter, et, d'un autre côté, que l'action de l'Administration s'exerce dans les bois particuliers. On ne peut se défendre de remarquer le défaut de concordance qui semble exister entre l'article 148 du Code forestier et l'article 458 du Code pénal, et d'exprimer le désir de voir aggraver par l'emprisonnement les peines encourues.

L'emprisonnement serait un frein suffisant pour les cultivateurs imprudents qui, n'ayant pas de ressources, ne redoutent pas d'encourir la responsabilité civile.

Enfin, en terminant, il reste à examiner deux questions : l'une économique, l'autre juridique.

La première, qu'il suffit de mentionner, est relative au peu de ressources dont disposent parfois les propriétaires pour effectuer les débroussaillements, et l'on se demande si, par une loi analogue à celle du reboisement des montagnes, l'État ne pourrait pas faire aux particuliers des avances de fonds, recouvrées à l'aide de remboursements annuels.

La seconde, traitée aussi par M. de Léoube, concerne la pratique du contre-feu, la seule réellement efficace lorsque l'incendie est déclaré.

L'autorité a-t-elle le droit, sans encourir de responsabilité à l'égard des tiers, de faire allumer le contre-feu dans une forêt? L'allumage du contre-feu exige beaucoup de tact et de discernement, mais aussi il ne comporte pas les hésitations, car le temps est précieux lorsque l'incendie marche, et souvent il suffit d'un instant perdu pour compromettre le succès de l'opération. Ne pourrait-on pas adopter à ce sujet une législation spéciale qui déléguerait un pouvoir discrétionnaire en matière de contre-feu; ce pouvoir devant être exercé par les autorités présentes sur le lieu du sinistre?

ENQUÊTE

SUR

LES INCENDIES DE FORÊTS

DANS LA RÉGION

DES MAURES ET DE L'ESTEREL.

RELEVÉ

DES QUESTIONS SOULEVÉES DANS LES DÉPOSITIONS ÉCRITES [1],

ET DES OBSERVATIONS PRÉSENTÉES PAR CHAQUE DÉPOSANT.

[1] Les dépositions écrites, ne pouvant être imprimées à raison de leur nombre et de leur étendue, sont restées déposées à la Direction générale des Forêts (bureau central et du personnel).

LISTE DES DÉPOSANTS

NUMÉROS D'ORDRE.	DÉSIGNATION DES DÉPOSANTS.	NUMÉROS D'ORDRE.	DÉSIGNATION DES DÉPOSANTS.
	MM.		MM.
1	Agay (d'), propriétaire à Saint-Raphaël.	30	Decroix, propriétaire à Hyères.
2	Aube, notaire au Luc.	31	Drée (le comte de), propriétaire à Bargemon.
3	Auméran (Louis), propriétaire à Collobrières.	32	Étienne, maire de Six-Fours.
4	Aurran (Eugène), propriétaire à Hyères.	33	Fauche jeune, propriétaire à Saint-Jean-l'Esterel.
5	Aurran (Raymond), propriétaire à Hyères.	34	Féraud, juge de paix à Cuers.
6	Ayrille, maire de Cuers.	35	Fonscolombe (de), maire de la Mole.
7	Azan (Antonin), adjoint spécial, à la Londe (Hyères).	36	Fontmichel (de), propriétaire à Grasse.
8	Baron, maire de Claviers.	37	Fournial, marchand de bois à Trans.
9	Beauregard (le comte de), propriétaire à Hyères.	38	Gendarme de Bévolte, substitut du procureur impérial, à Brignoles.
10	Bérenguier aîné, propriétaire à Cogolin.	39	Gensollen, avocat à Hyères.
11	Bérenguier, propriétaire à Pignans.	40	Georges, maire de Saint-Raphaël.
12	Bérenguier, conseiller général, maire de Fréjus.	41	Mme Grimes (Élisée), propriétaire à Saint-Paul.
13	Bernard (Louis), propriétaire à Hyères.	42	Grognier, maire de Collobrières.
14	Bonfils, propriétaire aux Adrets-de-Montauroux.	43	Guérin, architecte du département, à Draguignan.
15	Borniol, ancien notaire à Cannes.	44	Honnoraty, propriétaire, maire de Bormes.
16	Bouis (Fortuné), propriétaire au Muy.	45	Hoslin, ingénieur des ponts et chaussées, à Draguignan.
17	Boutiny (de), conseiller général, maire, président de la Société forestière des Maures, à Hyères.	46	Isnard (le baron), propriétaire à Grasse.
18	Boyer, docteur à Lorgues.	47	Jaubert, docteur à Toulon.
19	Carbonel, ex-brigadier forestier, à Draguignan.	48	Jean, maire de Grimaud.
20	Chabert, propriétaire à la Garde-Freinet.	49	Jourdan, agent voyer en chef du département, à Draguignan.
21	Champagne (Hippolyte), propriétaire à la Mole.	50	Julien, juge de paix à Fréjus.
22	Chappon, conseiller général, à Hyères.	51	Lacouture (de), propriétaire au Muy.
23	Chassinat, docteur à Hyères.	52	Lamat, propriétaire à Bormes.
24	Christine, docteur, premier adjoint, à Fréjus.	53	Lambot-Miraval, propriétaire à Carcès.
25	Colbert-Turgis (le comte de), propriétaire au Luc.	54	Latour, maire de Tanneron.
26	Colle (Charles), propriétaire à la Garde-Freinet.	55	Laugier (Napoléon), propriétaire à Hyères.
27	Coullet, propriétaire à Saint-Raphaël.	56	Lavagne, docteur, maire des Arcs.
28	Coulomb, président honoraire, conseiller général, à Draguignan.	57	Léoube (de), conseiller général, à Collobrières.
29	Davin, conseiller général, docteur, maire de Pignans.	58	Lussan, conseiller de préfecture, à Draguignan.

NUMÉROS D'ORDRE.	DÉSIGNATION DES DÉPOSANTS.	NUMÉROS D'ORDRE.	DÉSIGNATION DES DÉPOSANTS.
	MM.		MM.
59	MAILLE, juge de paix à Grimaud.	79	RAYMOND, propriétaire, avenue de l'Empereur, n° 158, à Paris.
60	MAIRE DES ADRETS-DE-MONTAUROUX (LE).	80	RETZ (le marquis DE), propriétaire à Bormes.
61	MAIRE DE MONTAUROUX (LE).	81	REY (Charles), propriétaire à Hyères.
62	MARGUÉRY, juge de paix à Hyères.	82	ROUX (le baron Albert DE), propriétaire à Hyères.
63	MARIN, propriétaire à Mandelieu, par Cannes.	83	ROUX (E. DE), propriétaire à Sauvebonne (Hyères).
64	MARTEL, propriétaire à Bormes.	84	ROUX-LARCY (DE), propriétaire à Hyères.
65	MARTIN, ingénieur des ponts et chaussées, à Draguignan.	85	SAURIN-AURRAN, propriétaire à Hyères.
66	MARTIN, juge de paix à Collobrières.	86	SCOLLE (DE), membre de la chambre consultative d'agriculture, à Saint-Tropez.
67	MONIER (Côme), propriétaire à Hyères.	87	SCRIBE (Francis), à Saint-Raphaël.
68	MORE (DE), propriétaire au Muy.	88	SIREGAND-LACAMPAGNE (DE), propriétaire à Hyères.
69	MURAIRE, maire des Mayons-du-Luc.	89	TOURNIAIRE, adjoint à Saint-Raphaël.
70	MUSSET (DE), vice-président du conseil de préfecture, à Draguignan.	90	VIDAL, docteur, secrétaire de la Société forestière des Maures, à Hyères.
71	OLLIVIER, maire de la Garde-Freinet.	91	VILLENEUVE-BARGEMON (le marquis DE), propriétaire à Tourette.
72	PANESCORSE, propriétaire à Sainte-Maxime.	92	VILLENEUVE-BARGEMON (le marquis Raymond DE), maire du 7e arrondissement, membre du conseil général, propriétaire à Bargemon.
73	PARDIGON, docteur à Gassin.		
74	PASCAL, ancien président du tribunal de commerce, à Fréjus.	93	X....., propriétaire à Montauroux.
75	PELLICOT, président du comice agricole, à Toulon.	94	LA SOCIÉTÉ FORESTIÈRE DES MAURES. (Le siége de la société est à Hyères.)
76	PONS-PEYRUC, député au Corps législatif, conseiller général, à Toulon.		
77	POUILLE, premier président honoraire, conseiller général, à Draguignan.		
78	POURRIÈRE, maire de Carnoules.		

RELEVÉ

DES QUESTIONS SOULEVÉES DANS LES DÉPOSITIONS ÉCRITES,

ET DES OBSERVATIONS PRÉSENTÉES PAR CHAQUE DÉPOSANT.

§ 1er.

DIVISION DE LA PROPRIÉTÉ BOISÉE. — RÉPARTITION DES ESSENCES.

ÉTENDUES : EXPOSÉES AUX INCENDIES; À L'ABRI DU FEU; PARCOURUES PAR LES INCENDIES.

M. D'AGAY. Il n'existe pas de châtaignier dans la région. Le chêne vert et le chêne liége ne se rencontrent jamais à l'état de massif pur, mais ils se trouvent toujours en mélange. En 1838, le feu a dévoré une partie de la forêt de l'Esterel.

M. AUBE. Les petites propriétés sont en général débroussaillées. Quant aux grands propriétaires, ils ont les ressources suffisantes pour entreprendre cette opération le jour où ils le voudront.

M. BARON. Le sol forestier se divise en grandes, moyennes et petites propriétés; les surfaces occupées par ces trois catégories de domaines sont entre elles comme les nombres 4, 4 et 1.

M. le comte DE BEAUREGARD. La majeure partie des massifs de chênes liéges est débroussaillée et se trouve, par conséquent, à l'abri des incendies. A Hyères, il n'y a pas eu d'incendies depuis dix ans sur les trois cinquièmes de la propriété forestière. Il n'y a que très-peu de chênes verts et de châtaigniers dans les Maures. Les deux cinquièmes des bois sont peuplés de chênes liéges; les trois cinquièmes comprennent des pineraies ou des parties vagues ruinées par les incendies.

M. Bernard (Louis). Les grandes propriétés comprennent 500 hectares et au-dessus; les moyennes, de 50 à 500 hectares; les petites, moins de 50 hectares. Les châtaigniers et les chênes verts sont rares. Les chênes liéges peuplent les deux cinquièmes des forêts de la région; les trois autres cinquièmes sont occupés par des pins ou par des terrains dévastés par le feu. Il n'y a pas eu d'incendies à Hyères depuis dix ans. Les deux tiers des forêts de chênes liéges sont débroussaillés.

M. Bonfils. Les grandes propriétés occupent la moitié de la superficie boisée; les moyennes, les cinq seizièmes, et les petites, les trois seizièmes. Les diverses essences se partagent ainsi les bois : pins, les deux tiers; feuillus, un douzième; essences mélangées, trois douzièmes. Les trois quarts des forêts ont été incendiés.

M. Bouis (Fortuné). Les petites propriétés sont peu nombreuses. Les bois se divisent, en général, en massifs de 1,000 à 2,000 hectares appartenant à un même propriétaire.

M. de Boutiny. On peut classer les propriétés boisées en grandes, 200 hectares et au-dessus; moyennes, de 100 à 200 hectares; petites, 100 hectares et au-dessous. Ces dernières sont de beaucoup les plus nombreuses. Le feu a pour ainsi dire parcouru toutes les forêts, car si certaines parties ont été épargnées, d'autres, en revanche, ont été incendiées plusieurs fois.

M. Chabert. On appelle grandes propriétés celles de 1,000 à 4,000 hectares; moyennes celles de 100 à 1,000 hectares; petites, celles de 1 à 100 hectares. Les pins couvrent les trois cinquièmes du sol forestier. Les deux autres cinquièmes sont peuplés d'un mélange de chêne liége, de chêne vert et de châtaignier, dans lequel le chêne liége domine. Le vingtième environ des forêts est débroussaillé et, quant à l'étendue parcourue par les incendies, l'Administration forestière trouvera dans ses statistiques les éléments nécessaires pour l'apprécier.

M. Chappon. Les grandes propriétés, peu nombreuses du reste, comprennent de 500 à 1,000 hectares; les moyennes, de 50 à 100 hectares; les petites, moins de 50 hectares. La région des Maures et de l'Esterel renferme environ 100,000 hectares de bois; un sixième seulement des peuplements de chênes liéges est débroussaillé. Aussi le feu a-t-il parcouru la moitié ou le tiers des forêts, faisant des ravages évalués à plusieurs millions.

M. le docteur Christine. La propriété se divise en grande, 500 hectares et au-dessus; moyenne, de 100 à 500 hectares; petite, moins de 100 hectares, et les étendues occupées par ces trois classes de domaines sont entre elles comme les nombres 8, 3 et 1. Le mélange de pin et de chêne liége domine dans la région, tandis que le chêne vert y est fort rare. Seul ou mélangé, le pin occupe les trois quarts de la superficie boisée. Enfin on peut affirmer que les petites et moyennes propriétés sont en général beaucoup mieux nettoyées que les grandes. Le feu a parcouru, pendant ces dernières années, plus de 40 kilomètres et les pertes se sont élevées à plus de quatre millions.

M. Colle (Charles). Le feu a dévasté plusieurs milliers d'hectares; les dommages qu'il a causés dépassent plusieurs millions.

M. Coullet. Les grandes propriétés, de 600 hectares environ, occupent une superficie dix fois plus grande que les petites propriétés, dont la contenance est inférieure à 100 hectares. Les propriétés moyennes comprennent de 100 à 600 hectares, et leur étendue totale est quatre fois plus considérable que celle de la petite propriété. On trouve dans les bois des pins et des chênes liéges ou verts. La première de ces essences, le pin, est la plus répandue pour le moment, mais l'avenir appartient au liége. Le débroussaillement n'est effectué que dans les petites et moyennes propriétés. On peut évaluer à deux millions les dégâts provenant des incendies et à 5,000 hectares la surface qu'ils ont parcourue.

M. Davin. Dans la commune de Pignans, les propriétés sont très-divisées. Les plus nombreuses sont celles de moyenne étendue ayant environ 4 hectares; les grandes ont 10 hectares, les petites, moins de 4 hectares. Le chêne vert est très-rare dans le pays, et le pin et le châtaignier sont en train de disparaître, pour céder la place à la culture du chêne liége. Au reste, tous les massifs de cette essence sont débroussaillés, à l'exception des forêts domaniales et communales.

M. Fauche. Les résineux occupent environ les neuf dixièmes des forêts; les chênes verts, un vingtième; les chênes liéges un vingtième. Un dixième environ des bois est débroussaillé ou traité annuellement par le petit feu. Enfin plus de la moitié des bois a été incendiée.

M. Féraud. Si l'étendue des forêts débroussaillées est si restreinte, c'est à la défense d'enlever les menus produits et les feuilles sèches dans les bois qu'on doit l'attribuer. Il n'y a pas eu d'incendie à Cuers; mais Pierrefeu et le Puget ont beaucoup souffert.

M. de Fonscolombe. Les quatre-vingt-dix-neuf centièmes des massifs de chênes liéges sont débroussaillés.

M. de Fontmichel. Les étendues débroussaillées sont presque insignifiantes. Il est très-difficile d'apprécier, même approximativement, la surface parcourue par les incendies. En tout cas, c'est à l'Administration des contributions directes qu'il conviendrait de s'adresser pour avoir des documents certains.

M. Gendarme de Bévolte. Les propriétés se divisent en grandes, moyennes et petites, comprenant : 100 hectares et au-dessus, de 35 à 100 hectares et moins de 35 hectares. Les Maures possèdent environ 70,000 hectares de bois, soit : 12,600 hectares en pin, 12,600 hectares en chêne liége, 7,700 hectares en châtaignier, 14,000 hectares en essences diverses, et 23,000 hectares en terrains dénudés ou en morts-bois.

Il n'y a que très-peu de chênes verts. (Renseignements pris auprès de l'inspecteur des forêts à Brignoles.) Un dixième de la superficie totale est débroussaillé; mais 25,000 hectares ont été dévastés par le feu et les pertes dépassent quatre millions.

M. Gensollen. Dans les territoires d'Hyères et de la Crau il n'y a pas de châtaigniers et peu de chênes verts. On y trouve beaucoup de pins disséminés sur des terrains ruinés par les incendies et ravinés par les eaux, et quelques massifs de chêne liége, en général débroussaillés, qui tendent à disparaître. Plus de la moitié des bois situés dans la commune d'Hyères a été dévastée par le feu; cependant, on constate que depuis quelques années il n'y a pas eu d'incendie sérieux dans cette commune.

M. Grognier. On appelle grande propriété celle qui contient plus de 100 hectares; moyenne, celle de 30 à 100 hectares; petite, celle qui renferme moins

de 3o hectares. Sur l'étendue totale du territoire de Collobrières, qui est de
11,277 hectares, on compte : 3,500 hectares de pins; 3,500 hectares de
liéges et de châtaigniers; 3,000 hectares de morts-bois. Sur cette étendue
boisée, environ 4,500 hectares sont débroussaillés et il en reste autant qui ne
le sont pas. Le feu a parcouru environ la moitié des forêts, causant une perte
évaluée à 200 ou 250,000 francs.

M. Honnoraty. Les grandes propriétés contiennent 100 hectares et au-dessus;
les moyennes de 20 à 50; les petites de 1 à 10 hectares. Ces dernières comprennent à elles seules plus des trois quarts de la superficie boisée.

On trouve dans la commune de Bormes : 1,400 hectares de résineux;
2,700 de liége et de feuillus; 35 hectares de châtaignier. Les trois quarts des
bois ont été incendiés et les dommages s'élèvent à plusieurs millions. Si les
forêts particulières sont assez bien nettoyées, il n'en est pas de même de celle
du Dom-de-Bormes appartenant à l'État, où il y a encore beaucoup à faire à ce
point de vue.

M. de Lacouture. Les châtaigniers, les liéges et les pins se partagent la région des Maures et de l'Esterel. Le châtaignier fournit un revenu considérable,
aussi les fermiers donnent-ils les deux tiers des fruits au propriétaire, conservant
pour eux l'autre tiers. Le liége est la plus riche de ces trois essences; on tend
beaucoup à le substituer au pin, mais il ne faut sacrifier cette essence que dans
une juste mesure, et la respecter partout où elle est seule capable de bien boiser le terrain.

M. Lamat. La commune de Bormes comprend 1,400 hectares de pins;
2,700 hectares de chênes liéges et de feuillus; 35 hectares de châtaigniers. Un
cinquième de cette superficie totale est débroussaillé; mais il est juste de dire
que les bois des particuliers sont en assez bon état, tandis que la forêt domaniale
du Dom-de-Bormes se trouve dans la plus triste situation. Le tiers ou la moitié
des forêts a été dévasté par le feu, qui a causé des dégâts s'élevant à plusieurs
millions. Au point de vue de la contenance, on peut classer les propriétés en
trois catégories : grandes, de 150 hectares et au-dessus; moyennes, de 50 à
100 hectares; petites, de 1 à 20 hectares.

M. Latour. L'étendue débroussaillée dans la commune de Tanneron est de
200 hectares environ. Cette commune possède un massif de pins d'une contenance de 113 hectares.

M. Lavagne. On trouve dans la commune des Arcs deux ou trois propriétaires possédant des domaines de 30 à 40 hectares; une centaine de parcelles d'une étendue de 1 à 4 hectares, et enfin la forêt communale d'une superficie de 1,500 hectares. Le chêne vert est très-rare; on rencontre surtout des peuplements de chênes liéges et de pins mélangés, dans lesquels cette dernière essence est généralement dominante. Il n'y a pas eu d'incendie considérable depuis longtemps et la moitié de la forêt communale est déjà débroussaillée. Les bois particuliers sont en général mieux nettoyés.

M. de Léoube. Les grandes propriétés (100 hectares et plus) occupent un quart de la région boisée; les moyennes, au-dessous de 100 hectares, occupent un autre quart; les petites renferment les parcelles détachées s'étendant sur l'autre moitié. Il y a 14,000 hectares de bois dans le canton de Collobrières, dont la majeure partie est débroussaillée. Dans les forêts communales, bien qu'on nettoie annuellement 200 hectares, la situation est loin d'être aussi satisfaisante. Plus de la moitié des forêts a été ravagée par le feu, qui a causé pour 200,000 francs de dommages.

M. le Maire des Adrets-de-Montauroux. La forêt communale est peuplée de résineux. Les dégâts causés par le feu dépassent 500,000 francs.

M. Marguery. On peut classer les propriétés boisées d'après leur contenance: en grandes propriétés, de 500 hectares et au-dessus: moyennes, de 50 à 100 hectares; petites, au-dessous de 50 hectares. A Hyères, les terrains soi-disant boisés comprennent des bois pour les deux cinquièmes de leur superficie, et des terrains vagues ruinés par le feu pour les trois autres cinquièmes. Bien que depuis plusieurs années il n'y ait pas eu d'incendie, une bonne moitié des bois a été parcourue par le feu. Les trois cinquièmes des forêts sont débroussaillés.

M. Marin. Il y a environ douze fois plus de résineux que de liéges aux environs de Mandelieu. On compte dans cette commune 40 hectares de bois débroussaillés. Les bois appartiennent en général à de grands propriétaires, qui ont de 100 à 600 hectares. La majeure partie de ces bois a été dévastée par le feu.

M. Martel. Les essences sont ainsi réparties dans la commune de Bormes: résineux, 1,500 hectares; chênes liéges et feuillus, 2,500 hectares; châtaigniers, 35 hectares. La moitié des bois particuliers et un cinquième de la forêt domaniale sont débroussaillés; enfin les trois quarts des bois ont été dévastés par le feu. On évalue les ravages qu'il a causés à plusieurs millions. Les parcelles de 1 à 10 hectares comprennent les trois quarts des bois; viennent ensuite celles de 10 à 50 hectares, qui constituent la moyenne propriété, et celles de 50 hectares et au-dessus formant la grande propriété.

M. Martin, *juge de paix*. On appelle grandes, moyennes et petites propriétés, celles de 100 hectares et au-dessus, de 10 à 100 hectares, et de moins de 10 hectares; ces dernières occupent un tiers de la superficie boisée. L'incendie a parcouru la moitié des bois. Les pertes sont de 200,000 francs. Il y a environ 4,500 hectares débroussaillés dans le canton de Collobrières.

M. Monier. Il n'y a pas eu d'incendie depuis dix ans à Hyères. Le feu avait parcouru tous les bois compris entre Pierrefeu et le cap Bena.

M. Muraire. Il n'y a dans la commune qu'une seule grande propriété de 2,000 hectares appartenant à M. de Greffulhe; les autres parcelles ne dépassent guère 2 hectares. Le pin occupe de 2,500 à 4,000 hectares, c'est-à-dire à peu près toute la superficie boisée. Le feu a parcouru environ 1,500 hectares de bois; mais, depuis quelques années, les petits propriétaires ont débroussaillé tous leurs bois. Ceux de M. de Greffulhe sont en ce moment les seuls qui ne soient pas nettoyés.

M. Panescorse. Le pin est l'essence dominante, mais le plus souvent on le trouve en mélange avec le liége. Un tiers environ des bois est débroussaillé et il n'y a pas eu d'incendie dans la commune du Revest depuis plus de vingt ans.

M. Pardigon. Les grandes propriétés, qui d'ailleurs sont fort rares, contiennent 500 hectares et au-dessus; les moyennes, de 100 à 500 hectares; les petites, qui sont de beaucoup les plus nombreuses, renferment moins de 100 hectares. Par suite des nombreux incendies qui ravagent les pineraies, le liége tend à se substituer à cette essence. Voici quelles sont à peu près les proportions des divers peuplements: résineux, 6,000 hectares; feuillus, 30,000 hectares; morts-bois, 20,000 hectares. Les incendies ont parcouru environ 60 kilomètres de bois, et, si les massifs de liéges et de châtaigniers sont en général débroussaillés, ils n'en sont pas moins pour cela exposés aux incendies, qui peuvent se communiquer par les bois de pins qui les entourent.

M. Pourrière. On divise les propriétés en grandes, de 300 à 400 hectares;

moyennes, de 5 à 10 hectares; et petites, de 1 à 5 hectares. Il y a environ 1,200 hectares de bois dans la commune de Carnoules, dont un cinquième constitue la forêt communale. Les résineux occupent les deux tiers de la superficie totale, les feuillus l'autre tiers ; environ 200 hectares sont débroussaillés; 80 hectares ont été atteints par le feu, et les dégâts sont évalués à 24,000 francs.

M. RAYMOND. Les grandes propriétés, 3,000 hectares environ, occupent un huitième de la superficie boisée; les moyennes, de 500 à 1,200 hectares, en occupent les quatre huitièmes, et les petites, 20 à 200 hectares, les trois autres huitièmes. Les liéges, qu'il importe de propager autant que possible, peuplent à peu près la huitième partie des forêts. Les bois du maire de Fréjus sont seuls débroussaillés.

M. le marquis DE RETZ. La commune de Bormes comprend : 1° 4,000 hectares de bois divisés entre la commune et cinq grands propriétaires; 2° 1,000 hectares qui sont entre les mains de vingt ou trente propriétaires et qui forment la moyenne propriété; 3° 6,000 hectares composés de petites parcelles appartenant à une foule de petits propriétaires. Le pin est l'essence dominante, mais la plus grande partie des collines n'est couverte que de morts-bois. Il est d'ailleurs difficile de fixer, avec quelque approximation, la proportion des diverses essences qui composent l'ensemble des massifs boisés. Le feu a parcouru la moitié des forêts et on peut dire qu'aucune partie n'est complétement à l'abri de l'incendie.

M. REY. Un vingtième des bois seulement est débroussaillé.

M. E. DE ROUX. On peut diviser, d'après leur contenance, les propriétés situées dans l'arrondissement de Toulon en grandes, qui comprennent plusieurs centaines d'hectares; moyennes, de 50 à 150 hectares; petites, au-dessous de 50 hectares. Le liége occupe les trois quarts de la superficie boisée; le pin l'autre quart, et le châtaignier quelques hectares.

M. DE SCOLLE. On appelle grandes propriétés celles de 1,000 à 4,000 hectares; moyennes, celles de 100 à 1,000 hectares; petites, celles de 10 à 100 hectares. Ces dernières sont cent fois plus nombreuses que les autres. Les forêts d'une petite étendue seules sont débroussaillées; dans les grands massifs, la dépense serait trop forte. Le feu a dévasté 100,000 hectares de forêt, et on peut évaluer à cinquante millions les pertes qu'il a causées.

M. le marquis DE VILLENEUVE-BARGEMON. A l'exception du chêne vert, on retrouve dans les Maures toutes les essences du midi de la France. Il y a environ 200 hectares de bois aux Tourrettes nettoyés par la méthode du petit feu. L'incendie y a détruit à peu près 100 hectares de bois.

X......., à Montauroux. Les grandes propriétés comprennent de 100 à 200 hectares; les moyennes, de 10 à 20 hectares, et les petites, moins de 10 hectares. La plus grande partie des bois appartient aux communes; l'État n'en possède qu'une faible étendue. C'est aussi dans les forêts communales que les incendies ont été le plus terribles. Certaines d'entre elles ont été presque complétement détruites par le feu.

LA SOCIÉTÉ FORESTIÈRE DES MAURES. Les deux cinquièmes des bois qui se trouvent dans les communes d'Hyères, de Bormes et de la Crau sont peuplés de chênes liéges, les trois autres cinquièmes sont couverts de morts-bois. Les châtaigniers et les chênes verts se rencontrent très-rarement à l'état de massif, tandis que l'on trouve le chêne liége presque partout dans les Maures. Il est vrai que les peuplements de cette essence sont pour la plupart très-jeunes; très-peu d'entre eux ont plus de quarante ans, car avant cette époque l'industrie de l'écorçage du liége étant peu connue, on l'exploitait pour convertir son bois en charbon, en abattant par conséquent l'arbre au lieu de le décortiquer. Dans la majeure partie des Maures le bois lui-même du chêne liége n'avait aucune valeur; aussi les forêts y étaient-elles livrées à toute espèce de dévastations. Sur ces points les peuplements actuels de liége sont fort incomplets, et on ne rencontre de massifs de quelque importance que là où leur exploitation régulière pour faire du charbon était usitée.

Les deux tiers environ des peuplements de liége sont débroussaillés. Il y a quatre ans, un incendie parcourut presque toute la forêt domaniale du Dom-de-Bormes et y détruisit la majeure partie des bois. Grâce aux mesures prises par l'Administration, il n'y a pas eu d'incendie considérable depuis plus de dix ans dans la commune d'Hyères.

§ 2.

VALEUR DE L'HECTARE SUIVANT LA NATURE DU PEUPLEMENT ET LES CHANCES D'INCENDIE.
— VALEUR DES PRODUITS LIGNEUX.

M. D'AGAY. Dans l'état actuel des forêts, le prix de l'hectare de chêne liége varie de 40 à 70 francs, suivant qu'il est ou non soumis aux chances d'incendie.

Débarrassé des morts-bois, il vaudrait 500 francs. Ces valeurs ne sont d'ailleurs que très-approximatives. Le prix du bois de pin est demeuré à peu près stationnaire; celui du liége a diminué. Il se vend de 38 à 40 francs les 100 kilogrammes; le bois de feu vaut 3 fr. 50 cent. les 200 kilogrammes; le pin équarri de 35 à 40 francs le stère. Quant aux écorces de chêne vert elles sont sans valeur; l'industrie du tan n'était pas connue dans la région.

M. Aube. La valeur des propriétés boisées s'est accrue d'une manière notable, depuis une quarantaine d'années. C'est ainsi que M. de Greffulhe afferme au prix de 10,500 francs des bois dont le fermage était de 1,200 francs il y a trente-six ans. Ces forêts cependant ont été dévastées depuis lors par un incendie qui a occasionné des dommages évalués à 90,000 francs.

M. Auméran (Louis). Depuis quelques années le prix du liége a baissé de 5 francs par 100 kilogrammes, tandis que celui de la journée de travail s'élevait de 2 francs à 3 fr. 50 cent.

M. Aurran (Eugène). Le liége de qualité supérieure a augmenté; les qualités inférieures ont au contraire diminué. Un hectare peuplé en chêne liége et débroussaillé vaut de 6 à 700 francs.

M. Aurran (Raymond). Un hectare de chêne liége nettoyé et en plein rapport vaut 800 francs. L'hectare non débroussaillé est presque sans valeur.

M. Azan. L'hectare de chêne liége vaut de 6 à 800 francs; celui de châtaignier de 2 à 3,000 francs.

M. le comte de Beauregard. L'hectare boisé vaut environ 600 francs. Soumis aux chances d'incendie, sa valeur est presque nulle. La hausse des salaires et la concurrence des liéges d'Algérie ont fait baisser le prix des liéges de Provence.

M. Bérenguier, *maire de Fréjus*. Le prix d'un hectare peuplé de pin et de chêne liége mélangés varie entre 50 et 500 francs. Lorsque le peuplement se compose uniquement de morts-bois, la valeur de l'hectare ne dépasse pas 50 francs.

M. Bernard (Louis). On évalue à 800 francs le prix de l'hectare de chêne liége en plein rapport. Quant aux pineraies, il n'y en a pas dans le pays une seule qui soit régulièrement exploitée. Depuis quelques années le prix du liége a diminué en raison de l'élévation du prix des salaires et de la concurrence des liéges d'Algérie.

M. Bonfils. L'hectare de pin vaut 200 francs; celui de chêne liége, 400 francs, celui de châtaignier, 250 francs et celui de chêne vert, 300 francs. Ces valeurs doubleraient si les chances d'incendie disparaissaient. Le prix des bois a augmenté d'un quart environ.

M. Bouis. Le liége se vend en moyenne 50 francs les 100 kilogrammes.

M. de Boutiny. Le prix de l'hectare de liége en plein rapport est de 1,000 francs, à la condition qu'il soit débroussaillé. Celui de pin est d'un tiers moins élevé.

Il y a eu une augmentation sensible sur les liéges, tandis que les bois de pin sont à peu près stationnaires à cause des difficultés de l'exploitation. Il est cependant prudent de ménager ces ressources pour l'avenir, car la consommation dépasse la production actuelle.

M. Chabert. L'hectare boisé de pin se vend en moyenne 450 francs; celui de chêne liége, 650 francs; celui de châtaignier, 1,000 francs. Ces prix varient, du reste, suivant les lieux et la nature du sol. Les liéges de qualité supérieure ont augmenté de 7 à 8 francs par 100 kilogrammes; ceux de qualité inférieure ont, au contraire, diminué de 4 à 6 fr. 50 cent. Les pins ont haussé du quart de leur valeur.

M. Chappon. Un hectare de chêne liége, peuplé de 100 à 150 piéds en moyenne, vaut, à l'abri du feu, de 6 à 700 francs, et de 200 à 230 francs s'il est soumis aux chances d'incendie. La concurrence de l'Algérie et la stagnation des affaires ont, depuis quelques années, amené une baisse sur les liéges, tandis que les bois de sciage et de chauffage sont demeurés stationnaires.

M. le docteur Christine. On estime à 500 francs environ l'hectare de pin et de liége mélangés et, en général, une forêt débroussaillée vaut quatre fois plus que si elle ne l'était pas. Les produits ligneux et le liége ont doublé de valeur.

M. Colle. Un hectare de liége débroussaillé rapporte annuellement environ 200 francs, celui de châtaignier donne un revenu de 300 francs. Le prix du liége est resté stationnaire.

16.

M. Coullet. La valeur de l'hectare peuplé d'essences mélangées varie, suivant la nature du sol, entre 500 et 600 francs. Cette valeur s'abaisse entre 100 et 300 francs si les bois ne sont pas débroussaillés. Il s'est produit sur les bois une augmentation des deux tiers de leur valeur et du quart sur les liéges. Le commerce des écorces à tan n'est pas connu dans la région.

M. le docteur Davin. Le pin a doublé de valeur. Les charbons et les bois de châtaignier ont augmenté d'un bon tiers. La valeur du tan a triplé et celle du liége a un peu diminué.

M. le comte de Drée. Le prix d'un hectare de pin varie de 250 à 500 francs suivant que le peuplement est ou non débroussaillé. Le prix de l'hectare de liége est des plus variables. Depuis quinze ans les bois de sciage ont baissé, les écorces ont augmenté de 15 à 20 p. o/o, les liéges et le charbon sont demeurés stationnaires.

M. Fauche. Suivant qu'il est ou non débroussaillé, l'hectare de bois, en plein rapport, vaut 150 ou 300 francs. Le prix de vente des produits ligneux a augmenté du tiers environ.

M. de Fonscolombe. Un hectare peuplé de 200 pieds de chênes liéges âgés de cinquante ans se vend environ 2,000 francs. Le prix des produits est demeuré stationnaire, tandis que les frais d'exploitation et surtout ceux de vidange se sont accrus dans une forte proportion, depuis qu'on ne flotte plus à bûches perdues.

M. de Fontmichel. L'inégalité des peuplements ne permet pas d'apprécier avec quelque exactitude la valeur d'un hectare de bois. Le prix du liége a beaucoup augmenté depuis quelques années.

M. Fournial. On débite les pins soit en planches, pour fabriquer des caisses, soit en piquets de mines. Dans le premier cas, les produits se dirigent sur Marseille, dans le second, sur Alais. Pour le moment, ces deux débouchés suffisent pour écouler la production.

M. Gendarme de Bévolte. Voici le prix de l'hectare des bois débroussaillés et non débroussaillés : pin, 1,500 et 900 francs ; chêne-liége, 4,000 et 3,000 fr. ; châtaignier, 3,500 et 2,800 francs ; chêne vert, 2,000 et 1,200 francs. Les bois de sciage et de chauffage ont augmenté d'un quart; les liéges d'un tiers; les écorces, rares d'ailleurs, sont stationnaires.

M. Gensollen. Il est impossible de donner avec exactitude le prix d'un hectare de pin, parce qu'il n'existe pas de massif de cette essence régulièrement exploité. Un hectare de liége en plein rapport vaut 700 francs; mais les forêts placées dans ces conditions sont rares, et les bois non débroussaillés sont presque sans valeur. L'augmentation des salaires et la concurrence des liéges algériens ont fait baisser les prix. Toutefois, cette concurrence est peu redoutable pour les qualités supérieures, car les liéges d'Algérie sont en général durs, cassants et grossiers, tandis que les produits du Var sont minces et fins.

M. Grognier. On peut évaluer de 900 à 1,000 francs le prix de l'hectare de pin; de 1,000 à 1,500 francs celui de liége; de 1,500 à 2,000 francs celui de châtaignier. Les chances d'incendie diminuent ces prix du tiers ou du quart. En général, les produits ligneux ont acquis une plus-value égale à la moitié de leur prix; les liéges sont demeurés stationnaires.

M. Honnoraty. Voici la valeur moyenne d'un hectare de bois suivant les essences dont il est peuplé; pin, 300 francs; chêne liége, 3,500 francs; châtaignier, 3,500 francs; chêne vert, 500 francs. Le prix du bois est demeuré stationnaire; celui du liége a augmenté de 5 à 10 francs par 100 kilogrammes.

M. de Lacouture. L'hectare de pin vaut 300 francs; celui de chêne liége, 1,000 francs. Grâce à l'extension que la culture de la vigne a prise dans le pays, le prix des coupes de châtaigniers, avec lesquels on fabrique des cercles de tonneaux, a éprouvé une hausse considérable.

M. Lamat. On estime, en général, 300 francs un hectare de pin, 3,000 francs un hectare de châtaignier ou de chêne liége, 500 francs un hectare de chêne vert. Le liége a augmenté de 5 à 10 francs par 100 kilogrammes. La valeur des autres produits est à peu près stationnaire.

M. Lavagne. L'hectare de pin se vend environ 600 francs; celui de chêne liége vaut 1,000 francs. La valeur des bois à l'abri de l'incendie augmente du quart. Il s'est produit une hausse très-marquée sur les écorces, sur les charbons et sur les liéges: elle est environ du quart de leur valeur. Les bois de sciage et de construction sont demeurés stationnaires.

M. de Léoube. Prix de l'hectare : pin, 8 à 900 francs; chêne liége, 800 à 1,000 francs; châtaignier, 1,500 à 2,000 francs. Soumis aux chances d'incendie, ces valeurs diminuent d'un quart. Les bois de sciage et de construction sont en hausse, le liége est stationnaire.

M. Marguery. Un hectare de chêne liége vaut 800 francs. Le prix du liége a baissé de 10 p. o/o, soit par suite du prix élevé des salaires, soit à cause de la concurrence des liéges d'Algérie.

M. Marin. Le prix de l'hectare de chêne liége varie de 200 à 500 francs, suivant qu'il est ou non débroussaillé : celui des produits ligneux est stationnaire.

M. Martel. Pour les forêts à l'abri des incendies, les valeurs par hectare sont les suivantes : pour le pin, 200 francs; pour le chêne vert, 400 francs; pour le chêne liége, 3,000 francs. Le prix des produits n'a pas varié.

M. Martin, *juge de paix.* On estime un hectare de pin de 8 à 900 francs; de liége, de 2,000 à 3,000 francs; de châtaignier, de 1,500 à 2,000 francs. Les chances d'incendie diminuent ces prix de moitié. Les bois de sciage et de construction sont en hausse, mais les liéges sont stationnaires.

M. Muraire. Le prix des bois est demeuré stationnaire faute de routes.

M. Panescorse. L'hectare boisé vaut au maximum 1,500 francs. Les bois de toutes sortes et le liége ont éprouvé une hausse du quart environ de leur valeur.

M. Pardigon. Voici les valeurs par hectare des peuplements formés par les principales essences: pin, 1,000 à 1,500 francs; liége, 10,000 à 12,000 francs; châtaignier, 12,000 à 15,000 francs; chêne vert, 3,000 à 5,000 francs. Les bois de sciage et de construction sont en hausse; les liéges ont augmenté de 30 p. o/o; les charbons et les bois de feu sont stationnaires.

M. Pourrière. L'hectare de pin vaut 300 francs; celui de chêne liége, 1,000 fr. celui de châtaignier, 600 francs, celui de chêne vert, 300 francs. Le prix des bois de pin a augmenté des deux tiers, tandis que les liéges et les écorces sont stationnaires.

M. le marquis de Retz. Il est impossible de donner, même approximativement, la valeur d'un hectare de bois, tant ce prix est variable suivant les conditions de sol, de peuplement, d'essence, etc. Le liége est en baisse, les autres produits sont stationnaires.

M. Rey. L'hectare de liége se vend, en moyenne, 700 francs; celui de pin 400 francs. Depuis vingt ans les liéges de qualité inférieure ont diminué; les qualités supérieures ont, au contraire, augmenté dans la même proportion. L'état général est dans l'ensemble demeuré stationnaire.

M. de Roux (E.). La valeur d'un hectare de bois, dans les Maures, varie de 800 à 1,200 francs. Ce dernier prix est celui d'un hectare de liége en plein rapport et débroussaillé. Depuis vingt ans la valeur des produits ligneux a éprouvé une augmentation des cinq huitièmes; celle des liéges de trois cinquièmes.

M. de Scolle. Le déposant estime 3,000 francs l'hectare de pin en futaie; 500 francs celui de pin à l'état de fourré; 4,000 francs celui de liége; 6,000 fr. celui de châtaignier. Le chêne vert est très-rare dans les Maures. Les bois non débroussaillés subissent une dépréciation du quart de leur valeur.

Les bois de sciage et les charbons ont augmenté de 25 p. o/o; le bois de feu de 35 p. o/o; le liége est demeuré stationnaire.

M. de Siregand-Lacampagne. Le pin vaut 300 francs l'hectare, le liége, 600, et le châtaignier, 900 francs.

M. Tourniaire. Le commerce recherche tout particulièrement les liéges de Saint-Raphaël à cause de leur qualité supérieure; aussi se vendent-ils 25 francs les 40 kilogrammes, tandis que le cours moyen n'est guère que de 18 à 20 francs pour les liéges ordinaires.

M. Vidal. La forêt domaniale du Dom-de-Bormes vaut environ 100,000 fr., mais elle aurait une valeur quinze fois plus forte si elle était débroussaillée. Il s'est produit une hausse de 10 p. o/o sur les produits ligneux, à l'exception du liége dont le prix est demeuré stationnaire.

M. le marquis de Villeneuve-Bargemon (Raymond). Suivant qu'il est ou non débroussaillé, l'hectare de pin vaut 200 ou 800 francs.

M. le marquis de Villeneuve-Bargemon (Henry). L'hectare de pin maritime, soumis aux chances d'incendie, se vend en moyenne de 300 à 350 francs. Depuis quinze ans le bois de pin a sensiblement diminué de valeur. Cette essence était employée à la fabrication des caisses, industrie qui consommait beaucoup de bois résineux, et qui elle-même a traversé une forte crise. C'est à ce motif qu'il faut attribuer le bas prix des cours actuels. Quant aux morts-bois, ils servent à alimenter les fours à chaux.

M. X..., à Montauroux. La valeur de l'hectare de pin varie de 100 à 200 fr., suivant qu'il est ou non soumis aux chances d'incendie. Celle de l'hectare de chêne liége est difficile à apprécier, car il n'existe pas de massif de cette essence à l'état pur, et celle de l'hectare de chêne vert varie de 300 à 400 francs. Les peuplements de cette essence, étant peu combustibles, sont rarement atteints par les incendies.

La Société forestière des Maures. Les bois non débroussaillés sont sans valeur. Quant au prix de l'hectare de chêne liége, il varie à l'infini suivant les conditions du sol, du peuplement, etc. On l'évalue, en moyenne, à 500 ou 600 francs. Il existe toutefois un moyen pratique d'avoir le revenu, et par suite le capital que représente un hectare de bois de cette essence. On compte le nombre de pieds à l'hectare, on mesure la hauteur et le diamètre de la partie décortiquée et on prend une moyenne. On obtient ainsi les éléments nécessaires pour calculer le rendement en liége à l'hectare, et par suite pour avoir le revenu. Il existe dans les Maures deux espèces de pins : le pin maritime, assez rare d'ailleurs, fournissant un bois médiocre, qui croît dans les sols sablonneux et humides, et le pin d'Alep. Ce dernier est plus estimé. On le trouve surtout sur les versants du nord. L'un et l'autre sont dangereux à cause du feu; aussi faut-il les faire disparaître partout où ils ne sont pas indispensables pour protéger les pentes contre le ravinement et où ils ne peuvent être remplacés par une essence plus précieuse, le liége ou le châtaignier. En résumé, l'hectare de pin a une valeur presque nulle. L'essence la plus riche est incontestablement le châtaignier. Le prix du bois a augmenté de 10 p. o/o; celui du liége a baissé de 5 francs par quintal, résultat qu'il faut attribuer à l'augmentation des salaires et à la concurrence des liéges d'Algérie.

§ 3.

CAUSES DES INCENDIES. — CIRCONSTANCES QUI FAVORISENT LEUR PROPAGATION.

M. d'Agay. La cause immédiate des incendies se trouve le plus souvent dans la malveillance des populations. La violence du vent, l'abondance des morts-bois, leur sécheresse extrême, celle non moins grande du sol, expliquent surabondamment la rapidité de leur propagation.

M. Auméran (Louis). Les causes les plus fréquentes des incendies sont : le braconnage, l'imprudence des fumeurs et des écobueurs, enfin la malveillance suscitée par la sévérité de l'Administration forestière.

M. Aurran (Eugène). On doit attribuer les incendies aux imprudences des chasseurs et des fumeurs, enfin à la malveillance. Leur violence et la rapidité avec laquelle ils se propagent tiennent à la quantité des morts-bois accumulés sur le sol, et rendus très-inflammables par la sécheresse.

M. Aurran (Raymond). Les incendies ont trois causes : les écobuages, la chasse et la malveillance.

M. Ayrille. L'abondance des morts-bois et des feuilles sèches facilite singulièrement la propagation des incendies.

M. le comte de Beauregard. Ce sont les écobuages et les bourres d'étoupe combustibles, employées par les chasseurs, qui sont le plus souvent la cause des incendies.

M. Bernard (Louis). Il faut attribuer les incendies aux écobuages, aux feux allumés en forêt par les bûcherons, et enfin à la malveillance.

M. Bonfils. C'est à l'imprudence des chasseurs et des personnes qui allument du feu en forêt, quelquefois à la malveillance, que sont dus les incendies.

M. Bouis (Fortuné). Ce déposant voit dans les écobuages, la chasse, rarement dans la malveillance, la cause des incendies.

M. de Boutiny. Quelquefois les incendies sont allumés par l'imprudence des fumeurs ou des chasseurs; le plus souvent, ils sont le résultat d'écobuages imprudents pratiqués avec un mistral violent, survenu après un orage, et au moment où on allumait les fourneaux.

M. le docteur Boyer, à Lorgues. Le déposant attribue les incendies surtout à la malveillance excitée par la défense d'écobuer pendant la saison sèche.

M. Carbonel. Les populations mettent le feu aux bois pour se venger de l'application rigoureuse du Code forestier.

M. le comte DE COLBERT-TURGIS. Les incendies ont deux causes principales : l'imprudence des braconniers, et celle des fumeurs.

M. CHABERT. Les écobuages en été, l'imprudence des chasseurs et des fumeurs, la malveillance des populations rendues hostiles par l'interdiction de ramasser les menus produits en forêt, sont les vraies causes des incendies.

M. CHAPPON. Le déposant attribue les incendies à l'imprudence des chasseurs, aux divers procédés employés pour préparer le sol aux cultures temporaires, et enfin à la malveillance. La sécheresse et le mistral décuplent le danger.

M. le docteur CHRISTINE. Les causes des incendies sont les écobuages d'été et surtout l'imprudence des chasseurs, ainsi que le prouvent de nombreux exemples. La malveillance y est de plus en plus étrangère, grâce à l'esprit de conciliation de l'Administration forestière.

M. COLLE (Charles). C'est à l'imprudence qu'il faut le plus souvent attribuer les incendies.

M. COULLET. Si l'imprudence allume les incendies, c'est le vent qui les propage au milieu des amas de morts-bois desséchés qui couvrent le sol forestier.

M. le président COULOMB. Trois causes principales pour les incendies : quelquefois l'imprudence des chasseurs ou la malveillance, le plus souvent les écobuages. En tous cas, l'abondance des morts-bois facilite singulièrement la propagation du feu.

M. le docteur DAVIN. La malveillance est étrangère aux incendies, mais les populations se montrent le plus souvent indifférentes à porter secours, soit par crainte du danger, soit parce qu'elles ne veulent pas perdre, sans aucune espèce de rétribution, leur temps et leur peine. Une fois le feu allumé, le vent ou les cônes enflammés qu'emporte le mistral le propagent avec la plus effrayante rapidité, en lui faisant franchir parfois des distances énormes. Les écobuages constituent enfin un danger permanent pour l'existence des forêts. Il arrive souvent que le feu, que l'on croit éteint, couve sourdement sous des monceaux de feuilles de châtaignier ou de débris de toutes sortes, provenant des exploitations antérieures; parfois aussi, il brûle sous terre en suivant les racines de quelque vieille souche. Si tout à coup ces foyers, dont rien ne révèle l'existence, sont activés par un courant d'air, la flamme jaillit de toutes parts, et l'incendie éclate plusieurs jours après la fin de l'écobuage.

M. Decroix. Les incendies ont des causes multiples : l'imprudence des chasseurs et des fumeurs, la malveillance, l'habitude prise par les bergers de brûler les gazons et les morts-bois pour faire repousser les herbes.

M. le comte de Drée. Les causes des incendies sont assez diverses. On peut citer l'imprudence des chasseurs, des fumeurs et des écobueurs, la malveillance de ces derniers, à qui on concède l'écobuage des parties ravagées par le feu, et qui ont intérêt à se procurer de l'ouvrage en incendiant les bois.

M. Fauche. On doit attribuer les incendies à la malveillance, aux écobuages et à l'imprudence des chasseurs et des fumeurs.

M. de Fontmichel. Les incendies ont pour origine les causes les plus diverses, mais surtout l'imprudence des chasseurs, et la violation de l'article du Code forestier qui interdit d'allumer du feu en forêt.

M. Gendarme de Bévolte. Les écobuages d'été et l'imprudence des chasseurs sont les deux causes principales des incendies.

M. Gensollen. La malveillance n'est pas étrangère aux incendies, car le feu éclate le plus souvent lorsque souffle un vent violent qui peut servir à le propager. On peut citer d'autres causes : les écobuages, l'imprudence des chasseurs et des fumeurs. Le vent, les morts-bois et les cônes de pin qui, en éclatant, sont souvent projetés à 60 ou 80 mètres, propagent ensuite l'incendie avec rapidité.

Mᵐᵉ Grimes (Élisée). Il faut attribuer les incendies aux écobuages pratiqués à une trop faible distance des forêts, et surtout à la malveillance.

M. Grognier. Le feu est dû le plus souvent aux écobuages, à la malveillance ou à l'imprudence des chasseurs et des fumeurs ; mais ce sont surtout l'abondance des matières inflammables, la violence du vent et les pommes de pin qui rendent les incendies si difficiles à combattre.

M. Guérin. La rapide propagation du feu doit être attribuée à la violence des vents et à l'abondance des morts-bois. L'imprudence des chasseurs, des fumeurs et des écobueurs lui donnent naissance.

M. HONNORATY. L'imprudence et la malveillance sont, le plus souvent, les causes des incendies; ce qui le prouve, c'est que la plupart des incendies ont éclaté dans la forêt domaniale du Dom-de-Bormes.

M. le baron ISNARD. Si l'on doit attribuer les incendies à la malveillance et à l'imprudence, ce sont du moins le vent et la sécheresse qui les rendent si redoutables.

M. le docteur JAUBERT. C'est l'imprudence ou la malveillance qui allume en général le feu; les cônes de pin et le vent le propagent; mais, quelle que soit sa violence, il arrive parfois que les vieux pins et les vieux chênes, protégés par leur écorce, ne périssent pas.

M. JEAN. Les bruyères et les pommes de pin constituent, au point de vue des incendies, un danger permanent pour l'existence des forêts.

M. JOURDAN. L'insuffisance des routes et la présence, sur le sol forestier, d'un amas considérable de menus produits combustibles, sont les vrais motifs des incendies.

M. JULIEN. La malveillance est étrangère aux incendies; on doit les attribuer à l'imprudence des chasseurs, des fumeurs et des écobueurs.

M. DE LACOUTURE. On doit attribuer les incendies à l'imprudence des braconniers, au défaut de surveillance pendant les écobuages, rarement à la malveillance. Leur propagation rapide tient à l'abondance des morts-bois.

M. LAMAT. De ce fait, que la plupart des incendies ont éclaté dans la forêt domaniale, le déposant conclut que la malveillance ou l'imprudence y ont la plus grande part.

M. LAMBOT-MIRAVAL. Les incendies ont trois causes : la malveillance, la chasse, les écobuages.

M. LAUGIER. Les incendies, moins fréquents que jadis, sont dus à l'imprudence des chasseurs, fumeurs et écobueurs.

M. Lavagne. Si les chasseurs occasionnent le plus souvent les incendies par leur imprudence, c'est à l'action du vent et à la présence des morts-bois dans les forêts qu'ils doivent d'être si violents.

M. de Léoube. Il faut accuser la malveillance, l'imprudence des chasseurs et des fumeurs, les écobuages, d'être les principales causes des incendies.

M. Maille. Le déposant attribue les incendies à la malveillance et à l'imprudence; mais il pense que, s'ils sont dangereux, c'est surtout à cause de la violence des vents et de la quantité des morts-bois amoncelés sur le sol forestier.

M. le Maire des Adrets-de-Montauroux. Deux causes : l'imprudence et la malveillance.

M. le Maire de Montauroux. Les incendies sont surtout dus à la malveillance.

M. Marguery. Il faut attribuer les incendies aux écobuages, à l'imprudence des chasseurs et des bûcherons et à la malveillance.

M. Marin. La malveillance, l'imprudence des chasseurs et les écobuages sont les causes ordinaires des incendies.

M. Martel. La malveillance et l'imprudence doivent être considérées comme les causes les plus fréquentes des incendies.

M. Martin, *juge de paix*. Le vent, la contiguïté des massifs, l'abondance des morts-bois facilitent la propagation du feu que la malveillance, l'emploi des bourres de chanvre à la chasse, les écobuages en été, allument ordinairement.

M. Monier. Les incendies ont trois causes: la malveillance, l'imprudence des chasseurs et des charbonniers, les écobuages.

M. Muraire. La quantité de morts-bois accumulés sur le sol, la violence du mistral, la sécheresse désolante qui règne en été, rendent les incendies très-redoutables.

M. de Musset. La malveillance est étrangère aux incendies, qu'il faut attribuer à l'imprudence. Une fois allumé, le feu se propage, poussé par le vent, avec une grande rapidité au milieu des bruyères desséchées.

M. Ollivier. C'est à l'imprudence, aux écobuages faits en été, à la chasse pendant la saison chaude et à la malveillance, fruit de l'irritation causée par la stricte application du Code forestier, que sont dus le plus souvent les incendies.

M. Panescorse. D'après le déposant, l'imprudence des chasseurs et les écobuages sont les causes principales des incendies.

M. Pardigon. On écobue pour récolter des céréales, qui reviennent, par ce procédé, à 50 p. o/o plus cher que par la culture normale; et ces écobuages sont la source d'incendies sans nombre. Il faut ajouter à cette première cause l'imprudence des chasseurs, l'imprudence ou la malveillance des bergers qui, désireux de procurer à leurs troupeaux de l'herbe tendre et fraîche, mettent le feu aux gazons desséchés par le soleil brûlant de l'été.

M. Pascal. L'imprudence des chasseurs et des écobueurs contribue bien plus que la malveillance à allumer les incendies. Le mistral et la masse des morts-bois accumulés sur le sol facilitent leur propagation.

M. Pellicot. Deux causes d'incendie : les écobuages et les feux allumés à proximité ou dans l'intérieur des forêts.

M. Pourrière. C'est à la pratique des écobuages que sont dus les incendies.

M. Raymond. Il faut attribuer les incendies à l'emploi des bourres goudronnées dont se servent les braconniers.

M. le marquis de Retz. L'imprudence et surtout la malveillance sont les causes ordinaires des incendies.

M. Rey. Depuis qu'il a été défendu d'allumer du feu en été dans les forêts de la commune d'Hyères, les incendies y sont devenus très-rares. C'était là, en effet, avec la chasse pendant la saison sèche, l'occasion la plus habituelle des incendies. La malveillance y est à peu près étrangère.

M. E. de Roux. Sans l'énorme quantité de morts-bois qui s'accumulent sur le sol des forêts, il pourrait y avoir des incendies partiels, mais ils n'auraient certainement ni la fréquence ni la violence de ceux qui désolent la région des Maures.

M. DE ROUX-LABCY. Ce sont surtout les écobuages pratiqués en été qui allument les incendies.

M. DE SCOLLE. Les incendies ont deux causes, les écobuages et la chasse en été.

M. DE SIREGAND-LACAMPAGNE. Il faut attribuer les incendies à l'imprudence des chasseurs et à la malveillance des braconniers et des personnes qui parcourent les forêts pour y ramasser les morts-bois.

M. le marquis DE VILLENEUVE-BARGEMON (Raymond). Les incendies sont dus à l'imprudence des chasseurs et trop souvent aussi à la malveillance des écobueurs, désireux de se faire concéder temporairement, pour y exercer leur industrie, les terrains qu'ils auront incendiés.

M. le marquis DE VILLENEUVE-BARGEMON. Les causes des incendies sont nombreuses. On peut citer, notamment, la malveillance, l'imprudence des chasseurs, les écobuages, les feux que les bergers allument pour brûler les herbes sèches, et faire repousser à leur place un gazon plus tendre qui sert à la nourriture de leurs troupeaux.

M. X..., à Montauroux. On doit attribuer les incendies à l'imprudence des fumeurs, des chasseurs, des propriétaires voisins des forêts, qui allument du feu sur la limite des bois sans prendre les moindres précautions, enfin à la malveillance.

LA SOCIÉTÉ FORESTIÈRE DES MAURES. D'après l'opinion de la Société forestière des Maures, les incendies sont dus beaucoup plus à l'imprudence des chasseurs qui se servent de bourres combustibles, des écobueurs ou des personnes qui allument du feu dans l'intérieur des forêts, qu'à la malveillance. Les sources sont très-rares dans le massif des Maures et de l'Esterel; les roches primitives qui le composent s'échauffent l'été avec la plus grande facilité. Sur un sol brûlant, couvert par une immense quantité de bruyères desséchées, la moindre étincelle allume des incendies d'autant plus terribles que le vent vient presque toujours en accroître la violence. C'est si bien à l'extrême sécheresse du sol et aux amas de morts-bois qu'il faut nécessairement faire remonter la cause de la fréquence et de la violence des incendies, que dans les bois de Carqueranne, peuplés de résineux, mais situés en terrain calcaire, les incendies sont très-rares, malgré le grand nombre de fours à chaux qui s'y trouvent et qui sont autant de foyers qui pourraient allumer l'incendie.

§ 4.

VIABILITÉ. — SON INFLUENCE SUR LES TRAVAUX DE PRÉSERVATION
ET DE MISE EN VALEUR.

M. D'AGAY. Le transport coûte cinq fois plus à dos de mulet que sur essieu. Aussi, faut-il faire tendre tous ses efforts à la création de chemins aboutissant à la mer ou aux gares de chemin de fer, à celles d'Agay et de Saint-Raphaël par exemple. Il existe dans les bois du déposant une route en terrain naturel, de 12 kilomètres, aboutissant à la gare d'Agay. C'est la seule un peu importante de la région. Le développement de la viabilité, dont la principale dépense serait faite par l'État et les communes, donnerait de la valeur aux morts-bois et amènerait ainsi sous peu le débroussaillement des forêts. Il faudrait arriver à avoir 2 kilomètres et demi de route environ pour chaque centaine d'hectares, obtenir de la compagnie du chemin de fer un abaissement de prix dans ses tarifs pour le transport des morts-bois et, en outre, que les trains de marchandises fissent un arrêt à la gare d'Agay pour y prendre des chargements de bois.

M. AUBE. L'insuffisance de la viabilité rend le débroussaillement fort onéreux. Les prix de transport sur essieu ou à dos de mulet varient du simple au double; aussi, partout où la traction sur essieu ne peut être employée, on abandonne sur le parterre des coupes la plupart des produits. Dans les bois du comte de Greffülhe, on n'utilise que les pièces susceptibles de fournir des bois d'œuvre ou d'industrie.

M. AURRAN (Eugène). La création d'un réseau complet de routes aurait pour résultat le débroussaillement des forêts.

M. AURRAN (Raymond). Il est urgent que l'État, les communes et les particuliers s'entendent pour créer des routes forestières dont le besoin se fait sentir tous les jours davantage. Ce sera le plus sûr moyen d'arriver au débroussaillement en donnant de la valeur aux morts-bois.

M. Ayrille. Le transport des produits a lieu sur essieu dans toutes les forêts.

M. Azan. Il faut créer des routes aboutissant soit aux gares de chemin de fer, soit à la mer, et que les particuliers prolongeront ensuite jusqu'au centre de leurs propriétés. Ouvrir des débouchés aux morts-bois, c'est leur donner de la valeur et amener par suite le débroussaillement.

M. Baron. Tous les transports de produits ligneux ont lieu à dos de mulet; la traction sur essieu aurait pour effet d'accroître d'un quart la valeur de ces produits. Quant à la construction de routes forestières, c'est une entreprise difficile et coûteuse.

M. le comte de Beauregard. Les transports s'effectuent sur essieu dans la moitié de la commune d'Hyères. A dos de mulet, le transport coûte plus du double que sur essieu. Malgré cela, il n'existe pas d'autres routes empierrées que les routes départementales et impériales. Aussi, faut-il terminer le plus promptement possible les voies votées par le conseil général.

M. Bérenguier aîné, à Cogolin. Il faudrait réparer et entretenir la portion de la route départementale n° 8 qui a été abandonnée par suite d'une rectification nécessaire. Classée comme voie de grande communication, elle servirait à la fois aux transports et comme tranchée garde-feu.

M. Bérenguier, *maire de Fréjus*. La différence entre les prix de transport sur essieu et à dos de mulet varie suivant les localités. Cependant, la traction sur essieu économise en moyenne les quatre cinquièmes des frais. Aussi l'établissement d'un réseau complet de routes est-il nécessaire pour donner de la valeur aux produits ligneux, hâter le débroussaillement et faciliter l'application de la méthode des éclaircies dans les pineraies.

M. Bernard (Louis). Les routes départementales et impériales seules sont empierrées. A dos de mulet, le transport coûte les deux tiers de plus que sur essieu, et cependant ce moyen de transport n'est employé que dans la moitié de la commune. Tous les efforts doivent tendre à l'achèvement des routes empierrées dont l'ouverture est décidée.

M. Bonfils. Le transport sur essieu coûte un tiers de moins qu'à dos de mulet.

M. Bouis (Fortuné). L'insuffisance des débouchés rend le débroussaillement fort onéreux pour les grands propriétaires, qui ne trouvent pas dans leurs usages domestiques, comme les petits propriétaires, l'emploi assuré des morts-bois que produisent leurs forêts.

M. DE BOUTINY. L'ouverture d'un réseau complet de chemins en terrain naturel rendrait d'immenses services, au double point de vue de la vidange des produits et de la facilité avec laquelle on pourrait, en cas d'incendie, se transporter sur le lieu du sinistre.

M. le docteur BOYER. Il faut développer la viabilité pour donner de la valeur aux produits. A la Garde-Freinet, les routes actuelles sont complétement insuffisantes; aussi les morts-bois sont-ils sans valeur.

M. CHABERT. Le transport sur essieu constitue une économie des deux tiers sur celui qui s'effectue à dos de mulet. Il faudrait établir au milieu de chaque massif boisé une tranchée de 100 mètres de largeur, rendue accessible aux charrettes, pour servir au transport des produits et à laquelle viendraient se relier des chemins de moindre importance. Terminer le tout en cinq ans.

M. le docteur CHRISTINE. L'Esterel est traversé par deux routes principales, la route impériale n° 97 et le chemin de Saint-Raphaël à la Montagne. Toutefois, cette région ne compte que 50 kilomètres de routes empierrées et 100 kilomètres de voies en terrain naturel qu'il faut réparer après chaque exploitation. Le grand massif de Malpey ne possède pas de routes. Les transports à dos de mulet coûtent six fois plus que sur essieu; aussi faut-il créer des débouchés, en construisant au moins 40 kilomètres de routes empierrées et 60 kilomètres de chemins en terrain naturel. Les particuliers concéderaient gratuitement ou à bas prix le passage, car la création de ces routes donnerait une plus-value énorme à leurs bois.

M. le comte DE COLBERT-TURGIS. Le chemin de Gonfaron à la Garde-Freinet rendra de grands services, en ouvrant des débouchés pour les produits ligneux et comme tranchée garde-feu.

M. COULLET. Les produits transportés sur essieu suivent la route impériale et le chemin de fer de Fréjus à la Montagne. On peut évaluer à 50 kilomètres de routes empierrées, et à pareille longueur de chemins non empierrés, les routes que possède l'Esterel; il faudrait en ouvrir encore 100 kilomètres. Dans l'état actuel, le transport à dos de mulet coûte six fois plus que la traction sur essieu en bon chemin, et quatre fois plus si l'essieu suit de mauvaises routes.

M. le docteur DAVIN. Les transports s'effectuent dans des conditions très-difficiles. Cependant il faut laisser à l'initiative individuelle le soin d'ouvrir un plus grand nombre de voies de communication. Au reste, tous les transports se font déjà sur essieu, car à dos de mulet la dépense dépasserait souvent la valeur des produits. Il faut donc se préoccuper surtout d'améliorer les chemins déjà existants avant de penser à en créer de nouveaux.

M. le comte DE DRÉE. En donnant une plus-value considérable aux produits forestiers, la construction d'un réseau de routes forestières hâterait le débroussaillement.

M. FAUCHE. Il n'y a que 18 kilomètres de routes empierrées dans la région. Aussi un centième seulement des produits est-il transporté sur essieu, bien que ce procédé économise un tiers des frais exigés par le transport à dos de mulet. Il faut créer un réseau complet de routes dans le plus bref délai et répartir les frais entre tous les intéressés.

M. FÉRAUD. La presque totalité des produits est transportée sur essieu.

M. DE FONSCOLOMBE. On trouve partout des chemins en terrain naturel que les attelages de bœufs peuvent très-bien suivre; mais il faut les remettre en état à chaque exploitation.

M. DE FONTMICHEL. Dans les Alpes-Maritimes, la quantité des produits transportés sur essieu est presque nulle, et dans le Var la situation est peut-être pire. Aussi ne peut-on pas comparer le prix de transport à dos de mulet ou sur essieu, puisque le deuxième procédé est inconnu. Il ne faut pas compter sur le concours des particuliers pour créer des routes, dont les frais d'établissement dépasseraient la valeur des propriétés qu'elles seraient destinées à desservir.

M. FOURNIAL. L'état de la viabilité a la plus grande importance, au point de vue des exploitations. C'est ainsi qu'avec la situation actuelle des choses l'exploitation des pins destinés à servir comme piquets de mine cesse d'être rémunératrice au delà d'un rayon de 20 kilomètres des gares de chemin de fer. Pour

18.

les bois destinés à être débités en planches, cette distance s'étend à 40 kilomètres. En créant des débouchés pour les morts-bois, l'amélioration des routes facilitera le débroussaillement.

M. Gendarme de Bévolte. 40,000 hectares de forêts environ écoulent leurs produits au moyen des transports sur essieu. 350 kilomètres de routes classées, dont 153 kilomètres de voies impériales ou départementales, et 197 kilomètres de chemins vicinaux; enfin 130 kilomètres de chemins d'exploitation de toutes sortes servent à la vidange des produits. Pour les produits ligneux autres que le chêne liége, la traction sur essieu constitue sur le transport à dos de mulet une économie des trois quarts, de la moitié pour le liége. Grâce à la construction de la route de Collobrières à Pignans et à l'achèvement des voies en cours d'exécution, le transport sur essieu pourra s'effectuer dans toute la région.

M. Gensollen. Les transports se font presque partout sur essieu, mais sur des chemins profondément ravinés par les eaux. Les routes impériales et départementales seules sont empierrées.

M. Georges. Jusqu'à ce jour la viabilité a été des plus insuffisantes. Il est urgent de lui donner un développement considérable pour faciliter l'enlèvement des produits et l'accès des forêts en cas d'incendies. Les routes elles-mêmes serviront d'ailleurs de tranchées garde-feu.

Mme Grimes (Élisée). Les chemins sont utiles pour faciliter la surveillance et donnent en même temps une plus-value considérable à la propriété boisée.

M. Grognier. Il faut, pour compléter les voies de communication de la région, créer environ 100 kilomètres de routes empierrées et 200 kilomètres de chemins en terrain naturel. On économisera ainsi la moitié des frais de transport, car à dos de mulet l'enlèvement des produits est deux fois plus onéreux que sur essieu.

M. Guérin. Il faut donner aux adjudicataires de coupes toutes les facilités possibles pour établir des chemins de vidange.

M. Honnoraty. La moitié seulement des produits est transportée sur essieu. Il est urgent de faire cesser cet état de choses, en améliorant la viabilité et en construisant 25 kilomètres de routes empierrées et 35 kilomètres de routes en terrain naturel, pour faciliter l'exploitation des forêts de la région. A dos de mulet, les transports coûtent deux fois plus que sur essieu.

M. Hoslin. En ouvrant des routes de 6 à 8 mètres de largeur, on atteindra un double but, puisque ces voies serviront à la fois pour le transport des produits et comme tranchées garde-feu. A peine ces nouvelles routes seraient-elles livrées à la circulation que l'œuvre des débroussaillements s'accomplirait sur d'immenses surfaces.

M. le baron Isnard. Dans une région privée de routes, les produits sont sans valeur, le débroussaillement est rendu presque impraticable par les dépenses qu'il nécessite. Il faut donc, avant toute chose, créer des routes. Le déposant a contribué pour 13,000 francs à la construction d'une voie qui a donné une plus-value énorme à ses propriétés.

M. Jaubert. Il est nécessaire de développer la viabilité ; il faudrait aussi obtenir une réduction dans les tarifs des chemins de fer, pour pouvoir exporter les morts-bois sur Marseille. Le prolongement de la route de Fréjus aux mines de Reyran, jusqu'à la route de Grasse, permettrait de diriger les produits sur Fréjus, et la construction de celle de Bagnols à Draguignan faciliterait leur écoulement sur cette dernière ville.

M. Jean. Le transport sur essieu est très-restreint dans la région. Il faudrait améliorer l'état des routes pour faciliter l'enlèvement des produits et l'accès des lieux en cas d'incendie.

M. Jourdan. Le développement des routes de la zone schisteuse est de 758 kilomètres, longueur qui est insuffisante pour desservir toutes les localités. (Voir les détails à l'appui dans la déposition de M. Jourdan.)

M. de Lacouture. La création d'un réseau complet de routes et la fabrication des pipes de bruyère, qui emploie une quantité considérable de souches de cette essence, amèneront peu à peu le débroussaillement complet et économique des Maures. Le bois de pin est utilisé par les savonneries de Marseille qui emploieraient également les morts-bois, si on pouvait obtenir une réduction de prix dans le tarif des transports du chemin de fer. La plus-value énorme acquise par les bois de M. Isnard et de M. Martin de Roquebrune, depuis la création de routes traversant leurs bois et qu'ils avaient subventionnées, prouve

surabondamment que la construction d'un réseau de viabilité complet est le but
vers lequel doivent tendre tous les efforts.

M. Lamat. La moitié des produits se transporte à dos de mulet, bien que ce
procédé coûte deux fois plus que le transport sur essieu. Pour faire cesser cet
état de choses, il suffirait de construire 15 kilomètres de routes empierrées et
35 kilomètres de chemins en terrain naturel.

M. Latour. Tous les produits se transportent à dos de mulet.

M. Laugier. Tout le monde comprend la nécessité de créer des routes; aussi
les propriétaires n'hésiteraient-ils pas à donner gratuitement le terrain et à subventionner l'établissement des chemins d'exploitation, à la condition toutefois
qu'ils ne seraient pas publics.

M. Lavagne. Les deux tiers des produits de la forêt communale des Arcs
sont flottés sur l'Argens ou sur son affluent; l'autre tiers est transporté sur essieu.
Le prix des transports sur essieu ou à dos de mulet varie à l'infini suivant les
distances. Toutefois, il faudrait construire des ponts et créer au moins 15 kilomètres de routes empierrées. C'est à peine s'il en existe une pareille longueur
en terrain naturel, et il n'y en a pas un kilomètre d'empierrée dans toute la
forêt.

M. de Léoube. A dos de mulet, le transport des produits coûte deux fois
plus que sur essieu; mais grâce à la construction de 65 kilomètres de routes
nouvelles, ce moyen de transport, qui était jusqu'ici l'exception, va devenir la
règle générale. Il faudrait compléter le réseau des routes, dont l'ouverture est
projetée, par l'établissement d'un système complet de chemins forestiers en
terrain naturel, desservant toutes les propriétés boisées. Les syndicats répartiraient les dépenses entre tous les intéressés.

M. Maille. Il faut de toute nécessité créer des routes. C'est le seul moyen
d'arriver au débroussaillement rapide et économique et à la mise en valeur des
propriétés boisées du centre des Maures. De nombreux exemples prouvent qu'il
a suffi de l'ouverture de quelques routes, pour changer la physionomie de certains cantons et donner à des bois sans valeur une plus-value énorme. C'est la
transformation qui s'est opérée le long de la route impériale n° 98 bordée de
cultures florissantes et d'habitations de construction récente. Le pin, qui vaut à

peine 5o centimes par pied d'arbre au centre des Maures, se vendra 2o francs et pourra s'exporter sur Marseille pour alimenter les savonneries; les morts-bois eux-mêmes seront recherchés pour les usines ou pour les fours à chaux. Le prix de l'hectare boisé éprouvera une augmentation proportionnelle, tandis qu'à l'heure présente les plus beaux massifs forestiers, lorsqu'ils sont privés de moyens de transport, valent à peine les terrains les plus dénudés situés à proximité des voies de communication. La valeur acquise par les bois de MM. Isnard et Martin de Roquebrune prouve surabondamment quel parti les propriétaires pourront tirer de la construction d'un réseau complet de routes.

M. LE MAIRE DE MONTAUROUX. La plus grande partie des produits se transporte sur essieu.

M. MARGUERY. Dans le canton d'Hyères, les routes départementales et impériales sont seules empierrées. Les trois cinquièmes des produits se transportent sur essieu, procédé qui constitue une économie des quatre cinquièmes sur le transport à dos de mulet. Il faut terminer en quatre ans les routes en construction, que l'on reliera entre elles par un réseau complet de routes forestières. On répartira la dépense entre tous les intéressés.

M. MARIN. Bien que le charroi des produits sur essieu constitue une économie de moitié sur le transport à dos de mulet, le développement des routes est si peu considérable dans la commune de Mandelieu qu'il n'y a guère qu'une centaine d'hectares de bois qui soient accessibles aux charrettes.

M. MARTEL. La viabilité est des plus insuffisantes. Aussi, faudrait-il ouvrir environ 5o kilomètres de routes, ce qui permettrait de transporter sur essieu à peu près tous les produits ligneux, système de transport qui constitue sur celui à dos de mulet une économie des deux tiers.

M. MARTIN, *ingénieur des ponts et chaussées*. Les routes servent à la fois aux transports et comme tranchées garde-feu. En 1864, partout où la partie déboisée, qui s'étend le long de la route impériale n° 98, atteint de 6o à 8o mètres de largeur, l'incendie fut arrêté. Il franchit cette barrière là où la largeur n'était plus que de 4o à 5o mètres.

M. MARTIN, *juge de paix*. La viabilité est complétement insuffisante. Il faut surtout ouvrir des routes en terrain naturel et les pousser jusqu'au cœur des massifs les plus boisés. Le prix de transport varie du simple au double, suivant qu'on emploie les bêtes de somme ou les essieux.

M. MURAIRE. C'est à peine si le vingtième des produits ligneux est transporté sur essieu; cependant, leur valeur varie du simple au double suivant que le transport a lieu sur essieu ou à dos de mulet, tandis que l'emploi de ce dernier procédé, considéré au seul point de vue des frais de transport, est trois fois plus cher que la traction sur essieu. La viabilité est des plus restreintes, et il faut nécessairement ouvrir de nouvelles routes si on veut arriver au débroussaillement des forêts.

M. PANESCORSE. Le transport à dos de mulet coûte la moitié plus que celui sur essieu. Il faut terminer en dix ans la construction des routes indispensables pour compléter la viabilité actuelle qui est insuffisante, et confier son exécution à des syndicats formés dans ce but.

M. PARDIGON. De Cannes à Hyères, en suivant le littoral, c'est à peine s'il existe un sentier battu, tandis qu'il serait de toute nécessité d'y établir des routes pour desservir tous les bois qui couvrent le versant méridional des Maures et de l'Esterel. On répartirait les frais entre tous les intéressés et on s'arrangerait de manière à terminer cette route en cinq ou six ans. Pour le moment, le transport sur essieu économise les trois cinquièmes des frais exigés par le transport à dos de mulet.

M. PELLICOT. La viabilité est complétement insuffisante. Chaque propriétaire ouvre dans ses bois des chemins d'exploitation; mais, dès que ceux-ci sont arrivés à la limite des propriétés, ils aboutissent à des chemins non classés et que personne n'entretient. Les communes devraient faire un effort pour mettre en bon état et classer comme chemins vicinaux tous ces chemins qui sont indispensables pour l'exploitation des bois. Grâce à cette mesure, les produits ligneux, morts-bois ou autres, acquerraient de la valeur, et le débroussaillement des forêts pourrait être promptement mené à bonne fin.

M. PONS-PEYRUC. C'est de la création d'un réseau complet de routes que dépend la mise en valeur de forêts appelées au plus bel avenir. Elle assurerait le débroussaillement rapide et complet des massifs boisés. Malheureusement les ressources des populations sont des plus restreintes; aussi faudrait-il, ce semble, adopter des mesures législatives analogues à celles qui ont amené la création des routes forestières de la Corse (décret du 28 mars 1852) et des chemins agricoles des Landes (loi du 19 juin 1857). En vue de ce résultat, on doit recommander à l'Administration forestière l'étude d'un réseau complet de routes destiné à ouvrir des débouchés aux produits de la région.

M. Pourrière. Dans la commune de Carnoules, tous les produits ligneux sont transportés sur essieu. Il y a environ 5 kilomètres de routes empierrées et 25 kilomètres de chemins en terrain naturel.

M. Raymond. Le littoral est complétement dépourvu de routes; aussi est-il nécessaire de construire au moins une trentaine de kilomètres pour parer aux besoins les plus urgents.

M. le marquis de Retz. Dans la commune de Bormes, presque tous les transports se font sur essieu, mais en suivant des chemins détestables. Il faudrait rectifier ou empierrer une quarantaine de kilomètres environ; il y en a déjà une trentaine d'empierrés. Du reste, le mode de transport n'influe qu'assez peu sur la valeur des produits.

M. Rey. La viabilité est infiniment trop restreinte et son amélioration contribuerait puissamment, en ouvrant des débouchés aux menus produits, à favoriser le débroussaillement. Le transport à dos de mulet coûte la moitié plus que celui sur essieu.

M. le baron Albert de Roux. Il faut améliorer l'état actuel de la viabilité, faciliter ainsi l'enlèvement des menus produits et activer par là le débroussaillement des forêts.

M. E. de Roux. Les Maures de l'arrondissement de Toulon forment un massif de 20,000 hectares, entouré de routes empierrées et pour la plupart départementales, desservant les localités de Pierrefeu, Bormes, Collobrières, Cuers, Hyères et Saint-Tropez, mais au centre duquel on ne trouve aucune voie de communication. En continuant le chemin de Borel à la Londe, le long des vallées de Largentières et Vaccon jusque dans celles de Pierrefeu et Sauvebonne, et en rétablissant l'ancien chemin de Collobrières à Hyères, on aurait deux routes se coupant au centre même des Maures, et sur lesquelles viendraient déboucher presque toutes les vallées de cette région montagneuse.

Il suffirait de tracer, au fond de chacune de ces lignes naturelles de communication, un chemin en terrain naturel, pour former un réseau complet de routes forestières indiqué par la disposition même des lieux, et parfaitement approprié aux besoins du pays. Il faudrait instituer une commission d'agents forestiers et d'agents voyers pour approfondir l'étude de ce projet et en décider la prompte exécution; car chaque année de retard peut voir éclater des incendies terribles qui détruisent, en quelques instants, des peuplements du plus bel avenir. Avec l'ouverture de ces voies nouvelles de communication, le débroussaillement gagnerait de proche en proche. Déjà les morts-bois ont disparu des forêts situées à proximité des briqueteries ou des usines de toute nature, qui utilisent ces menus produits. C'est là un fait d'expérience précieux à enregistrer, car il prouve jusqu'à l'évidence que c'est à l'absence seule des routes qu'est dû l'état fâcheux de la propriété forestière. En ce moment les transports se font le plus souvent à dos de mulet, moyen deux fois plus coûteux que la traction sur essieu.

M. DE ROUX-LARCY. En donnant de la valeur aux produits ligneux, la création des routes amène le débroussaillement. Aussi, un certain nombre de particuliers ont-ils offert de concourir par des subventions à la construction des voies nouvelles.

M. SAURIN-AUBRAN. Le plus grand nombre des usines du département se trouvent échelonnées le long de la route départementale n° 12. C'est à cette voie qu'il faut faire aboutir les chemins dont la création est urgente, et qui sont destinés à former un premier réseau que les propriétaires compléteraient ensuite, en ouvrant dans leurs bois une série de chemins en terrain naturel. Ils fourniraient en outre gratuitement le terrain pour la construction des routes du premier réseau. Les produits ligneux de toute sorte, suivant ces divers chemins, seraient ainsi transportés économiquement jusqu'aux usines qu'ils sont destinés à alimenter.

M. DE SCOLLE. Il existe environ 800 kilomètres de routes, dont 300 kilomètres empierrés et 500 en terrain naturel, dans la région des Maures et de l'Esterel. Pour compléter le réseau, il suffirait de tracer environ 200 kilomètres le long du littoral, d'Hyères à Cannes. C'est par cette route que s'écouleraient tous les produits du versant méridional de cette région. Le transport sur essieu réalise, sur celui à dos de mulet, une économie des deux tiers ou des trois quarts.

M. DE SIREGAND-LACAMPAGNE. Dans l'état actuel, la viabilité est très-insuffisante. Le meilleur moyen d'assurer le débroussaillement complet et rapide des forêts serait d'ouvrir des voies nouvelles de communication.

M. TOURNAIRE. Tous les propriétaires sont si intimement convaincus qu'on ne peut arriver au débroussaillement qu'en créant des routes, qu'ils céderaient gratuitement le terrain pour obtenir l'établissement de voies nouvelles.

M. VIDAL. Il faut commencer par établir un réseau de routes empierrées, que les propriétaires compléteront ensuite, en ouvrant des chemins en terrain naturel.

Par la création de nouveaux débouchés, on donnera de la valeur aux produits ligneux ; les populations, attirées par la perspective de trouver du travail, se fixeront au milieu des bois ; les terrains susceptibles de culture seront défrichés, et peu à peu on verra se former de nouveaux centres de population.

M. le marquis DE VILLENEUVE-BARGEMON (Raymond). A dos de mulet, le transport des produits ligneux coûte six fois plus que la traction sur essieu.

M. X....., à Montauroux. Il serait bon d'avoir des tranchées entretenues à frais communs par les intéressés, et qui pourraient servir au transport des produits, tout en faisant l'effet de tranchées garde-feu.

LA SOCIÉTÉ FORESTIÈRE DES MAURES. Dans les communes d'Hyères, de la Crau et de Bormes, la moitié environ des produits se transporte sur essieu. Le transport à dos de mulet est si dispendieux que l'on n'emploie ce procédé que pour les liéges, produits beaucoup moins encombrants et moins lourds que ceux qui sont en général fournis par les forêts. Les autres routes empierrées qui sillonnent cette région sont les routes départementales et communales ; les chemins en terrain naturel sont nombreux, mais si mal entretenus, que c'est à grand'peine si les charrettes peuvent y passer. Il faut créer un réseau complet de routes forestières reliées entre elles par des coupures. Les particuliers donneraient gratuitement le terrain et fourniraient même des subventions importantes ; mais l'État devrait prendre l'initiative de cette mesure, et faire la principale dépense. Il rentrerait plus tard dans ses avances, car il en résulterait une plus-value énorme pour la propriété boisée, plus-value qui aurait pour résultat une augmentation considérable des droits de mutation. Ce serait donc une dépense essentiellement productive. Il faudrait terminer le réseau en cinq ans.

19.

§ 5.

DÉBROUSSAILLEMENT. — CULTURES TEMPORAIRES. — CONCESSIONS DE MENUS PRODUITS
DANS LES FORÊTS COMMUNALES ET DOMANIALES. — CHÈVRES.

M. D'AGAY. Il faut faciliter le débroussaillement par tous les moyens possibles et surtout par la construction de routes nouvelles.

M. AUBE. Des trois procédés de nettoiement employés dans la région, le débroussaillement avec extraction de souches est le plus onéreux, mais il est aussi le plus radical, et c'est celui qui offre le moins d'inconvénients. On l'emploie surtout dans les massifs de chêne liége, où il coûte de 90 à 110 francs par hectare. On n'est obligé de revenir sur un même point que tous les quinze ans.

Les écobuages sont à la vérité très-économiques, mais ils se pratiquent en juillet, avant la saison des pluies, et créent un danger permanent pour l'existence des forêts, au point de vue des incendies. Il serait bon, pour hâter le débroussaillement, de permettre aux populations de ramasser dans les forêts les morts-bois et les feuilles sèches.

M. AUMÉRAN (Louis). Le débroussaillement est le seul procédé de préservation efficace. Malheureusement il dénude le sol et expose les pentes aux érosions causées par les pluies d'automne. C'est pour obvier à cet inconvénient que le déposant ne débroussaille ses forêts qu'à demi, respectant les cistes, essence moins combustible que les bruyères. On peut aussi tracer des rigoles horizontales assez rapprochées pour retenir les eaux et l'humus qu'elles entraînent. En empêchant le ravinement, elles facilitent le reboisement des pentes, mais leur établissement coûte fort cher. En brûlant en été, ainsi qu'on le fait généralement, les bruyères coupées dans les nettoiements, on perd la majeure partie des cendres que le vent disperse ou que les pluies entraînent. Pour parer à cet inconvénient, on pourrait ne mettre le feu à ces morts-bois qu'au moment des semailles et enfouir les cendres dans le sol en labourant la terre pour déposer les semences. Quoi qu'il en soit, le débroussaillement appauvrit toujours le sol, et c'est à cet usage général qu'il faut attribuer la diminution de rendement du liége et la mauvaise qualité des produits.

M. AURRAN (Eugène). Le débroussaillement est un procédé radical pour mettre les forêts à l'abri des intendies. On brûle en hiver les morts-bois que l'on a arrachés.

M. Aurran (Raymond). Le débroussaillement se compose de trois opérations successives : 1° la taillade qui consiste à couper les morts-bois que l'on met en tas pour les brûler : prix : 40 francs par hectare ; 2° le dessouchement ou extraction de souches : prix : 80 francs par hectare ; 3° le repassage pour faire disparaître le jeune recru, opération qui a lieu trois ou quatre ans après le dessouchement : 40 francs par hectare. Prix total du nettoiement : 160 francs par hectare. Ce moyen est radical, mais expose le sol sans défense aux érosions des pluies. Pour parer à cet inconvénient, on trace sur les pentes tous les 10 ou 20 mètres des rigoles horizontales destinées à retenir les eaux et à prévenir la dénudation des racines. Il faut tendre à substituer le chêne liége au pin et créer des primes en faveur des débroussaillements, et pour encourager l'emploi des meilleurs procédés d'exploitation. Il est en général avantageux de ne pas faire exécuter les travaux à prix fait.

M. Ayrille. Toutes les forêts sont débroussaillées. Le nettoiement est un remède des plus efficaces.

M. Azan. Dans les forêts de liége d'Hyères, où cette essence existe presque seule, on n'emploie qu'un seul procédé de nettoiement, le débroussaillement avec extraction de souches. C'est ainsi qu'on a pu depuis dix ans éviter les incendies.

M. le comte de Beauregard. La majeure partie des massifs de liége est débroussaillée. Cette opération revient à 35 francs l'hectare, et à 70 francs si on extrait les souches ; mais, dans l'un et l'autre cas, on dénude presque complétement le sol.

M. Bérenguier, à Pignans. Dirigé avec économie en logeant les ouvriers sur place, le débroussaillement, si utile pour préserver les forêts des incendies, revient à 50 francs l'hectare. On fait, dans les parties clairiérées des forêts, des cultures temporaires durant deux ans ; après quoi les bonnes essences reparaissent d'elles-mêmes.

M. Bérenguier, *maire de Fréjus*. On applique le débroussaillement aux massifs de chêne liége, et aux pieds de liéges isolés dans les pineraies, pour les séparer du reste du peuplement et faciliter l'emploi du petit feu. Ce préservatif est si efficace que les forêts débroussaillées s'assurent avec une prime de 7 francs seulement pour un capital de 1,000 francs. Les chèvres, si dangereuses dans les jeunes peuplements de feuillus, ne nuisent pas aux pineraies si elles sont en nombre restreint. Aussi devrait-on permettre leur parcours dans les forêts, et donner en même temps aux populations la faculté de placer des ruches à miel dans les bois communaux et domaniaux, et d'y ramasser gratuitement les menus produits.

M. BERNARD. Les débroussaillements sont employés avec beaucoup de succès depuis quelques années et coûtent de 50 à 100 francs l'hectare. Les repassages, qui deviennent nécessaires après l'opération, coûtent de 5 à 10 francs par an. On peut employer les cistes pour confectionner des engrais. Il serait enfin à souhaiter que l'État et les communes donnassent l'exemple des nettoiements dans leurs forêts.

M. BORNIOL. Il faudrait concéder à titre gratuit ou onéreux (redevances acquittées soit en argent, soit par des journées de prestation) les menus produits : feuilles sèches, morts-bois, bois gisants et à demi consumés à la suite des incendies, pierres et sable pour les constructions. L'extraction se ferait sous la surveillance des gardes forestiers, et les populations trouveraient là de grandes ressources pour la nourriture de leurs bestiaux ou la fabrication des engrais. Enfin l'Administration forestière arriverait ainsi à se concilier leurs sympathies.

Il faudrait également permettre l'introduction en forêt des bestiaux de toutes sortes, des moutons et même des chèvres, qui sont vraiment utiles dans les bois, en rendant peu combustibles les feuilles de pin qu'elles mêlent avec la terre par le piétinement.

Les bergers deviendraient en outre des gardiens vigilants, toujours prêts à éteindre le feu lorsqu'il éclaterait.

M. BOUIS. Le nettoiement est très-onéreux pour les grands propriétaires; car ils ne peuvent, à l'exemple de ceux qui ne possèdent que quelques hectares de bois, employer aux usages domestiques tous les morts-bois provenant de leurs forêts.

M. DE BOUTINY. On emploie avec succès les nettoiements avec arrachage de souches. On brûle les morts-bois en hiver, et l'opération ainsi conduite revient à 60 francs l'hectare.

M. le docteur Boyer. Le nettoiement avec extraction de souches est le seul procédé radical; mais le plus souvent on écobue, car c'est le seul moyen d'arriver à un débroussaillement rapide et économique.

M. Carbonel. Il est urgent de débroussailler les forêts. Pour intéresser les populations à leur conservation, il faut leur concéder l'enlèvement gratuit des menus produits dans les bois communaux et domaniaux; leur permettre d'y élever des abeilles en y plaçant des ruches; enfin leur rendre la jouissance des droits d'usage qui leur a été enlevée par la loi de 1827. Elles exerceront alors une surveillance efficace sur les forêts, et s'empresseront de courir au feu si des incendies viennent à éclater.

M. Chabert. Le débroussaillement est un moyen de préservation assez généralement employé. Il serait bon de faire des cultures temporaires pour utiliser les tranchées où les arbres sont clair-semés. Enfin, en permettant l'enlèvement gratuit des menus produits, l'Administration forestière atteindrait le double but de se concilier les sympathies des populations, et de débarrasser les forêts d'un amas de combustibles dangereux. Le débroussaillement avec extraction de souches est préférable au nettoiement suivi d'incinération.

M. Chappon. Le débroussaillement, que l'on pratique le plus généralement en hiver, constitue le meilleur moyen de préservation que l'on connaisse contre l'incendie.

M. le docteur Christine. On traite, en général, les massifs de liége par le débroussaillement avec extraction de souches. L'opération est renouvelée cinq ans après, et une végétation composée de cistes, plante assez peu combustible, remplace alors les bruyères. Bien que l'absence totale de valeur des morts-bois rende le débroussaillement difficile, l'initiative individuelle aura cependant bientôt surmonté cet obstacle.

M. le comte de Colbert-Turgis. Le débroussaillement avec extraction de souches est une opération coûteuse que l'on ne peut pratiquer que dans les localités où l'on trouve à la fois des ouvriers, et un écoulement pour les produits.

Faute de mieux, il faut se rejeter sur les écobuages qui fournissent aux populations des récoltes abondantes, et mettent pour l'avenir les forêts à l'abri du feu en faisant disparaître les morts-bois.

M. COLLE. Il faut brûler les morts-bois sur place et cultiver le terrain après cette opération ; enfin faciliter les écobuages, malgré les inconvénients qu'ils entraînent avec eux. C'est une erreur de croire que les chèvres empêchent dans les forêts les morts-bois de repousser en broutant leurs jeunes pousses ; leur introduction dans les bois ne peut qu'être nuisible.

M. COULLET. On ne peut que conseiller la généralisation du débroussaillement, surtout dans les forêts où les morts-bois sont très-serrés. Il faudrait rendre aux populations la jouissance de leurs droits d'usage, notamment celui du parcours des bestiaux. On se concilierait ainsi leurs sympathies par des concessions peu nuisibles aux forêts. Il serait aussi à désirer que l'on nettoyât exactement le parterre des coupes après chaque exploitation.

M. le président COULOMB. Les bois débroussaillés sont à l'abri du feu ; aussi les écobuages sont-ils utiles pour nettoyer les forêts ; mais pendant l'été ils sont dangereux à cause des incendies. Il faut donc ne les pratiquer qu'après le mois de septembre.

M. le docteur DAVIN. Il y a trois manières d'écobuer : 1° le fourneau ou mise en meule des menus produits, que l'on recouvre de terre et que l'on brûle après cette opération : ce procédé exige un sol relativement profond pour trouver la couverture de terre nécessaire ; 2° la voûte ou formation de longs dos d'âne, qui exigent une moins grande quantité de terre pour les recouvrir ; 3° le brûlis, combustion en plein air, procédé très-dangereux et en même temps peu utile, parce que le vent disperse les cendres, et que la terre n'est pas suffisamment calcinée. Par cette calcination, l'écobuage rend assimilables une foule de sels et active ainsi la végétation. Toutefois, chacune de ces opérations offre de grands inconvénients. L'écobueur respecte rarement, lorsqu'il cultive le sol la seconde année, les jeunes plants qui repoussent ; il abat en outre le plus d'arbres possible pour former des *routes* ou *secquières,* et en cela il a pour but d'empêcher la forêt de se reconstituer, et de se réserver ainsi du travail pour l'avenir. Les brûlis, enfin, sont funestes aux arbres réservés que la chaleur fait quelquefois périr, tandis qu'il est au contraire facile de modérer ou d'activer la combustion des secquières en bouchant plus ou moins les évents qui se forment dans la croûte de terre dont sont revêtues les voûtes. Cette croûte empêche en outre le vent d'emporter des flammèches et d'allumer des incendies comme dans les brûlis. Malheureusement, les écobuages, répétés par les propriétaires pour se procurer des revenus immédiats, ruinent le sol et amènent la destruction des forêts. Le débroussaillement complet appauvrit le sol en le dénudant, et on est conduit par là à ne pratiquer qu'un demi-débroussaillement, suffisant pour prévenir les incendies et hâter la croissance des jeunes chênes liéges en les isolant, mais qui, en même temps, conserve un couvert utile au sol. Il faudrait enfin, tout en proscrivant le parcours des chèvres, permettre l'enlèvement des menus produits qui fournissent aux populations des ressources précieuses.

M. Decroix. Le débroussaillement est un préservatif efficace.

M. le comte de Drée. Le meilleur procédé de préservation est sans contredit le débroussaillement. Quant à l'écobuage, il ruine les sols en pente, et devrait y être sévèrement interdit.

M. Étienne. Le nettoiement avec écobuage est le seul préservatif sérieux à employer dans les pineraies.

M. Fauche. Le débroussaillement étant un remède dont l'efficacité est incontestée, il faut le rendre obligatoire et en prescrire l'exécution dans un délai de cinq ans.

M. Féraud. L'usage du débroussaillement est très-répandu. Il faudrait le rendre obligatoire et contraindre les propriétaires à laisser ramasser gratuitement les morts-bois et les feuilles mortes dans leurs forêts.

M. de Fonscolombe. Les cultures temporaires, pratiquées de tout temps dans les Maures, ont été le seul moyen d'existence de ces populations jusqu'au jour où l'éducation du liége s'est introduite dans le pays. Autrefois, cependant, on écobuait sans dessouchement, tandis qu'aujourd'hui on enlève toutes les souches, à l'exception de celles du liége. Ce procédé amène peu à peu la disparition du pin auquel se substitue le liége, dont les écobuages favorisent la végétation en détruisant toute autre essence autour des jeunes rejets qui ont ainsi en abondance l'air et la lumière, et en rajeunissant les vieilles souches, dont la surface seule est brûlée, tandis que les racines, demeurées intactes, donnent des drageons abondants. Aussi onze communes, qui forment à proprement parler le cœur de la région boisée des Maures, demandent-elles que la pratique de l'écobuage soit conservée, tout en la réglementant. L'écobuage est, on peut le dire, une nécessité pour les petits propriétaires des Maures. Ce procédé de culture permet de produire le blé à bon marché, et de débarrasser en même temps les forêts à peu de frais de tous les morts-bois, dont l'enlèvement par voie de nettoiement coûterait au moins 70 francs l'hectare. Cette dépense est telle que les grands propriétaires seuls pourraient entreprendre cette opération dans l'état actuel de la viabilité. Conduits avec prudence, les écobuages, surtout ceux à feux couverts, n'offrent que peu de dangers au point de vue des incendies, et cette pratique est si générale, que les arrêtés préfectoraux qui l'interdisaient pendant l'été sont demeurés, dans les Maures, à l'état de lettre morte jusqu'à ce jour. La prohibition de cette opération apporterait en outre le plus grand trouble dans le système des fermages basés presque tous sur la faculté d'écobuer. En effet, l'écobuage pratiqué en été peut seul donner au sol forestier l'excitant nécessaire pour lui faire produire des céréales, et il est en outre impossible de fixer à l'avance une époque déterminée pour l'ouverture ou la fermeture de cette opération, car les sécheresses ou les pluies peuvent, suivant les années, être ou plus hâtives, ou au contraire plus tardives. L'écobuage est en outre le seul moyen pratique et économique d'introduire le chêne liége dans la région. C'est à cette pratique que les environs d'Hyères doivent les beaux massifs de cette essence qui en font la richesse. Placées près des centres de consommation, à portée de la main-d'œuvre, ces forêts peuvent être traitées par la méthode du débroussaillement; mais l'emploi de ce procédé est impossible au centre des Maures où tout fait défaut, bras et débouchés; où il faut en définitive brûler les morts-bois pour s'en débarrasser.

M. DE FONTMICHEL, Il faut obliger les communes à aliéner la moitié de leurs bois pour appliquer le produit de ces ventes à écobuer l'autre moitié.

M. FOURNIÀL. Il faut employer, pendant l'hiver, les gardes forestiers au débroussaillement et permettre l'enlèvement gratuit des menus produits.

M. GENDARME DE BÉVOLTE. Le débroussaillement est un préservatif efficace contre les incendies.

M. GENSOLLEN. Il faut débroussailler tous les bois de la région.

M. GEORGES. Le nettoiement des forêts est un résultat que l'on désire vivement. Pour l'atteindre, il faut permettre l'enlèvement gratuit des morts-bois et des feuilles sèches, mesure qui aura l'avantage de concilier à l'Administration forestière les sympathies des populations, tout en faisant disparaître du sol les amas de morts-bois, si dangereux au point de vue des incendies. Il faudrait compléter la mesure en tolérant l'introduction des ruches à miel en forêt et en permettant les écobuages, dont on n'interdirait la pratique que pendant les mois les plus chauds, de juin à novembre.

Mme GRIMES (Élisée). Bien que Mme Grimes considère le débroussaillement des bois comme un remède insuffisant contre le mal, elle a cependant fait nettoyer sa propriété sur une étendue de 450 hectares.

M. GROGNIER. Il est indispensable de débroussailler les forêts de liège, malgré le prix élevé de l'opération qui revient à 120 ou 150 francs l'hectare. Le transport sur essieu diminuerait, il est vrai, de moitié les frais. Il faut y revenir sept ou huit ans après ; mais la dépense est alors diminuée d'un tiers ou d'un quart.

M. GUÉRIN. Les forêts bien nettoyées sont à l'abri du feu. Cette opération est malheureusement coûteuse (de 50 à 100 francs l'hectare); aussi faudrait-il donner des primes pour encourager les propriétaires à entrer dans cette voie. On devrait enfin tolérer l'enlèvement gratuit des menus produits dans les forêts communales et domaniales.

M. HONNORATY. Un quart environ de la surface boisée est débroussaillé ; et, si les bois particuliers sont à cet égard en assez bon état, la forêt domaniale de Bormes laisse fort à désirer.

M. le baron ISNARD. Les bois non débroussaillés sont presque sans valeur ; le nettoiement fait disparaître tout danger d'incendie.

M. JAUBERT. Le débroussaillement est une opération utile, surtout lorsqu'on la complète par l'opération du petit feu. L'enlèvement des menus produits a le grand inconvénient d'appauvrir le sol. Quant aux chèvres, on peut dire qu'elles ne sont qu'utiles dans les pineraies où elles broutent les morts-bois et mêlent par leur piétinement la litière au sol. Il faudrait, pour encourager le débroussaillement, créer des primes de 10 francs par hectare débroussaillé.

20.

M. DE LACOUTURE. Le débroussaillement est surtout appliqué aux massifs de liége dont il hâte la croissance et favorise la végétation, mais c'est un procédé fort onéreux. Aussi peut-on, sur les pentes peu rapides, le remplacer par les écobuages, qui fournissent aux populations des ressources précieuses. Il faudrait accorder des primes au débroussaillement et tolérer l'introduction des chèvres en forêt, où elles empêchent la trop grande multiplication des morts-bois.

M. LAMAT. Le débroussaillement est en résumé une opération des plus utiles.

M. LAMBOT-MIRAVAL. Il faudrait persuader aux populations que les écobuages pratiqués sur des pentes rapides ravinent le sol.

M. LAUGIER. Malgré le prix élevé de l'opération, 60 à 80 francs l'hectare, le débroussaillement se généralise. Il faut cependant y revenir à plusieurs fois, car les cistes ne tardent pas à se substituer aux bruyères. Cette plante est moins combustible que la dernière, et en la faisant complétement disparaître on s'expose au danger de dénuder le sol.

M. LAVAGNE. Le débroussaillement est un moyen efficace de mettre les forêts à l'abri des incendies.

M. DE LÉOUBE. Il faut débroussailler, soit d'une manière complète, soit, si cette opération est trop coûteuse, partiellement et par grandes tranchées.

M. MAILLE. Le débroussaillement, dont les effets seraient si féconds, ne pourra s'entreprendre sur une vaste échelle que le jour où le pays sera pourvu d'un réseau complet de routes. Il faudrait, en attendant, permettre aux populations d'enlever les menus produits gratuitement et de placer des ruches en forêt.

M. LE MAIRE DES ADRETS-DE-MONTAUROUX. On met, en débroussaillant, les forêts à l'abri de l'incendie, mais, jusqu'à présent, il n'y a de débroussaillées que les forêts dans lesquelles l'écobuage se pratique. Il faudrait tolérer l'introduction des chèvres en forêt. Ces animaux, en mêlant par leur piétinement les feuilles de pin à la terre, rendent cette litière presque incombustible.

M. LE MAIRE DE MONTAUROUX. Il faudrait permettre l'introduction des chèvres en forêt et rendre aux populations leurs anciens droits d'usage.

M. MARGUERY. Le débroussaillement est un procédé excellent pour mettre les forêts à l'abri du danger des incendies.

M. Marin. Il faudrait établir des primes de débroussaillement, car c'est le seul remède efficace contre les incendies.

M. Martel. Les nettoiements sont l'unique moyen de mettre les forêts à l'abri du feu.

M. Martin, *juge de paix*. Le prix du débroussaillement est assez élevé. L'opération revient de 60 à 80 francs l'hectare; mais il n'y a guère que ce procédé pour combattre les incendies avec quelque succès.

M. Muraire. Le débroussaillement est un procédé trop onéreux pour qu'il soit d'un usage général; il coûte de 80 à 100 francs l'hectare.

M. de Musset. Le débroussaillement est fort utile au point de vue des incendies, mais fort coûteux.

M. Pardigon. Le débroussaillement est un moyen de mettre les bois à l'abri du feu.

M. Pascal. Il faut défendre l'introduction des chèvres en forêt.

M. Pellicot. Dans l'état actuel de la viabilité, le débroussaillement est fort onéreux. Il dénude le sol que les pluies torrentielles de l'automne ravinent profondément, et qui perd peu à peu toute sa terre végétale. Il en est de même des écobuages, qui donnent des produits utiles, mais ruinent en même temps le sol. On attribue aux nettoiements la maladie qui ravage en ce moment les liéges.

M. Pourrière. Le débroussaillement est le meilleur préservatif contre les incendies.

M. Raymond. Le déposant constate que le débroussaillement est jusqu'à présent le procédé le plus radical pour soustraire les bois aux chances d'incendie; aussi propose-t-il de rendre obligatoire le débroussaillement par grandes tranchées. C'est une opération qui coûte 100 francs l'hectare la première année, 25 francs la seconde. Les années suivantes, les frais d'entretien sont insignifiants. Quant à l'écobuage, c'est un défrichement déguisé qui amène la ruine du sol forestier.

M. le marquis DE RETZ. Le débroussaillement est un préservatif à peu près radical contre les incendies.

M. REY. Avec l'insuffisance actuelle des moyens de transport, le débroussaillement est une opération des plus onéreuses. C'est cependant le seul moyen radical de soustraire les bois aux chances d'incendie. La dépense est de 30 à 90 francs l'hectare. Il faudrait permettre aux populations de ramasser gratuitement les menus produits pour en débarrasser le sol des forêts.

M. le baron DE ROUX (Albert). Le débroussaillement est un moyen de préservation à peu près radical contre les incendies.

M. E. DE ROUX. A mesure que l'on ouvrira de nouvelles routes, le débroussaillement prendra de plus en plus d'extension.

M. DE ROUX-LARCY. Le débroussaillement est sans doute onéreux, mais c'est une opération indispensable pour mettre les bois à l'abri des incendies. Il offre d'ailleurs cet avantage d'amener naturellement la substitution du liége au pin. Le déposant entretient de quarante à cinquante ouvriers par an dans ses bois, occupés exclusivement à ce travail.

M. SAURIN-AURRAN. Il faut débroussailler pour préserver les bois des incendies, et surtout supprimer le pin partout où on le rencontre en mélange avec le liége.

M. DE SCOLLE. On procède de deux manières au débroussaillement : soit en extrayant les souches, soit en se contentant de couper les morts-bois que l'on brûle ensuite. Aux yeux du déposant, cette opération est si essentielle qu'il propose de la rendre obligatoire dans un certain délai. L'autorisation d'enlever gratuitement les menus produits, dans les forêts soumises au régime forestier, et l'abrogation de l'article 144 du Code forestier sont encore des moyens indirects et qu'il serait bon d'employer pour arriver à ce but. La forêt domaniale du Dom-de-Bormes était autrefois parfaitement nettoyée, grâce aux écobuages, à l'extraction des souches de bruyères et à l'enlèvement des menus produits que pratiquaient des familles de bûcherons fixées au milieu des bois. L'écobuage leur fournissait le blé nécessaire à leur subsistance, l'extraction des souches alimentait la fabrication des pipes à laquelle ils se livraient; enfin les menus produits servaient à leurs besoins domestiques. Depuis que ces familles ont été expulsées de la forêt, les morts-bois s'y sont multipliés au point d'en faire un foyer d'incendie dangereux pour les massifs boisés voisins.

M. Tourniaire. Il faudrait permettre l'enlèvement gratuit des morts-bois et l'introduction des chèvres en forêt pour se concilier les sympathies des populations. Loin d'être nuisible aux peuplements, le parcours des chèvres ne peut que leur être utile. Ces animaux, brisant et mêlant à la terre les feuilles de pin avec leurs pieds, les rendent beaucoup moins combustibles. Aussi un des grands propriétaires du pays, dont les forêts sont entretenues avec le plus grand soin, a-t-il toujours toléré les chèvres dans ses forêts.

M. Vidal. Le débroussaillement est le but vers lequel doivent tendre tous les efforts ; il faut accorder des primes pour l'encourager, et que l'État donne l'exemple de cette pratique. Quant à l'écobuage, s'il est bon en principe, puisqu'il contribue au nettoiement, il faut cependant le réglementer avec sévérité pour qu'il ne détermine pas de terribles incendies, ainsi que cela arrive trop souvent.

M. le marquis de Villeneuve-Bargemon. Le débroussaillement, dont l'idée est excellente en théorie, n'est pas applicable dans la pratique à cause du prix exagéré de la main-d'œuvre. Toutefois, on peut arriver partiellement à ce résultat en permettant l'enlèvement gratuit des menus produits dans les forêts. C'est cette mesure que le déposant a adoptée pour ses bois. En revanche, il interdit sévèrement le parcours des chèvres qu'il considère comme étant très-nuisible à la végétation forestière.

M. X..., à Montauroux. Il faut permettre l'introduction des chèvres dans les forêts. En broutant les jeunes pousses des morts-bois, elles en arrêtent la croissance, tandis qu'avec leurs pieds elles brisent les feuilles de pin, les mêlent à la terre et les rendent ainsi presque incombustibles. Ce serait, d'ailleurs, créer pour les propriétaires une source abondante de revenus et satisfaire un des vœux les plus ardents des populations.

La Société forestière des Maures. On pratique en général les écobuages au cœur de l'été, afin d'avoir le temps de briser avant les semailles les mottes d'argile durcies et presque cuites par l'action du feu. Cette opération, inoffensive si elle avait lieu à une époque où la sécheresse est moins forte, n'est surtout dangereuse pour les bois qu'à cause de la saison pendant laquelle on la pratique. Cet inconvénient n'est pas cependant le seul qu'elle présente. Sur les pentes, et suivis de culture temporaire, les écobuages amènent presque infailliblement la ruine du sol forestier. La terre remuée par le labour n'a plus assez de cohésion pour résister aux ravinements ; elle est entraînée par les eaux pluviales sur le flanc des montagnes, et il ne reste bientôt plus que la roche nue. Aussi, si l'on doit tolérer ces cultures temporaires dans les plaines, en y apportant les précautions que la prudence commande, il faudrait les proscrire sur les terrains inclinés. Le débroussaillement peut coûter de 5o à 15o francs, suivant les conditions dans lesquelles on se trouve placé. C'est un travail qu'il ne faut pas confier à des concessionnaires. Pour qu'il soit bien exécuté, on doit le faire faire par des ouvriers à gages. Il arrive le plus souvent que l'on coupe les genêts à l'époque où leurs graines sont arrivées à maturité. C'est là une pratique essentiellement vicieuse; car, secouées par la main de l'ouvrier sur un sol ameubli par l'extraction des souches, ces graines ne peuvent manquer de germer l'année suivante. Pour parer à cet inconvénient, on effectuera l'opération en deux ans ; la première année on coupera les morts-bois et on n'extraira les souches que l'année suivante. On peut encore, pour éviter une perte de temps, opérer lorsque les genêts sont en fleur. Les débroussaillements ne doivent pas être rendus obligatoires ; mais, en revanche, il faudrait permettre l'enlèvement gratuit des morts-bois, et surtout des cistes que l'on convertit en engrais, pratique dont l'usage est malheureusement trop restreint. Le Gouvernement devrait enfin donner pour le débroussaillement des subventions analogues à celles qui sont distribuées pour encourager le reboisement.

§ 6.

NETTOIEMENT PAR LE PETIT FEU.

M. AUBE. Le petit feu s'emploie surtout dans les pineraies. Ce procédé est peu coûteux ; toutefois il faut repasser sur le même point tous les sept ou huit ans, car les morts-bois, dont la végétation est activée par les cendres provenant de la combustion, repoussent avec la plus grande rapidité.

M. BÉRENGUIER, *maire de Fréjus.* Le petit feu est employé dans les pineraies d'un certain âge et dans les massifs mélangés de pin et de chêne liége. Mais il faut isoler ces derniers par des nettoiements partiels pour préserver leur écorce des atteintes du feu. On pratique aussi des tranchées autour des jeunes semis pour les séparer du reste du massif, et il est même bon d'attendre l'âge des premières éclaircies avant d'employer le petit feu. Le déposant traite par ce procédé plus de 6,000 hectares de bois. Il est obligé de diriger l'opération avec la plus grande prudence.

M. Bernard. Le petit feu est une précaution utile à employer pour préserver des incendies.

M. Bonfils. On emploie le petit feu avec succès pour prévenir les incendies.

M. Bouis. Si le petit feu est un procédé efficace contre les incendies, il n'est pas radical, car avec un vent violent, le feu peut se propager dans une forêt nettoyée par les cimes des pins. Le déposant traite par ce moyen 2,000 hectares de bois. Le prix de l'opération s'élève en moyenne à 50 centimes par hectare.

M. Carbonel. Il faut généraliser l'emploi du petit feu.

M. Chabert. Le petit feu est un excellent moyen de préservation.

M. le docteur Christine. Dans les pineraies, on commence par couper les bruyères et les brûler en tas, puis on repasse le petit feu tous les deux ou trois ans pour brûler le jeune recru, en ayant soin toutefois d'élaguer les branches basses qui pourraient communiquer le feu aux arbres. Ceux-ci retrouvent dans les cendres l'engrais qu'ils eussent reçu sous forme d'humus si on n'avait pas brûlé les morts-bois. La première opération revient à 40 ou 50 francs l'hectare, et le petit feu à 50 centimes.

M. Colle. Le petit feu est très-employé et très-utile.

M. Coullet. Le petit feu est d'un emploi peu coûteux. C'est une méthode qu'il faut généraliser, surtout dans les forêts où les morts-bois sont clair-semés.

M. le président Coulomb. La pratique du petit feu est excellente, surtout en hiver, du mois de novembre à celui d'avril ; mais elle offre quelques dangers pour les jeunes peuplements de pin.

M. le comte de Drée. Pour que le petit feu n'ait pas d'inconvénient, il ne faut pas l'employer dans les pineraies avant que le peuplement ait au moins vingt ans.

M. Fauche. Le petit feu est employé avec succès.

M. de Fonscolombe. Le petit feu constitue un moyen de préservation efficace contre le danger des incendies.

M. de Fontmichel. Le petit feu est très-utile, mais il est en même temps très-coûteux et détruit souvent complétement les jeunes semis de pin.

M. Gendarme de Bévolte. Il faut employer le petit feu dans les peuplements âgés de plus de vingt ans.

M. Georges. Le petit feu permet de débroussailler économiquement les forêts; aussi est-ce une opération qu'il ne faut pas négliger de pratiquer.

M. Grognier. L'usage du petit feu est très-répandu à Collobrières. Il faut le généraliser dans les pineraies âgées de plus de quinze ans, et il serait à désirer qu'avant un an toutes les forêts fussent traitées par ce procédé, dont le prix varie entre 3o et 4o centimes l'hectare.

M. Guérin. Le petit feu est un excellent procédé de nettoiement. Il n'est pas assez répandu.

Le petit feu ne détruisant que la partie aérienne du végétal, il est nécessaire de revenir fréquemment sur le même point, pour détruire les rejets de souche.

M. le baron Isnard. Le petit feu se pratique en général dans les pineraies. C'est un procédé économique, mais dont il faut surveiller l'emploi avec la plus grande vigilance. C'est en hiver que se fait l'opération, car, au printemps, l'abondance de la séve rend les pins trop combustibles. On commence par isoler, au moyen de tranchées, les jeunes semis de pin que l'on veut respecter; on prend les mêmes précautions à l'égard des jeunes peuplements trop mélangés de morts-bois pour que l'emploi du petit feu n'y soit pas sans danger. Dans de pareils massifs, il faut opérer avec un surcroît de précautions. Les ouvriers, munis de poignées de feuilles mortes enflammées, allument le feu sur un grand nombre de points à la fois et surveillent chacun de ces petits foyers avec assez de soin pour empêcher les flammes de se communiquer des morts-bois aux jeunes pins. Quelque précaution que l'on prenne, on ne peut pas cependant éviter qu'il ne se produise de temps à autre des coups de feu, ou, en d'autres termes, que les flammes ne gagnent les pins eux-mêmes. C'est alors que se manifeste l'utilité des tranchées, car, circonscrit de toutes parts, cet incendie partiel ne peut causer des ravages sérieux. Enfin, dans les peuplements plus âgés, on s'abstient d'employer des précautions aussi minutieuses : on se borne à diriger le petit feu contre le vent et du haut en bas des pentes. Le déposant traite par ce procédé environ 1,200 hectares de bois.

M. Jaubert. Le petit feu par lequel on traite en général les pineraies est passé à des intervalles qui varient de deux à cinq ans. Il faut avoir la précaution d'isoler les jeunes semis au moyen de tranchées.

M. Jean. Le petit feu est un excellent procédé de nettoiement. On devrait contraindre les propriétaires à le pratiquer tous les deux ans.

M. de Lacouture. Le petit feu a le grave inconvénient d'empêcher le repeuplement naturel des pineraies.

M. Lambot-Miraval. Si le petit feu est un procédé de nettoiement économique, il a le grand inconvénient de brûler l'humus destiné à fournir au sol un engrais précieux et à y maintenir la fraîcheur et l'humidité. Les cendres résultant de la combustion sont sans profit pour la végétation, car, le plus souvent, le vent et la pluie les dispersent au loin.

M. Latour. On ne peut que conseiller l'emploi du petit feu.

M. de Léoube. Le petit feu ne doit être employé que dans les peuplements assez complets pour qu'on puisse sacrifier impunément les jeunes semis. C'est, au reste, un procédé économique et qui rend de grands services.

M. le Maire des Adrets-de-Montauroux. L'emploi du petit feu est un moyen de préservation excellent pour mettre les forêts à l'abri du feu.

M. Marin. Il faudrait donner des primes pour vulgariser l'emploi du petit feu.

M. Martin, *juge de paix*. Le petit feu, qui est très-employé en hiver dans les pineraies, empêche malheureusement le gemmage des pins et détruit les jeunes semis.

M. de More. C'est le déposant qui a introduit le premier dans la région l'usage du petit feu. Son exemple a été suivi par ses voisins, qui n'ont eu qu'à se louer de l'emploi de ce procédé de nettoiement.

M. Muraire. Grâce à la faible dépense qu'il nécessite, le petit feu est un procédé de nettoiement fort employé.

21.

M. Ollivier. On ne saurait trop recommander l'usage du petit feu.

M. Panescorse. Le petit feu s'emploie l'hiver. Ce procédé est fort utile dans les pineraies.

M. Pascal. Il faut passer le petit feu pendant l'hiver.

M. le premier président Poulle. C'est grâce à l'emploi du petit feu dans les pineraies que les incendies ont à peu près disparu. Dans les massifs de liége, cette méthode n'est pas applicable : le feu ne trouverait pas dans ces peuplements l'aliment que lui fournissent les feuilles desséchées du pin, et il risquerait, en outre, d'endommager l'écorce des jeunes liéges.

M. Pourrière. On traite par le petit feu un grand nombre de forêts particulières et communales.

M. Rey. On emploie surtout le petit feu pour détruire les jeunes pousses qui se développent après un premier nettoiement. Ce procédé est d'ailleurs très-économique.

M. de Scolle. Le petit feu est une méthode de nettoiement très-employée.

M. Tourniaire. Il faut généraliser l'emploi du petit feu pendant l'hiver.

M. Vidal. Le petit feu est avantageux, surtout lorsqu'on l'emploie l'hiver et dans des peuplements de pins assez âgés pour qu'on puisse sacrifier les jeunes semis. Dans les massifs de liége, l'opération peut être dangereuse pour les jeunes chênes, dont le feu risquerait d'endommager l'écorce. Il brûlerait d'ailleurs difficilement, faute de feuilles sèches pour l'alimenter. L'Administration forestière devrait former des ouvriers expérimentés dans ce genre de travail, qu'elle mettrait à la disposition des particuliers, pour les employer dans leurs bois.

M. le marquis de Villeneuve-Bargemon (Raymond). Le petit feu est un procédé économique, mais qui entraîne la destruction des jeunes semis de pins et de chênes.

M. le marquis de Villeneuve-Bargemon. L'usage du petit feu pendant l'hiver est très-répandu.

M. X..., à Montauroux. Il faut passer le petit feu tous les cinq ans environ.

Cette opération se pratique, en général, pendant l'hiver. Elle a pour but de mettre les forêts à l'abri du feu, en détruisant tous les morts-bois.

La Société forestière des Maures. Le procédé du petit feu n'est employé que dans les pineraies et pendant l'hiver. On pourrait cependant essayer de traiter par cette méthode les massifs de liége, mais il faudrait conduire l'opération avec la plus grande prudence et n'employer que des ouvriers très-habiles et exercés de longue main à cette pratique. L'Administration forestière pourrait prendre l'initiative de dresser à ce genre de travail des brigades d'ouvriers, dont l'expérience serait ensuite mise à profit par les propriétaires de bois, pour introduire ce procédé dans le traitement de leurs forêts.

§ 7.

RÉSEAU GÉNÉRAL DE TRANCHÉES. — TRANCHÉES DÉLIMITATIVES.

M. d'Agay. En 1854, les bois de M. d'Agay furent préservés de l'incendie grâce à une tranchée de 2 mètres seulement de largeur qui les séparait des propriétés voisines. Cette faible barrière suffit à arrêter le feu. Aussi, fort de cet exemple, le déposant a-t-il ouvert dans ses bois un réseau de tranchées de 20 mètres de largeur environ. Il propose d'établir des tranchées de 100 mètres de largeur peuplées, sur les pentes, de feuillus, ailantes, sumacs, eucalyptus, essences peu combustibles. Dans les terrains en plaine et fertiles, on les cultiverait en céréales, en tubercules ou même en primeurs et en plantes aromatiques. Le revenu que fourniraient ces cultures compenserait les frais d'ouverture des tranchées. Dans ce dernier cas, on ne leur donnerait que 20 mètres, largeur bien suffisante pour une ligne complétement débroussaillée. On les dirigerait du nord-est au sud-ouest, en cherchant autant que possible à les placer sur les crêtes où la violence de l'incendie se ralentit en général. Leur distance varierait suivant les lieux. Quant au prix que coûterait leur établissement, il est difficile de le déterminer avec quelque approximation, car il dépendrait des localités, de la nature des peuplements traversés et de diverses autres circonstances.

M. Aube. Un réseau de tranchées, tracées de manière à être perpendiculaires et parallèles à la direction du mistral, faciliterait singulièrement l'action des travailleurs en cas d'incendie. On sait, en effet, qu'on attaque le feu latéralement en rétrécissant peu à peu l'étendue sur laquelle il peut se développer. Toutefois, si le vent souffle, il est le plus souvent impossible d'arrêter l'incendie; car, emportés par le mistral, les débris enflammés et les cônes de pin propagent le feu à d'énormes distances. Il serait bon de pratiquer des défrichements au milieu des massifs boisés et dans les fonds de vallées susceptibles d'être cultivés. Ces cultures de vignes, blé, etc., formeraient de véritables tranchées garde-feu.

M. AUMÉRAN. L'utilité des tranchées est incontestable, mais il faut leur donner au moins 30 mètres de largeur, et les conditions de leur établissement varient d'ailleurs avec les localités.

M. AURRAN (Eugène). Un réseau de tranchées constitue une sorte de nettoiement partiel pouvant parfois arrêter les incendies. Il faut leur donner en général la direction du sud-est au nord-ouest, augmenter leur largeur dans les bois de pins, et surtout séparer les bois ayant une grande valeur de ceux qui n'en ont point.

M. AURRAN (Raymond). Il faut établir, en attendant que le débroussaillement soit terminé, des tranchées de 100 mètres de largeur sur les crêtes.

M. le comte DE BEAUREGARD. Les tranchées sont utiles, mais à la condition d'être larges, de les orienter plein nord et de les ouvrir de 500 en 500 mètres. Il faut enfin les terminer le plus promptement possible.

M. BÉRENGUIER, à Pignans. Aidé par le vent et porté au loin par les pommes de pin, le feu franchit les tranchées les plus larges.

M. BÉRENGUIER, *maire de Fréjus*. Un réseau de tranchées forme, dans son ensemble, une défense utile en cas d'incendie. Il faut les établir sur les crêtes en leur donnant 20 ou 30 mètres de largeur, et isoler les propriétés par des laies séparatives.

M. BERNARD. Le déposant pense que l'emploi des tranchées est utile, qu'il faut terminer le réseau en cinq ans, et espacer les tranchées entre elles de 500 mètres en leur donnant la direction nord-sud.

M. BONFILS. La création d'un réseau complet de tranchées serait fort utile, surtout en y joignant des tranchées délimitatives. Il faut les diriger du nord au sud, leur donner de 2 à 10 mètres de largeur et les espacer plus ou moins, suivant la densité du peuplement qu'elles traversent. Dans les massifs les plus serrés, on pourrait les séparer par des intervalles de 1 kilomètre. La dépense peut être évaluée à 50 francs pour l'établissement et à 5 francs pour l'entretien, le tout par hectare. Il faut que l'État donne l'exemple en appliquant ce système dans ses bois. Le réseau complet devrait être terminé en dix ans.

M. Borniol. L'ensemble des mesures à adopter, en ce qui concerne l'établissement d'un réseau de tranchées, peut se résumer en quelques mots : ouvrir des tranchées séparatives sur les limites des forêts communales; introduire dans le Code des dispositions analogues à celles de l'article 646 du Code Napoléon sur le bornage, pour que chacun puisse obliger son voisin à établir sur les limites des héritages et à frais communs des tranchées garde-feu; tracer des lignes analogues et suffisamment larges dans l'intérieur des massifs; enfin, employer à cette opération le produit des concessions de menus produits faites dans les forêts et les journées de prestations obtenues par le même moyen.

M. de Boutiny. Les tranchées serviront à faciliter la circulation et à hâter l'arrivée des secours en cas d'incendie, mais n'arrêteront pas le feu. Il suffit, dès lors, de leur donner de 2 à 3 mètres de largeur. On les placera sur les crêtes en en multipliant le nombre, autant que possible, et en les rendant obligatoires dans les forêts non débroussaillées. Les frais que nécessite leur ouverture seront répartis entre tous les intéressés, proportionnellement à l'étendue et à la valeur de leurs bois.

M. le docteur Boyer. En attendant que le débroussaillement soit terminé, on peut ouvrir des tranchées qui arrêteront l'incendie si le temps est calme, mais qui seront certainement impuissantes si le feu est activé par un vent violent.

M. Carbonel. Il faut ouvrir des tranchées de 30 à 50 mètres de largeur.

M. Chabert. Le système des tranchées commence à être employé. On leur donne, suivant l'étendue des forêts, de 50 à 100 mètres de largeur, et une direction oblique à celle du vent, en les séparant par un intervalle deux fois plus considérable. Sous un couvert serré, on extraira les souches des morts-bois et on recomblera les trous pour empêcher la pluie de raviner le sol, et on brûlera ensuite les morts-bois. Ce procédé est coûteux, mais produit des effets durables. Il revient à 60 francs l'hectare. Si les arbres sont clair-semés, il faut même faire des cultures temporaires dans les tranchées pour utiliser le sol. Enfin on pourra permettre aux populations d'y placer des ruches. La dépense totale serait répartie par moitié entre l'État et les particuliers intéressés, et le réseau serait terminé en cinq ans.

M. CHAPPON. Dans les pineraies où les morts-bois abondent, les tranchées ne peuvent arrêter le feu, quand bien même on leur donnerait de 50 à 100 mètres de largeur; toutefois, elles seront utiles pour asseoir le contre-feu et aider à la préservation des massifs, lorsque l'incendie ne sera pas excité par un vent violent; car, si le mistral souffle, il n'y a pas de puissance humaine qui puisse s'opposer à la propagation du feu. La manière d'asseoir un réseau varie à l'infini suivant les localités. Prix d'ouverture : 80 francs l'hectare et 5 francs d'entretien. Il faudrait le terminer en dix ans.

M. le docteur CHRISTINE. L'ouverture des tranchées est une mesure utile, mais insuffisante. Il faut les placer sur les crêtes des montagnes où le feu est en général moins violent, leur donner 500 mètres de largeur et les orienter autant que possible de l'est à l'ouest, perpendiculairement à la direction du mistral. Elles serviront surtout à asseoir le contre-feu. Leur établissement coûte 120 francs par hectare, et, comme il faut y revenir tous les cinq ans, cette dépense équivaut à un entretien de 24 francs par an.

M. le comte DE COLBERT-TURGIS. Il est impossible de donner des règles fixes pour déterminer la largeur, la direction, etc., des tranchées. La disposition des lieux est le seul guide à suivre à cet égard. On peut dire, toutefois, que les tranchées seront éminemment utiles pour asseoir le contre-feu, moyen qu'il ne faut pas négliger d'employer lorsqu'un incendie éclate.

M. COLLE. Le feu pouvant se propager par les pommes de pin à des distances énormes, la création des tranchées est un palliatif insuffisant.

M. COULLET. Utiles dans la plaine, les tranchées sont insuffisantes dans les régions accidentées, où le vent propage l'incendie d'un sommet à l'autre à de grandes distances, et souvent sans envahir les peuplements placés au fond des vallées un peu profondes. On les rapprochera autant que possible en les dirigeant perpendiculairement à la direction du mistral et en leur donnant une grande largeur. L'entretien est presque nul, et leur établissement revient de 100 à 150 francs par hectare.

M. le président COULOMB. Il faut tracer des tranchées de 20 mètres de largeur, séparées par des intervalles d'un kilomètre.

M. le docteur DAVIN. Les tranchées ne doivent pas être obligatoires. Leur distance doit varier suivant la nature et la densité du peuplement ; très-rapprochées dans les pineraies et dans les sols fertiles où les morts-bois sont très-serrés, placées encore à de petites distances dans les forêts où le sol est accidenté, elles seront plus éloignées dans les forêts de plaine, et surtout dans les peuplements de chênes verts, essence très-peu combustible. On découpera ainsi les bois en massifs isolés les uns des autres par des tranchées perpendiculaires autant que possible à la direction du mistral. Sur la limite des propriétés il faudrait ouvrir des laies séparatives dont l'établissement serait obligatoire ; enfin on établirait des lignes de 8 à 10 mètres de largeur sur les crètes des montagnes, pour faciliter la circulation, la surveillance et l'arrivée des secours. A l'hectare, l'ouverture de ces tranchées coûterait 100 francs et leur entretien 10 francs.

M. DECROIX. Pour qu'elles soient vraiment utiles, il est nécessaire de donner aux tranchées ouvertes dans les pineraies de 600 à 800 mètres de largeur, de les placer sur les crètes en les dirigeant autant que possible de l'est à l'ouest. Elles relieraient entre elles les vallées orientées plein nord, de telle sorte que le feu, poussé en général par les vents du nord-est ou du nord-ouest, serait entouré de toutes parts d'espaces nettoyés. Pour toutes les essences autres que le pin, une largeur de 300 à 400 mètres débroussaillés suffit ; mais, dans les pineraies, il serait nécessaire d'abattre les arbres de cette essence dans les tranchées. Il serait également bon d'ouvrir des tranchées délimitatives. On peut estimer de 60 à 85 francs le prix d'établissement par hectare, et de 20 à 25 francs celui d'entretien.

M. le comte DE DRÉE. L'État doit commencer par donner l'exemple en isolant par des tranchées délimitatives les forêts domaniales des massifs voisins. Il faudrait adopter à cet égard des dispositions analogues à celles de l'article 646 du

Code-Napoléon sur le bornage. Les particuliers suivraient l'exemple de l'État, si l'établissement des tranchées donnait de bons résultats.

M. FAUCHE. En établissant des tranchées de 20 mètres, éloignées d'un kilomètre et dirigées du nord au sud, on réserverait au milieu une ligne de 4 mètres de largeur complétement déboisée, pour le passage des charrettes. Leur établissement reviendrait à 200 francs l'hectare, et la valeur des morts-bois payerait l'entretien. Il faudrait répartir les frais d'ouverture entre tous les intéressés et terminer le réseau le plus tôt possible. Enfin l'État et les communes devraient donner l'exemple, en isolant leurs forêts des massifs voisins par de larges tranchées.

M. FÉRAUD. Les tranchées sont certainement utiles, mais il faut surtout débroussailler.

M. DE FONSCOLOMBE. On ne peut pas espérer d'arrêter le feu par des tranchées; elles ne serviront donc qu'à asseoir le contre-feu. Pour cela, il faudra les établir sur les crêtes en les dirigeant parallèlement à la direction des vents du nord-ouest et en leur donnant une largeur de 100 mètres. Elles coûteront de 40 à 70 francs l'hectare.

M. DE FONTMICHEL. Les tranchées n'arrêteront pas les incendies.

M. GENDARME DE BÉVOLTE. L'incendie de 1867 a prouvé la nécessité d'établir des tranchées orientées nord-est, sud-ouest, ayant en moyenne de 25 à 30 mètres de largeur et placées sur les crêtes ou au fond des vallons. On terminerait le réseau en dix ans, et on répartirait les charges entre les intéressés, au moyen de syndicats. L'établissement de ce réseau coûterait 110 francs l'hectare et l'entretien 25 francs au début, mais il serait moins onéreux les années suivantes.

M. GENSOLLEN. Pour qu'elles aient une action efficace, il faut que les tranchées soient très-larges. Elles faciliteraient l'accès des lieux en cas d'incendie. Le meilleur système est celui de M. Vincent, mais il serait nécessaire de gazonner les tranchées pour empêcher les eaux de les raviner. La dépense varierait de 40 à 100 francs par hectare, et il faudrait terminer le réseau le plus tôt possible.

M. GEORGES. Les tranchées facilitent la circulation en forêt et servent à asseoir le contre-feu, mais n'opposent pas aux incendies une barrière suffisante pour les arrêter.

M. Grognier. Les forêts envahies par les morts-bois doivent être divisées par de larges tranchées placées sur les crêtes et reliées par des lignes de 2 mètres environ, en massifs de 4 ou 5 hectares. Le prix serait de 40 francs l'hectare, et il serait utile de terminer le réseau en huit ou dix ans. On le compléterait par des tranchées délimitatives.

M. Guérin. A défaut de nettoiement, on pourrait établir des tranchées sur les crêtes, les orienter perpendiculairement à la direction du mistral, les éloigner d'un kilomètre environ et leur donner de 50 à 100 mètres de largeur. Un pareil réseau, qu'il faudrait terminer le plus promptement possible, serait fort utile. Il coûterait de 50 à 100 francs l'hectare, et on répartirait la dépense entre tous les intéressés au moyen de syndicats.

M. Honnoraty. Si les tranchées peuvent être utiles par un temps calme, elles sont complétement insuffisantes lorsque le feu est poussé par un vent violent. L'État devrait prendre à sa charge l'ouverture d'un réseau complet composé de tranchées de 100 mètres de largeur, éloignées de 300 à 400 mètres les unes des autres, coûtant de 60 à 80 francs l'hectare, avec un entretien annuel de 10 francs. Il faudrait les terminer en dix ans.

M. le baron Isnard. Les tranchées délimitatives ouvertes à frais communs ne sont qu'un palliatif bien insuffisant. Lorsqu'on pense aux distances énormes que franchissent les pommes de pin enflammées, on ne peut guère croire à l'efficacité du système des tranchées. Il y a trente-cinq ans, une auberge placée au milieu de l'Esterel, mais entourée, dans un rayon de plus de 400 mètres, de champs cultivés, dut être abandonnée, tant on redoutait que les cônes qui pleuvaient de tous côtés sur la toiture n'y allumassent l'incendie. Le village de Mandelieu courut le même danger dans une circonstance analogue; encore était-il séparé des bois par une zone assez large, complétement déboisée.

M. le docteur Jaubert. Des tranchées de 150 mètres de largeur seraient impuissantes à arrêter le feu lorsque le vent souffle, mais, par un temps calme, elles pourraient être fort utiles.

22.

M. Jean. Dans la pratique, les tranchées seront toujours insuffisantes, car les pommes de pin propagent l'incendie à près d'un kilomètre.

M. Julien. Il faudrait cultiver les tranchées délimitatives pour diminuer les frais.

M. Lamat. Il faut exécuter en dix ans des tranchées de 100 mètres de largeur, orientées plein nord, coûtant de 60 à 80 francs l'hectare. L'État devrait se charger de cette dépense, car il est reconnu qu'elles ne peuvent rien contre un incendie que le vent excite; il est constant qu'elles peuvent être fort utiles lorsque le temps est calme.

M. Lambot-Miraval. Le système des tranchées est coûteux et insuffisant lorsque le vent souffle, ce qui est le cas général dans les incendies.

M. Lavagne. L'idée des tranchées délimitatives et garde-feu est excellente. On pourrait, en traçant au milieu une ligne de 4 mètres complétement débarrassée, les utiliser pour le transport des produits. Elles seraient distantes de 1 kilomètre, orientées du nord au sud, larges de 100 mètres, et leur prix varierait suivant la quantité de morts-bois à extraire.

M. de Léoube. Il faudrait faire travailler pendant l'hiver les brigades ambulantes à l'ouverture des tranchées garde-feu, ou confier l'exécution de ce travail à des concessionnaires. On ne peut guère évaluer la dépense à moins de 60 à 80 francs et l'entretien au-dessous de 25 à 30 francs par hectare. L'Administration est le meilleur juge du système général qu'il convient d'adopter dans l'exécution de ce travail; cependant il paraîtrait bon de rapprocher beaucoup les tranchées, de donner aux principales d'entre elles une grande largeur, en les reliant ensuite par des lignes plus étroites destinées à faciliter la circulation. On ne peut songer à rendre obligatoire l'ouverture de ce réseau.

M. Maille. On peut adopter comme moyen provisoire les tranchées garde-feu; mais l'expérience démontre qu'elles sont insuffisantes.

M. le Maire des Adrets-de-Montauroux. Les tranchées ne seraient d'aucune utilité en cas d'incendie, puisque le feu, propagé par les pommes de pin enflammées, franchit sans peine les vallées les plus larges.

M. Marguery. Il faudrait confier l'exécution des tranchées à une commission composée d'ingénieurs et d'agents forestiers, terminer le réseau en quatre ans et répartir les frais entre les intéressés proportionnellement à leurs revenus.

M. Marin. Les tranchées offriraient plus d'inconvénients que d'avantages. Il serait impossible d'adopter pour leur établissement des bases fixes, ces bases devant varier suivant les localités.

M. Martel. L'État devrait se charger d'ouvrir des tranchées garde-feu qu'il terminerait en dix ans. Il faudrait ne tracer que des tranchées fort larges. Elles coûteraient de 6o à 8o francs par hectare et 1o francs d'entretien.

M. Martin, *ingénieur des ponts et chaussées*. Les tranchées sont insuffisantes, à moins d'avoir une largeur démesurée. On pourrait, toutefois, planter par bandes, au milieu des bois ou le long des routes, des cyprès et des eucalyptus, arbres peu combustibles, qui opposeraient une barrière efficace aux éclats de pommes de pin et aux débris enflammés emportés par le vent.

M. Martin, *juge de paix*. La création des tranchées serait sans contredit une excellente mesure. On y ferait travailler les brigades ambulantes et on leur donnerait 2o mètres de largeur.

M. Monier. Il faudrait rendre obligatoire la création d'un double système de tranchées délimitatives et garde-feu de 5o à 6o mètres de largeur, conçues d'après le système de M. Vincent et reliées entre elles par des lignes plus étroites. On peut évaluer de 6o à 8o francs la dépense par hectare dans le cas du transport des produits à dos de mulet, et de 3o à 5o francs en cas de transport sur essieu. Les frais seraient répartis entre tous les intéressés d'après les dépenses exécutées dans leurs bois.

M. Muraire. Le système des tranchées sera toujours insuffisant lorsque le vent soufflera. C'est ainsi que, en 1864, un cône de pin parti du sommet d'un des coteaux des Mayons alluma un nouvel incendie à près de 2 kilomètres de là. On donnera aux tranchées de 15 à 2o mètres de largeur, en les espaçant de 5oo mètres à 1 kilomètre et en les orientant plein nord. Elles coûteront de 7o à 1oo francs par hectare, avec un entretien annuel de 1o à 15 francs.

M. de Musset. En attendant que le débroussaillement soit complet, la création d'un réseau de tranchées est, comme palliatif, une excellente idée.

M. Ollivier. On isolera les massifs par des tranchées de 80 à 100 mètres, dans lesquelles on coupera les morts-bois pour les brûler sur place, et on arrachera les souches. L'opération revient de 40 à 50 francs l'hectare.

M. Panescorse. L'ouverture des tranchées délimitatives de 20 mètres établies à frais communs devrait être obligatoire. On tracerait en outre un réseau de tranchées de 10 à 20 mètres qui seraient divisées par lots et concédées aux paysans pour y faire des cultures temporaires. Les syndicats, chargés de l'exécution du travail, termineraient en cinq ans, et répartiraient entre les intéressés les frais, qui seraient du reste à peu près couverts par le prix de vente du bois.

M. Pardigon. Efficaces dans les massifs de liége, les tranchées seraient insuffisantes dans les pineraies où les cônes propagent parfois l'incendie à près d'un kilomètre. Elles auraient 1 mètre 50 cent. de largeur et leur direction serait perpendiculaire à celle des vents du nord-ouest. On les terminerait en cinq ou six ans en répartissant la dépense entre les intéressés.

M. Pascal. Pour arriver à séparer par des tranchées les diverses forêts, il faudrait introduire dans le Code une disposition analogue à celle de l'article 646 du Code Napoléon relative au bornage. Les tranchées séparatives auraient de 20 à 25 mètres, et le réseau serait complété par d'autres laies de 5 mètres seulement tracées au milieu des massifs avec une ligne de 1 mètre au milieu, complétement déboisée, pour faciliter la circulation en cas d'incendie. Sur les crêtes enfin, on en établirait un certain nombre, espacées de 500 à 1,000 mètres, ayant une plus grande largeur, et dirigées du nord au sud, qui constitueraient le vrai réseau de protection.

M. Pellicot. En attendant que le débroussaillement des forêts soit terminé, on peut ouvrir des tranchées de 50 mètres de largeur sur les crêtes, à titre de simple palliatif. Il faudrait dépenser 30 francs pour couper les morts-bois, 60 francs pour extraire les souches, soit en tout 90 francs.

M. Pourrière. Tout en pouvant rendre de véritables services, les tranchées cependant ne constituent pas un remède radical; en tous cas on les orienterait plein nord, on leur donnerait 10 mètres de largeur en les espaçant de 150 mètres. La valeur des bois enlevés payerait la dépense, et on terminerait le travail le plus tôt possible.

M. RAYMOND. Il faut rendre obligatoire par une loi l'ouverture de tranchées, qui devront être terminées en dix ans. Elles coûteraient 100 francs par hectare la première année, 25 francs la deuxième; les années suivantes, l'entretien serait presque nul.

M. le marquis DE RETZ. Ce déposant propose d'employer l'armée à ouvrir des tranchées de 200 mètres de largeur tracées perpendiculairement à la direction des vents du nord. Les frais d'établissement sont de 100 francs par hectare, et 30 francs d'entretien. Leur utilité n'est pas contestable, mais elles seraient coûteuses. Il faudrait enfin les terminer le plus promptement possible.

M. REY. La création d'un réseau de tranchées très-rapprochées, et ayant environ 150 mètres de largeur, paraît devoir donner d'heureux résultats.

M. E. DE ROUX. L'ouverture de tranchées garde-feu peut être utile. Elles coûteraient environ 100 francs par hectare en abandonnant les produits; mais on arriverait plus sûrement au même but en donnant l'autorisation de défricher le fond des vallées qui, en général, sont parfaitement susceptibles d'être mises en culture. On aurait ainsi de véritables tranchées garde-feu, en général fort larges, et par suite très-efficaces.

M. DE ROUX-LARCY. Quelque larges qu'elles soient, les tranchées seront toujours franchies par le feu que les pommes de pin enflammées propagent à d'immenses distances.

M. DE SCOLLE. L'idée des tranchées garde-feu, bonne en théorie, n'est pas réalisable en pratique. Leur création coûterait 60 francs par hectare, et 30 francs d'entretien. Il faudrait d'ailleurs leur donner au moins 400 mètres de largeur et les établir au fond de chaque vallée; mais, même dans ces conditions, elles ne suffiraient pas à arrêter le feu que les pommes de pin propagent quelquefois à plus d'un kilomètre de distance.

M. Scribe. Ce déposant propose de boiser les tranchées en ailante, essence peu combustible et pouvant servir à l'éducation des bombices qui, sous le climat de Saint-Raphaël, réussissent en plein air à l'égal des vers du chêne. Son bois est d'ailleurs très-estimé. Enfin on livrerait une bonne partie de ces tranchées à la culture.

M. de Siregand-Lacampagne. On emploierait avec succès, pour combattre les incendies, le système des tranchées ayant de 60 à 100 mètres de largeur, ou des défrichements partiels.

M. Vidal. Il faut établir des tranchées sur les crêtes où le feu perd toujours de son intensité. C'est d'ailleurs sur le sommet des montagnes que se trouvent en général les limites des propriétés, et on aurait ainsi des tranchées séparatives indiquées par la nature même des lieux.

M. le marquis de Villeneuve-Bargemon (Raymond). Le meilleur procédé de préservation consiste à tracer, dans le sens de la pente, des tranchées de 50 mètres de largeur espacées de 500 mètres et qui serviraient à établir le contre-feu. Elles coûteraient environ 50 francs par hectare.

M. le marquis de Villeneuve-Bargemon. Un réseau de tranchées est complétement impuissant à arrêter les incendies que propagent au loin les cônes de pin embrasés et les flammèches emportées par le vent.

M. X....., à Montauroux. Le feu franchit de telles distances, à l'aide des pommes de pin projetées au loin, qu'il est inutile de songer à l'arrêter par des tranchées. La dépense que nécessiterait leur établissement dépasserait, et de beaucoup, l'utilité qu'on pourrait en retirer.

La Société forestière des Maures. L'ouverture d'un réseau complet de tranchées est destinée à produire les plus heureux résultats. M. Vincent a proposé avec raison, et la Société forestière se rallie à cette idée, d'établir des tranchées fort larges sur les crêtes, reliées entre elles par des lignes de moindre importance, perpendiculaires aux premières et destinées surtout à faciliter la circulation, tandis que les autres serviraient comme moyen de défense pour asseoir le contre-feu.

Les tranchées ouvertes au milieu des pineraies seraient simplement débroussaillées, mais on enlèverait les pins dans celles qui traverseraient des peuplements mélangés, car cette essence peut, en effet, propager le feu à de grandes distances par les cônes, ou le communiquer directement par les cimes très-facilement inflammables. On donnera 100 mètres de largeur aux tranchées établies sur les crètes, et si les collines étaient trop éloignées les unes des autres, on pourrait tracer des tranchées intermédiaires. La direction générale des crètes déterminera celle des tranchées; toutefois, il faudrait autant que possible les tracer perpendiculairement aux vents du nord-ouest. Le prix d'établissement variera suivant la situation des lieux, la facilité des transports, l'épaisseur des fourrés, de 100 à 150 francs par hectare, et l'entretien entre 5 et 10 francs. Il faudrait terminer le réseau en cinq ans et y faire travailler les brigades ambulantes.

§ 8.

RÉGLEMENTATION DES ÉCOBUAGES PENDANT LA SAISON SÈCHE.

(Articles 148 du Code forestier et 458 du Code pénal.)

INFLUENCE DE LA CHASSE EN FORÊT AVANT LA SAISON DES PLUIES.

M. Auméran. Il faut interdire la chasse en forêt jusqu'à la fin de septembre.

M. Bernard. Il serait bon de mettre en harmonie les articles 148 du Code forestier et 458 du Code pénal, et d'infliger la peine de l'emprisonnement dans le cas où les amendes ne seraient point payées.

M. Bouis. Il faut reculer l'époque de l'ouverture de la chasse dans les bois.

M. le docteur Boyer. L'arrêté qui interdisait les écobuages du 1er juin au 1er novembre a déjà subi une heureuse modification en permettant d'écobuer à partir du 1er octobre. Il faudrait avancer encore cette date et autoriser l'écobúage dès le 15 septembre. La conséquence de cet arrêté a été de diminuer le nombre des propriétaires qui écobuent et, par suite, d'amoindrir l'étendue des surfaces débroussaillées. Il est d'ailleurs indispensable d'exercer pendant cette opération une très-grande surveillance.

M. CARBONEL. Le déposant demande la prohibition des bourres combustibles.

M. CHABERT. Reculer l'ouverture de la chasse en forêt jusqu'à la saison des pluies.

M. CHAPPON. La nécessité de réglementer énergiquement les écobuages se fait sentir tous les jours.

M. le docteur CHRISTINE. Les arrêtés qui interdisent les écobuages du 1er juin au 1er octobre ont produit d'excellents résultats. Les paysans ont d'ailleurs tout le temps pour écobuer, puisque les semailles se font en général du 15 octobre au 1er décembre. Il faut interdire la chasse en forêt avant la saison des pluies.

M. le comte DE COLBERT-TURGIS. L'arrêté préfectoral qui défend d'écobuer avant le 1er octobre équivaut à une prohibition absolue de ce mode de culture; car, à cette époque, les bruyères étant déjà mouillées ne peuvent plus brûler dans les fourneaux.

M. COLLE. Il est essentiel de faciliter les écobuages pour amener le débroussaillement. Aussi faudrait-il accorder pour cinq ou dix ans la faculté d'écobuer à distance prohibée, qui n'est donnée, en général, que pour une année seulement.

M. COULLET. Il faut interdire les écobuages pendant les mois les plus secs de l'année.

M. le président COULOMB. Il est nécessaire de maintenir les arrêtés préfectoraux interdisant l'écobuage du 1er juin au 1er octobre.

M. le docteur DAVIN. Les écobuages doivent être tolérés, mais sévérement réglementés. A cet effet, il faut nommer un garde-feu payé par le propriétaire du terrain écobué, entourer les écobuages d'une tranchée soigneusement nettoyée, exiger une culture de deux ans et l'ensemencement du sol en essences forestières, interdire deux écobuages successifs et faire surveiller l'opération dans son ensemble par les brigades ambulantes. Malgré ses inconvénients, l'écobuage permet de nettoyer économiquement le sol; ce motif seul doit empêcher de l'interdire d'une manière absolue.

M. le comte DE DRÉE. Il faut reculer l'ouverture de la chasse jusqu'à l'époque des pluies.

M. ÉTIENNE. Il est nécessaire de retarder l'ouverture de la chasse dans les bois jusqu'à la saison des pluies.

M. DE FONSCOLOMBE. En admettant l'écobuage en principe. il est nécessaire d'en réglementer l'exercice d'une manière étroite. Pour cela tout propriétaire qui voudrait écobuer serait tenu d'en faire la déclaration préalable au maire, qui nommerait deux experts pour visiter les lieux. Si les pentes sont trop fortes ou si l'écobuage est trop dangereux pour les bois voisins, les experts s'opposeront à ce qu'il soit pratiqué. Sinon, ils fixeront le jour de l'opération, et le nombre des hommes qui devront y coopérer, en se réservant toutefois de l'interdire si au jour dit le temps n'était pas favorable. Le lendemain de l'opération, les experts visiteront le terrain écobué qui sera surveillé par des gardiens désignés à l'avance jusqu'à ce que tout danger ait disparu. Les maires aidés par des experts fixeront chaque année l'époque d'ouverture et de fermeture de l'écobuage. Il serait bon d'interdire l'usage des bourres combustibles.

M. GEORGES. Il faut généraliser l'emploi des bourres incombustibles.

Mme GRIMES. L'article 148 du Code forestier interdit d'allumer du feu à moins de 200 mètres des forêts; il faudrait augmenter cette distance et la porter à 500 mètres.

M. GROGNIER. Il serait bon de faire exécuter sérieusement les arrêtés préfectoraux relatifs aux écobuages, et de retarder d'une vingtaine de jours l'ouverture de la chasse.

M. GUÉRIN. Il faut interdire la chasse en forêt jusqu'à la saison des pluies.

M. JULIEN. Il faut reculer l'ouverture de la chasse jusqu'à la saison des pluies.

23.

M. DE LACOUTURE. Il est indispensable d'interdire les écobuages et la chasse en été.

M. DE LÉOUBE. Il faut faire exécuter sévèrement l'article 148 du Code forestier.

M. LE MAIRE DE MONTAUROUX. Le déposant demande qu'on n'apporte aucune entrave à l'exercice des écobuages.

M. PARDIGON. Il faut interdire les écobuages du 1er juin au 1er octobre de chaque année.

M. PASCAL. Il est nécessaire de retarder jusqu'à la saison des pluies l'ouverture de la chasse et des écobuages, et de les interdire d'une manière absolue sur les pentes trop raides qui seraient ravinées par les eaux.

M. REY. L'interdiction de la chasse en forêt jusqu'à l'époque des pluies est presque indispensable.

M. DE ROUX-LARCY. Il faut interdire l'écobuage pendant les six mois les plus secs de l'année, époque durant laquelle cette opération est des plus dangereuses à cause des incendies.

M. DE SCOLLE. Il serait bon d'interdire la chasse jusqu'au 1er octobre, et les écobuages avant la saison des pluies.

M. VIDAL. Les arrêtés préfectoraux relatifs aux écobuages sont une excellente mesure; malheureusement ils sont le plus souvent mal observés dans la pratique.

LA SOCIÉTÉ FORESTIÈRE DES MAURES. Il faut permettre d'allumer pendant l'hiver du feu en forêt, et modifier dans ce sens l'article 148 du Code forestier. Des arrêtés pris par les maires fixeraient le temps pendant lequel l'usage du feu serait permis dans les forêts particulières et communales; pour les forêts domaniales, les arrêtés seraient rendus par les préfets. Il existe un désaccord fâcheux entre les articles 148 du Code forestier et 458 du Code pénal; l'un fixe à 200 mètres la distance des forêts à laquelle il est interdit d'allumer du feu, l'autre ne porte cette même distance qu'à 100 mètres. Il en résulte que les peines édictées par le Code pénal ne sont pas toujours applicables aux délits prévus par l'article 148 du Code forestier. Il serait facile de mettre d'accord ces deux articles en inscrivant dans le code une distance unique de 200 mètres. Une autre modification est indispensable : l'aggravation des peines édictées par l'article 148 du Code forestier, qui devrait en outre prononcer l'emprisonnement en cas d'insolvabilité. Sans cette addition nécessaire, la loi est impuissante. Le plus souvent, en effet, les écobuages sont donnés à prix fait à des entrepreneurs qui, au point de vue légal, sont responsables. Le propriétaire à son tour, dégagé de toute responsabilité, n'a nul intérêt à veiller à l'exécution de l'écobuage et à le faire pratiquer avec la prudence nécessaire. Quant à l'entrepreneur, il est trop pauvre pour payer l'amende. Insolvable, il ne redoute pas la prison, peine que la loi ne lui inflige pas. Il peut donc en toute sécurité négliger dans son travail les précautions que commande la plus vulgaire prudence, et c'est aussi ce qu'il ne manque point de faire.

§ 9.

SURVEILLANCE. — BRIGADES AMBULANTES.
(Art. 188 du Code forestier.)

SAPEURS FORESTIERS. — CONTRE-FEU.

M. AUBE. Il faut exercer une surveillance incessante sur la propriété boisée et redoubler de vigilance pendant la saison sèche. M. de Greffülhe entretient trois gardes pendant toute l'année. En été, ce nombre est porté à sept.

M. le comte DE BEAUREGARD. Tout en conservant et même en augmentant le nombre des brigades ambulantes, il faudrait embrigader les gardes champêtres et forestiers, améliorer leur traitement et le rendre fixe. Enfin il serait bon d'organiser un service forestier spécial pour exercer la surveillance dans les bois des Maures.

M. BÉRENGUIER (à Pignans). Il vaudrait mieux employer au débroussaillement l'argent consacré à la surveillance.

M. BÉRENGUIER, *maire de Fréjus.* Il faut augmenter le nombre des gardes qui est insuffisant, les mettre tous en campagne et leur adjoindre des bûcherons quand le mistral souffle. Le déposant entretient quatre gardes en temps ordinaire et emploie trente hommes quand le mistral se lève.

M. Bernard. Il faut conserver et augmenter les brigades ambulantes, créer des gardes champêtres commissionnés par le département, faire surveiller les forêts syndiquées par les gardes forestiers, organiser en un mot une surveillance spéciale pour la région forestière des Maures et de l'Esterel.

M. le docteur Boyer. Il serait bon d'augmenter le nombre des brigades ambulantes, que les particuliers pourraient rétribuer en partie. On pourrait aussi leur confier la surveillance des écobuages, surtout chez les petits propriétaires qui redoutent peu les conséquences de la responsabilité civile et sont, par suite, très-imprudents dans la pratique de cette opération.

M. Chabert. Ce déposant propose de confier à l'Administration forestière la répression des délits commis contre les arrêtés des syndicats.

M. Chappon. Il faut faire concourir la gendarmerie, les gardes forestiers et les gardes champêtres à la répression des délits forestiers.

M. le docteur Chassinat. Le déposant propose d'organiser, dans chaque commune, un corps de sapeurs forestiers dont tous les habitants pourraient faire partie, mais qui comprendrait surtout la partie de la population habituée aux travaux forestiers. On grouperait le plus grand nombre de sapeurs possible autour de l'habitation du chef, qui aurait ainsi ses hommes à proximité. En cas d'incendie, le premier sapeur averti préviendrait son voisin et la nouvelle se communiquerait de proche en proche, tandis que chaque homme se transporterait sur le théâtre du sinistre.

Lorsque le chef de la compagnie serait prévenu à son tour, il rallierait le reste de ses hommes et les mènerait au feu. Le sapeur dont l'habitation serait la plus voisine des bois serait constitué gardien d'une partie du matériel de la compagnie (haches pour abattre les arbres, balais pour éteindre le feu par le frottement, chaussures et guêtres destinées à préserver les jambes des travailleurs). On placerait les diverses brigades sous les ordres supérieurs d'un agent forestier, chef naturel de l'organisation. Enfin l'exemption de certaines charges communales, la délivrance gratuite des outils, celle des primes données aux travailleurs qui auraient concouru le plus activement à éteindre l'incendie, stimuleraient le zèle des hommes de la compagnie. Leur caisse serait alimentée par le vote de centimes additionnels et par les cotisations des principaux propriétaires intéressés.

M. le docteur Christine. La surveillance actuelle suffit largement; mais il faudrait organiser des compagnies de sapeurs sur le modèle de celles qui fonctionnent dans les villes.

M. le président Coulomb. Les brigades ambulantes rendent des services incontestés.

M. le docteur Davin. Il faudrait confier aux brigades ambulantes, qui rendent déjà de si grands services, la surveillance des écobuages et des forêts syndiquées. Les gardes peuvent, en se plaçant sur les crêtes, surveiller une étendue considérable de pays, surtout au point de vue des écobuages, car la fumée des fourneaux trahit de loin tout délit de ce genre. On pourrait faire contribuer les propriétaires au payement d'une partie de leur traitement. Il faudrait enfin qu'on pût, en cas d'incendie, donner aux travailleurs, par une organisation spéciale, l'unité d'action et de direction qui seule est efficace.

M. le comte de Drée. Il faut augmenter le personnel des brigades ambulantes; elles ont déjà rendu de grands services.

M. Fauche. Le déposant propose de confier aux gardes forestiers le soin de surveiller l'exécution du décret dont il a demandé la promulgation, pour obliger les propriétaires à débroussailler leurs forêts en cinq ans.

M. de Fontmichel. Il faut augmenter le nombre des brigades ambulantes et organiser leur service sur le modèle de celui des douaniers.

M. Fournial. La surveillance n'est souvent pas assez active, mais il faut avouer aussi que le traitement des gardes est ordinairement insuffisant.

M. Gendarme de Bévolte. Il faut confier la surveillance des bois syndiqués à des gardes nommés par les syndicats et agréés par l'Administration forestière.

M. Gensollen. Les gardes champêtres, et même toute personne assermentée, devraient pouvoir verbaliser en cas de délit forestier. Il faudrait soumettre toutes les propriétés boisées des Maures à la surveillance des gardes forestiers et créer des gardes départementaux placés sous les ordres des sous-préfets. Leur traitement serait payé soit à l'aide d'une subvention votée par le conseil général, soit au moyen d'une imposition de 20 centimes par hectare non débroussaillé et de

10 centimes par hectare débroussaillé. Cette différence entre le chiffre de l'impôt établirait une prime en faveur du débroussaillement.

Mᵐᵉ GRIMES. Si Mᵐᵉ Grimes a préservé jusqu'ici ses bois de l'incendie, c'est à la surveillance active qu'elle fait constamment exercer dans ses propriétés qu'elle doit cet heureux résultat. Elle a pu même prévenir maintes fois ses voisins assez à temps pour qu'il fût possible, par un prompt secours, d'étouffer à leur naissance des incendies redoutables. Il serait bon de créer sur les hauteurs des postes de surveillance occupés par la gendarmerie. La présence des surveillants paralyserait la malveillance, et, en cas d'incendie, ils seraient les premiers à se transporter sur les lieux et à avertir les populations.

M. GROGNIER. Le déposant propose de créer un service spécial de gardes forestiers et de gardes-feu locaux, ces derniers organisés sur le modèle des sapeurs-pompiers.

M. GUÉRIN. Il faut exercer une surveillance toute spéciale sur les écobuages et organiser des corps de sapeurs-pompiers, fonctionnant à l'instar de ceux qui existent dans les villes, et dont la direction serait confiée aux gardes ambulants. Enfin on pourrait établir des cloches d'alarme ou tout autre moyen rapide pour prévenir les populations en cas d'incendie.

M. HONNORATY. Il faut confier la surveillance des bois à la fois aux gendarmes et aux gardes champêtres ou forestiers.

M. le baron ISNARD. La surveillance est une bonne chose, mais ne constitue pas un remède radical.

M. JULIEN. Pour que la surveillance soit efficace, il faut augmenter le nombre des brigades ambulantes qui ont déjà produit le meilleur effet, et donner aux gardes le pouvoir de verbaliser dans toute l'étendue du département. Il serait bon enfin de créer, au moyen de fonds votés par des associations locales, une caisse destinée à fournir des aliments et des outils aux travailleurs, en cas d'incendie. On pourrait, en outre, étudier un système de signaux pour prévenir les populations lorsque le feu éclate dans les forêts.

M. LAMAT. Il faudrait augmenter le personnel des brigades ambulantes et confier à la gendarmerie, aux gardes champêtres et forestiers, la répression des délits d'écobuage, commis en contravention aux arrêtés préfectoraux.

M. Lambot-Miraval. Il faut rendre la surveillance encore plus active.

M. Laugier. Le nombre des brigades est insuffisant. Leur influence est heureuse, mais devrait s'étendre jusqu'aux centres le plus déserts des Maures. A Hyères, la surveillance ne peut être efficace avec deux gardes champêtres seulement, pour surveiller 22,000 hectares de bois. Enfin il faudrait prévenir les populations par des signaux placés au sommet des montagnes, lorsqu'un incendie éclate.

M. de Léoube. Tout en augmentant le personnel des brigades ambulantes dont la surveillance est, malgré leur zèle, souvent insuffisante, on pourrait leur confier ainsi qu'aux gardes champêtres la mission de verbaliser en cas d'infraction aux arrêtés des syndicats.

M. Maille. Il faut créer des compagnies de sapeurs-pompiers recrutées parmi les bûcherons et leur donner un uniforme. Toutefois il ne faut point oublier que le secours le plus efficace vient encore du concours empressé des populations.

M. Marguery. Il serait bon de créer des gardes spéciaux pouvant verbaliser dans toute l'étendue d'un arrondissement. Ils constateraient, de concert avec les gardes forestiers, les infractions commises contre les arrêtés des syndicats.

M. Martin, *juge de paix*. Il faut confier la surveillance des forêts syndiquées aux gardes forestiers et champêtres.

M. Monier. Il conviendrait d'augmenter le nombre des brigades ambulantes et de leur confier la surveillance des bois syndiqués. Les syndicats demeureraient toutefois libres d'arrêter ou de continuer les poursuites relatives aux délits constatés par les gardes. L'organisation de l'Administration forestière dans le Var devrait être dirigée tout entière vers le double but de la préservation des forêts et de leur surveillance, au point de vue des incendies.

M. de Musset. Le déposant croit qu'en exerçant une surveillance plus active on pourrait arriver à prévenir une partie des incendies.

M. Pardigon. Il faut faire concourir les maires, les gendarmes, les gardes forestiers et les gardes champêtres à la surveillance des forêts. Il faut, en outre, embrigader ces derniers et obliger chaque commune à en entretenir au moins un.

M. Pascal. Les brigades ambulantes sont appelées à rendre de grands services. Il serait nécessaire, en outre, d'organiser des corps de sapeurs forestiers, recrutés en général parmi les bûcherons. Ces hommes, habitués de longue main aux travaux des forêts, dirigeraient, en cas d'incendie, les populations assez peu soucieuses en général, soit par peur du danger, soit par crainte des privations, de se porter au feu. Il est cependant juste de dire que les habitants des Adrets font une honorable exception à cette règle générale, par leur ardeur à se porter au secours des propriétés menacées par le feu. On créerait un service spécial destiné à fournir des aliments et des outils aux travailleurs. Il serait à souhaiter que l'on pût améliorer la situation des gardes forestiers dans les Maures ainsi que celle des agents, et que ces derniers, en prolongeant leur séjour dans le pays, pussent mieux se pénétrer des besoins et des intérêts locaux.

M. Pellicot. Il faut créer des gardes auxiliaires auxquels on donnerait, ainsi qu'aux gardes ordinaires, le pouvoir de verbaliser en cas d'infraction à l'art. 148 du Code forestier.

M. Pourrière. On chargerait les gardes forestiers de veiller à l'exécution des arrêtés pris par les syndicats.

M. Raymond. Il faudrait, sur la demande qu'en feraient les syndicats, confier la surveillance des bois particuliers aux gardes forestiers.

M. E. de Roux. Tout en exerçant la surveillance nécessaire, il faut cependant recourir le moins possible aux mesures de rigueur qui pourraient aigrir l'esprit des populations.

M. Vidal. L'augmentation du nombre des brigades ambulantes est presque une nécessité. Les gardes communaux, placés sous l'influence immédiate des maires et des conseils municipaux, ne jouissent pas de l'indépendance nécessaire pour exercer leurs fonctions avec impartialité. C'est ainsi que l'un d'eux a eu à subir dernièrement une diminution de 200 francs sur son traitement pour avoir

dressé procès-verbal contre le berger d'un conseiller municipal. On remédie-
rait à ce fâcheux état de choses en ne les faisant dépendre que des agents forestiers, après avoir surtout augmenté leur traitement. Il faudrait enfin leur
donner des commissions qui leur permettraient de verbaliser dans toute l'étendue du département. On pourrait étendre cette faculté aux bois particuliers, car
le plus souvent le bon vouloir des gardes particuliers ou communaux est paralysé
par la crainte qu'éprouvent les propriétaires ou les maires de soulever des ini-
mitiés. Il serait bon également d'aggraver les peines prononcées par l'article 148
du Code forestier et d'y ajouter celle de l'emprisonnement.

M. le marquis DE VILLENEUVE-BARGEMON. Un des points principaux qui doivent
attirer l'attention de l'Administration forestière, c'est la surveillance active et
continue à exercer sur la propriété boisée. Pour arriver à la rendre vraiment
efficace, il faudrait obliger chaque propriétaire à entretenir un certain nombre
de gardes dans ses bois. Ils seraient divisés en escouades de deux ou trois
hommes et placés sous les ordres immédiats des gardes forestiers. Ces surveillants coucheraient dans les bois, pour être prêts à se réunir sur les points menacés par le feu, au premier signal d'alarme. Le déposant entretient dans ses
bois, d'une étendue de 432 hectares, six gardes pendant la saison sèche.

M. X........, à Montauroux. Il faut exercer pendant l'été la surveillance la
plus active sur la propriété boisée.

LA SOCIÉTÉ FORESTIÈRE DES MAURES. Les brigades ambulantes exercent depuis
leur création la plus heureuse influence. C'est surtout pour la surveillance des
écobuages clandestins que leur action se fait sentir. Ce genre de délit est difficile à dissimuler, car la fumée des fourneaux trahit de loin leur existence, et
les gardes, dans leurs tournées, apparaissant tout à coup sur les points où ils
sont le moins attendus, arriveront facilement, par la crainte qu'ils inspirent,
à faire exécuter strictement les arrêtés préfectoraux demeurés jusqu'à présent
à l'état de lettre morte. On pourrait plus tard créer une caisse, alimentée par les
souscriptions des propriétaires intéressés, et destinée à payer une partie de
leur traitement. Quoi qu'il en soit, si la gendarmerie joignait ses efforts à ceux
des gardes pour la répression des délits forestiers, il ne pourrait en résulter que
les plus heureux effets. L'institution de gardes champêtres spéciaux, dans toutes
les communes où il existe une certaine étendue de bois, et l'embrigadement

des gardes communaux actuels, en complétant l'organisation du personnel chargé de la répression des délits, contribueraient encore à rendre la surveillance plus efficace. Il faudrait aussi augmenter, d'une part, le traitement des gardes communaux pour leur faire une situation à la fois digne et indépendante, et leur donner, d'autre part, la faculté de verbaliser dans les bois particuliers, ou même leur délivrer des commissions de gardes champêtres départementaux.

Tout en organisant la surveillance, il ne faut pas négliger de créer des compagnies de sapeurs forestiers recrutés parmi les bûcherons. La connaissance des lieux qu'ils possèdent à fond ne peut être que très-précieuse en cas d'incendie. Ces compagnies seraient pourvues des instruments nécessaires pour combattre le feu, et convenablement rétribuées par les communes et les particuliers au secours desquels elles se seraient portées.

§ 10.

SYNDICATS LIBRES OU AUTORISÉS POUR L'EXÉCUTION DES TRAVAUX DE PRÉSERVATION CONTRE LES INCENDIES.

M. d'AGAY. Les syndicats auront toujours l'inconvénient de ne pas inspirer une confiance suffisante aux populations.

M. AUBE. L'organisation des syndicats est d'une difficulté extrême à cause de la diversité et souvent de l'incompatibilité des intérêts qui sont en jeu.

M. AURRAN (Raymond). Les syndicats sont difficiles à établir avec la multiplicité des intérêts à concilier.

M. AZAN (Antonin). Les syndicats libres, les seuls possibles, fonctionneraient difficilement avec le grand nombre des intérêts divers qui se trouvent en présence.

M. le comte DE BEAUREGARD. L'idée des syndicats n'est pas pratique.

M. BÉRENGUIER, *maire de Fréjus*. Il y a impossibilité à constituer des syndicats dans la région.

M. BERNARD (Louis). On ne peut songer à créer des syndicats.

M. BONFILS. Les syndicats ne réussiront jamais dans la pratique.

M. Chabert. On peut établir des syndicats par commune ou les répartir dans six centres principaux : Hyères, Collobrières, Gonfaron, le Plan-de-la-Tour, Fréjus et Cannes. Ils se partageraient la surveillance des bois compris entre Hyères et Antibes.

M. Chappon. La création des syndicats seraient accueillie avec répugnance par les populations.

M. le docteur Christine. L'établissement des syndicats froisserait les populations.

M. Coullet. La création des syndicats est au moins inutile.

M. le docteur Davin. Il faut établir des syndicats obligatoires, si l'on veut arriver à la création d'un réseau de tranchées et de routes.

M. le comte de Drée. Il est impossible d'établir des syndicats pour l'ouverture de tranchées garde-feu dans les forêts, avant de savoir si la création de ces lignes de défense produira des résultats sérieux.

M. Fauche. L'idée des syndicats est impossible à réaliser dans la pratique.

M. Féraud. Il faut soumettre toute la région des Maures à l'action des syndicats.

M. de Fonscolombe. Les syndicats sont essentiellement antipathiques aux populations.

M. de Fontmichel. L'organisation des syndicats est complétement impossible.

M. Gendarme de Bévolte. Malgré les répugnances des populations contre les syndicats, ces associations seraient d'une grande utilité.

M. Grognier. Il faut rendre les syndicats obligatoires.

M. Guérin. Il faut organiser les syndicats en groupant tous les propriétaires qui ont des intérêts communs, pour arriver à l'établissement d'un réseau complet de tranchées. On pourrait aussi essayer d'organiser un système d'assurances mutuelles.

M. Honnoraty. Avec l'absence complète d'esprit d'association, il est difficile de songer à créer des syndicats.

M. le docteur Jaubert. Les syndicats seraient impopulaires et inapplicables.

M. Lamat. Les syndicats sont inutiles; ils froisseraient d'ailleurs les populations.

M. le docteur Lavagne. Les syndicats ne sont pas pratiques.

M. de Léoube. Il faudrait créer des syndicats pour hâter l'achèvement des routes et l'ouverture des tranchées garde-feu.

M. Maille. Le but capital à atteindre est le débroussaillement complet des forêts. On pourra y parvenir en créant des syndicats dont les caisses seraient alimentées : 1° par une cotisation de 3 francs par hectare non débroussaillé, imposée sur toutes les propriétés de moins de 10 hectares et perçue par l'Administration des contributions directes; 2° par des dons volontaires; 3° par le produit des amendes encourues pour contraventions commises contre le Code forestier; 4° par des subventions allouées par l'État, le département ou les communes. La cotisation serait permanente, puisque les travaux d'entretien sont eux-mêmes incessants. Les propriétaires de plus de 10 hectares seraient exempts de toute contribution, à la condition de débroussailler annuellement un vingtième au moins de leurs bois. On allouerait 20 francs par hectare débroussaillé à toute personne ayant moins de 10 hectares; car les domaines supérieurs à cette contenance, s'ils sont exemptés de l'impôt de 3 francs, ne doivent pas non plus participer aux avantages qu'il procure. En cas d'insuffisance de fonds, on répartirait les primes entre tous les ayants droit au prorata de l'étendue débroussaillée. On pourrait au reste modifier soit partiellement, soit complétement, ce projet d'organisation, suivant que l'expérience démontrerait qu'il y a avantage à ajouter ou à retrancher telle ou telle prescription.

M. Marguery. La création des syndicats serait une bonne mesure.

M. Marin. Impossible de songer à organiser des syndicats.

M. Martel. Il est inutile de vouloir créer des syndicats qui ne pourraient pas fonctionner dans la pratique.

M. MARTIN, *juge de paix*. Il faut organiser des syndicats et leur confier l'exécution des tranchées garde-feu.

M. MONIER. Établis par cantons et par communes, les syndicats peuvent rendre de grands services; mais il ne faut pas les rendre obligatoires.

M. MURAIRE. Dans la commune des Mayons, M. de Greffülhe pourrait faire partie d'un syndicat.

M. DE MUSSET. L'organisation des syndicats serait une bonne mesure, si la diversité des intérêts ne la rendait pas presque impraticable.

M. PANESCORSE. Il faut confier aux syndicats l'exécution d'un réseau complet de tranchées garde-feu et de routes. Ce serait en outre à eux que serait confiée la répartition des frais.

M. PARDIGON. Les syndicats peuvent rendre de véritables services.

M. PELLICOT. Les syndicats auraient des intérêts trop divers et même trop opposés à gérer, pour qu'ils aient quelque chance de durée.

M. le premier président POULLE. Bien qu'excellente en théorie, l'idée des syndicats n'est pas réalisable en pratique.

M. POURRIÈRE. Les syndicats pourraient peut-être rendre des services.

M. RAYMOND. Il faudrait instituer par une loi des syndicats à qui l'on confierait l'exécution des routes et des tranchées.

M. le marquis DE RETZ. L'idée des syndicats n'est pas réalisable.

M. E. DE ROUX. Il serait très-difficile d'organiser des associations syndicales.

M. DE ROUX-LARCY. Pour qu'ils soient vraiment utiles, les syndicats devraient être libres; mais ils manqueront alors de cohésion et n'auront pas l'autorité suffisante pour faire exécuter leurs décisions.

M. VIDAL. L'idée de rendre les syndicats obligatoires soulève d'invincibles répugnances; mais, d'un autre côté, s'ils étaient libres, ils se heurteraient à des difficultés inextricables, provenant surtout de l'impossibilité de répartir les charges d'une manière équitable.

M. le marquis DE VILLENEUVE-BARGEMON. Laissés libres, les syndicats manqueraient d'unité d'action, au point de ne pouvoir pas fonctionner. Si on les rendait obligatoires, il leur serait impossible de satisfaire à la condition imposée en ce cas par la loi qui exige l'unanimité des adhésions. Avec la diversité des intérêts en jeu, cette unanimité n'existera jamais.

LA SOCIÉTÉ FORESTIÈRE DES MAURES. Malgré la bonne volonté de la Société forestière d'Hyères, la création des syndicats paraît devoir offrir des difficultés presque insurmontables, à cause de la multiplicité et souvent de l'antagonisme des intérêts qui se trouvent en présence.

§ 11.

SCIERIES LOCOMOBILES. — GEMMAGE. — CULTURE DU CHÊNE LIÉGE ET MALADIE DE CE VÉGÉTAL. — REPEUPLEMENTS ARTIFICIELS. — GAZONNEMENT DES BOIS DÉBROUSSAILLÉS.

M. D'AGAY. Les peuplements de résineux sont trop clairiérés et trop jeunes pour qu'il puisse être avantageux d'employer les scieries locomobiles à leur exploitation. D'ailleurs l'état des routes ne permettrait pas de les introduire en forêt. Il faut faire porter ses efforts sur le développement à donner à la culture du liége et étudier sérieusement la question du gemmage.

M. AUBE. Les scieries locomobiles sont appelées à rendre de véritables services, mais on ne peut les introduire en forêt faute de routes.

M. AURRAN (Raymond). D'après le déposant, la maladie du chêne liége a quatre causes : 1° la dénudation des racines, conséquence inévitable du débroussaillement et de la création de rigoles horizontales destinées à retenir les eaux pluviales le long des pentes; 2° l'enlèvement de l'écorce à une trop grande hauteur sur le tronc; 3° les plaies faites aux arbres en opérant la décortication; 4° la sécheresse exceptionnelle des années 1867 et 1868.

M. AZAN. Il faut substituer par des semis le chêne liége au pin.

M. le comte DE BEAUREGARD. On ne peut employer les scieries locomobiles faute de routes pour les introduire en forêt. Il serait bon d'essayer le gemmage, de faire des semis de chêne liége et de châtaignier, et de gazonner le sol des massifs de chênes liéges, puisqu'il paraît constant que c'est à la dénudation du sol qu'est due la maladie de ce végétal.

M. BÉRENGUIER, *maire de Fréjus*. Il est probable que l'emploi des scieries locomobiles serait avantageux dans certaines localités. Le déposant, après avoir essayé le gemmage sur 2,000 pieds de pin, a abandonné ce procédé, qui a pu être productif lorsque le litre de térébenthine se vendait, pendant la guerre d'Amérique, 2 fr. 50 cent., mais qui a cessé d'être rémunérateur depuis que ce même produit est descendu à 90 centimes le litre. Le bois gemmé ne perd pas de ses qualités, mais il croît plus lentement. Enfin, en rendant les pins plus facilement inflammables, le gemmage empêche l'emploi du petit feu.

M. BERNARD. On pourra employer les scieries locomobiles quand la construction des routes nouvelles aura permis de les introduire en forêt. Il faut gemmer et faire des semis de liége et de châtaignier.

M. BONFILS. L'emploi des scieries locomobiles ne peut qu'être utile.

M. BOUIS. Le gemmage n'est pas, quant à présent, une exploitation rémunératrice. Il est avéré que le danger des incendies est moindre dans les massifs de liége que dans les pineraies et que, de plus, le rendement de cette essence est de beaucoup supérieur à celui du pin; aussi faut-il chercher à la substituer aux résineux partout où le sol lui est favorable. Dans les peuplements mélangés, on y arrivera graduellement en faisant porter les éclaircies principalement sur le pin.

M. DE BOUTINY. Les scieries locomobiles sont appelées à rendre de véritables services, et il est probable que le gemmage pourrait réussir dans la région. Il faudrait aussi continuer les essais de gazonnement tentés par M. Blaise Aurran, Ce propriétaire avait fait répandre, après un nettoiement par extraction de souches, des graines de graminées récoltées dans le pays et qui avaient parfaitement réussi. On a pu voir ainsi, pendant quelque temps, un exemple de forêt dont le sol était couvert d'une végétation herbacée vigoureuse.

M. CHABERT. Avant de pouvoir employer les scieries locomobiles, il faut commencer par créer des routes.

M. Chappon. L'introduction de scieries locomobiles n'est pas possible avec la nature montagneuse de la région et les habitudes des populations, entièrement étrangères à la connaissance des machines.

M. le docteur Christine. Les scieries locomobiles seraient fort utiles dans l'exploitation des pineraies; mais, sauf deux massifs, celui de Malpey et celui de Bagnols, l'incendie a détruit tous les grands résineux de la région.

M. Colle. Il faudrait introduire dans les forêts les scieries locomobiles.

M. Coullet. Les scieries locomobiles ne peuvent rendre aucun service.

M. le président Coulomb. L'emploi des scieries locomobiles améliorerait les conditions d'exploitation des forêts de la région.

M. le docteur Davin. Les scieries locomobiles peuvent rendre de véritables services. Il serait bon d'essayer du gemmage et d'élaguer les branches basses des jeunes chênes liéges pour augmenter la hauteur de leur fût. En revanche, il faut se garder de cultiver les peuplements de liége pour ne pas diminuer la qualité de l'écorce en accélérant la croissance du végétal.

M. Decroix. L'application des scieries locomobiles à l'exploitation des pineraies constituerait un véritable progrès. Le gemmage, qui a déjà été pratiqué sur les pins d'Alep, aux environs de Marseille, pourrait être essayé dans les Maures. Enfin il faudrait semer des ajoncs (*alex europæus*) qui, passés au hache-paille, fourniraient une nourriture précieuse pour le bétail.

M. Fauche. L'introduction des scieries locomobiles en forêt peut être considérée comme un progrès, mais il faut pour cela créer des routes.

M. de Fonscolombe. L'introduction des scieries locomobiles en forêt ferait ajouter à tant d'autres une nouvelle chance d'incendie.

M. de Fontmichel. L'introduction des scieries locomobiles en forêt est inutile, puisque le feu a détruit tous les massifs de résineux.

M. Gendarme de Bévolte. L'emploi des scieries locomobiles ne procurerait pas des avantages sérieux. Les massifs de pins sont fort rares, les liéges ne s'exploitent pas régulièrement pour leurs produits ligneux et les châtaigniers se débitent en douves avec la scie à bras.

M. Gensollen. Faute de routes, on ne peut songer à employer les scieries locomobiles dans les Maures. Il est urgent de faire des semis de liége pour remplacer les arbres de cette essence qui disparaissent.

M. Grognier. Les scieries locomobiles peuvent rendre des services réels pour l'exploitation des bois. On pourrait essayer le gemmage, si l'emploi habituel du petit feu ne s'y opposait pas.

M. Guérin. Les scieries à eau qui existent déjà suffisent pour alimenter la consommation. Il faudrait seulement perfectionner leur mécanisme. Quant aux scieries locomobiles, elles seraient d'un transport difficile et souvent même impossible.

M. Honnoraty. L'idée des scieries locomobiles n'est pas pratique; mais il faut repeupler en chênes liéges les vides existants dans les forêts.

M. Hoslin. Il faudrait introduire le gemmage dans les Maures. Le pin maritime y produit moins de galipot, mais plus de térébenthine que dans les Landes. Pour réussir dans cet essai, on devrait faire venir des ouvriers habitués à ce procédé d'exploitation.

M. le baron Isnard. Le gemmage n'est pas assez rémunérateur pour compenser les inconvénients qu'il entraîne. Dans un massif gemmé, le petit feu peut endommager ou incendier les pins privés de leur écorce. Il faut chercher, autant que possible, à substituer le liége au pin.

M. le docteur Jaubert. Il faut propager par des semis les châtaigniers et les liéges. Au reste, lorsque les morts-bois ou les pins viennent à disparaître, par suite d'un nettoiement ou d'un incendie, on ne tarde pas à voir une foule de plants de liége rabougris ou traînants reprendre de la vigueur sous l'influence de l'air et de la lumière. Si on les recèpe, on a bientôt un peuplement vigoureux et complet destiné à former, dans l'avenir, une véritable futaie de liége.

M. Jean. Les scieries locomobiles peuvent rendre de grands services.

25.

M. DE LACOUTURE. L'utilité des scieries est incontestable, mais en été elles ne pourraient fonctionner faute d'eau. Il faudrait introduire l'usage des locomobiles pour le transport des bois. On doit tendre à substituer le liége au pin, résultat que les incendies ont produit naturellement en dégageant du couvert les liéges rabougris et traînants. L'État devrait donner l'exemple de cette substitution, car cette culture a notablement accru la richesse publique dans le Var.

M. LAMAT. L'emploi des machines paraît peu pratique, mais il faut repeupler les vides au moyen de semis de liége.

M. LAUGIER. Il faut étudier les moyens de combattre les fourmis et les vers qui, en se logeant entre l'écorce et le bois, attaquent le liége. Enfin il faudrait tâcher de trouver une plante fourragère susceptible de gazonner les pentes et de fournir des pâturages abondants aux bestiaux. On arriverait ainsi à substituer la race bovine à la race ovine, résultat désirable à tous les points de vue, et en faveur duquel il se produit un mouvement marqué. Les chèvres ont déjà à peu près complétement disparu d'Hyères. On pourrait essayer diverses graminées, et en particulier le *trifolium graveolens* (psoralier bitumineux), la valériane à fleur rose ou la *ferula communis*, qui malheureusement se dessèche en été.

M. le docteur LAVAGNE. Il faut remplacer le pin par le liége.

M. DE LÉOUBE. Il serait bon d'introduire l'usage des scieries locomobiles et du gemmage.

M. LUSSAN. Le déposant voudrait que l'Administration forestière s'entendît avec la société d'agriculture du Var pour faire venir des Landes des ouvriers habitués au gemmage. Sans diminuer la qualité du bois, ce genre d'exploitation fournit des produits recherchés et d'un transport facile. Il croit que la plus-value acquise par les bois ainsi traités permettrait de les débroussailler en peu de temps.

M. MARGUERY. Il faut confier à une commission l'étude du projet de l'introduction des scieries en forêt, et exécuter des semis de chênes liéges.

M. MARIN. Les scieries locomobiles sont inutiles, puisqu'il n'y a pas de massifs résineux importants à exploiter.

M. Martel. L'emploi des scieries locomobiles n'offre aucun avantage, mais il y a urgence à faire des semis de glands pour empêcher la diminution toujours croissante des liéges.

M. Martin, *juge de paix.* Les scieries locomobiles sont destinées à améliorer les conditions d'exploitation des bois. L'introduction du gemmage serait aussi une mesure très-avantageuse.

M. Monier. Il faut substituer une plante fourragère aux morts-bois. Le brome de Schrader résiste à merveille sous le couvert des oliviers. Il se maintient pendant trois ans dans les sols les plus ingrats et pourrait donc réussir à l'ombre des liéges. Il protégerait les pentes contre les ravinements et fournirait des pâturages aux bestiaux. On pourrait le semer sur le sol ameubli par l'enlèvement des souches et essayer l'emploi d'autres graminées pour arriver au gazonnement des pentes, résultat si désirable à tous les points de vue.

M. Muraire. Les scieries locomobiles sont appelées à améliorer les conditions d'exploitation des bois.

M. Panescorse. Les scieries locomobiles sont d'un entretien onéreux, se dérangent facilement, et on manquerait d'ailleurs d'eau pour les alimenter pendant les grandes sècheresses de l'été.

M. Pardigon. L'emploi des scieries locomobiles pourrait être fort utile. Il faudrait surtout faire des semis de liége; c'est par ce procédé que le déposant a boisé en 1846 une colline complétement dénudée, et couverte à présent d'une belle futaie de liéges. On pourrait aussi introduire la pratique d'un élagage raisonné pour donner plus de hauteur au tronc, partie de l'arbre qui produit le plus de liége.

M. Pellicot. On attribue généralement la maladie qui dévaste les peuplements de liége au débroussaillement. C'est en effet sur les massifs nettoyés qu'elle sévit avec le plus d'intensité. Après l'opération et grâce peut-être à l'espèce de culture que reçoit le sol, par suite de l'extraction des souches, la végétation du liége devient d'une activité extraordinaire; mais elle ne tarde pas à s'arrêter bientôt, peu après l'arbre commence à dépérir. Il est bon de noter cependant que les arbres les plus malades sont ceux qui croissent dans un sol riche, humide et souvent envahi par les mousses. Il faudrait substituer aux morts-bois une plante fourragère, susceptible de préserver les pentes contre le ravinement et de fournir à la nourriture des bestiaux, mais qui n'offrirait pas cependant les mêmes dangers que les morts-bois, au point de vue des incendies. On pourrait essayer dans ce but le brome de Schrader, qui prospère très-bien sous le couvert, le psoralier bitumineux ou *l'agrostis effusa*, graminée dure, mais rustique.

M. le premier président POULLE. La plupart des incendies dans les pineraies ont pour résultat d'amener la substitution du liége au pin. Ce fait s'explique si on remarque que le liége existe à l'état rabougri ou traînant dans tous les massifs de pin. Le feu, en faisant disparaître le couvert et en brûlant les liéges, sans atteindre leurs racines, produit un double effet. Il agit à la manière d'un recepage et d'une coupe à blanc étoc, pour ranimer la vigueur des liéges rabougris, et leur donne largement l'air et la lumière par la suppression des pins et des morts-bois qui les dominaient.

M. POURRIÈRE. Les massifs boisés sont trop morcelés pour que l'usage des scieries locomobiles puisse rendre des services utiles. Il faut pratiquer des coupes à blanc étoc partout où l'on trouve en sous-étage, sous les pins, un peuplement un peu complet de chênes verts et liéges. La substitution de ces deux essences aux résineux s'effectuera ainsi tout naturellement.

M. RAYMOND. L'usage des scieries serait des plus utiles. On les alimenterait avec des souches de morts-bois.

M. le marquis DE RETZ. Il n'y a pas de forêt dans la commune de Bormes où l'emploi des scieries locomobiles fût vraiment avantageux; mais on pourrait étudier sérieusement s'il n'y aurait pas lieu d'introduire certains procédés d'exploitation nouveaux dans les Maures.

M. REY. Les scieries locomobiles faciliteraient l'exploitation des résineux, mais il faudrait créer des routes pour pouvoir les introduire en forêt.

M. E. DE ROUX Il faut généraliser l'emploi des meilleurs procédés d'exploitation parmi ceux qui sont déjà connus dans la région.

M. DE SCOLLE. On a récemment monté, au château de Berlaud, une scierie locomobile qui fonctionne à merveille. Cet exemple paraît prouver que ces machines sont appelées à rendre de véritables services pour l'exploitation des bois.

M. Tourniaire. Il faut propager la culture du liége.

M. Vidal. Il serait bon d'introduire dans les Maures le gemmage des pins, qui a si bien réussi dans les Landes. Il faudrait, en outre, faire des semis de liége pour remplacer les arbres de cette essence que la maladie, due au débroussaillement ou à une décortication trop souvent repétée, fait périr. On doit conseiller l'emploi des semis plutôt que celui des plantations, car ce mode de repeuplement artificiel réussit peu. On pourrait semer également des châtaignes, malgré la difficulté de les soustraire à la voracité des sangliers.

M. le marquis Raymond de Villeneuve-Bargemon. La résine est à trop bas prix pour que le gemmage soit une exploitation vraiment rémunératrice.

M. le marquis de Villeneuve-Bargemon. Les scieriés à eau déjà existantes suffisent pour alimenter la consommation.

La Société forestière des Maures. Il faut laisser à l'industrie privée l'initiative de l'introduction des scieries locomobiles en forêt, pour suppléer au manque de scieries à eau. Malheureusement le feu de leur chaudière créera un nouveau danger pour l'existence des forêts, au point de vue des incendies. Deux ou trois machines, que les propriétaires de bois loueraient à tour de rôle, et qui se transporteraient successivement sur les divers points de la région boisée des Maures et de l'Esterel, suffiraient parfaitement aux besoins de la consommation. On pourrait essayer d'introduire le gemmage dans les Maures. En tout cas, il faut continuer à traiter les pineraies par la méthode jardinatoire, qui est pratiquée depuis longtemps dans le pays. Le débroussaillement, nécessaire pour préserver les forêts des incendies, offre le grand inconvénient de dénuder le sol et d'exposer les pentes aux ravinements des eaux pluviales. C'est pour prévenir ce danger, en même temps que pour maintenir une certaine humidité, qu'il faudrait remplacer les morts-bois par des plantes fourragères, sans danger au point de vue des incendies, et pouvant en même temps fournir une nourriture abondante aux bestiaux. Il serait bon de faire des essais avec l'ajonc non épineux, le brome de Schrader ou le psoralier bitumineux. En attendant que l'on ait obtenu quelque résultat de ce côté, on protégerait les pentes contre les érosions des eaux pluviales, en traçant des rigoles horizontales destinées à retenir à la fois les eaux et l'humus qu'elles entraînent avec elles. Depuis quelques années, le chêne liége est atteint d'une maladie dont il faudrait étudier les causes, et qui sévit surtout sur les arbres les plus vigoureux et sur ceux qui croissent dans les terrains profonds et humides. Les racines se couvrent de champignons, la cime se dessèche et l'arbre ne tarde pas à mourir. Ces champignons sont-ils la cause ou l'effet du mal? Ou bien est-ce à une décortication trop souvent répétée, aux sécheresses excessives, au débroussaillement qu'il faut l'attribuer? Cette essence est encore attaquée par la *locusta ephysiger*, grosse sauterelle qui ronge au printemps les jeunes pousses, et qu'on ne peut combattre efficacement qu'en favorisant la propagation des oiseaux qui lui font la guerre. La Société forestière propose, dans ce but, d'interdire formellement la vente des piéges et d'exercer à cet égard la surveillance la plus rigoureuse. A la liste des ennemis du liége on peut encore ajouter les grosses fourmis et les vers qui, se logeant sous l'écorce, exercent parfois de terribles ravages. S'il faut songer à conserver les peuplements existants, il faut également penser à propager les bonnes essences et même à en introduire de nouvelles. Sur les versants nord on ferait avec avantage des semis de châtaigniers, si recherchés pour la fabrication des cercles de tonneaux; au sud, on planterait des eucalyptus. On pourrait enfin essayer d'acclimater le cèdre et de greffer le liége sur lui-même pour en répandre les meilleures espèces.

§ 12.

OBSERVATIONS DIVERSES.

M. le comte DE BEAUREGARD. C'est à l'État et aux communes à donner, dans l'exploitation de leurs forêts, l'exemple des améliorations de toutes sortes et de l'application des nouveaux procédés de culture forestière que l'on peut introduire dans la région.

M. BÉRENGUIER, *maire de Fréjus*. On a découvert depuis peu un banc calcaire important dans le massif de l'Esterel, qui pourra servir à la fabrication de la chaux; on exploite déjà quelques mines de houille ou d'anthracite. Ce sont autant de débouchés ouverts pour l'écoulement des bois. Il existe enfin des gisements minéraux encore inexploités, mais dont l'avenir tirera peut-être parti. L'exploitation de ces richesses minérales sera un nouveau motif pour que les menus produits acquièrent quelque valeur. On utilise déjà comme perchés, dans les mines de houille, une certaine quantité de résineux.

M. Champagne. Le seul moyen de tirer parti des forêts domaniales et de les soustraire au danger des incendies serait, d'après le déposant, de les donner à des concessionnaires chargés, sous certaines conditions et dans un délai fixé à l'avance, de les défricher et de les rendre ensuite à l'État, après les avoir mises en culture.

M. le docteur Christine. Il n'y a pas de meilleur procédé d'exploitation que celui des coupes jardinatoires.

M. Decroix. Il faudrait créer des fabriques d'acides acétique et pyroligneux pour utiliser les morts-bois. Des bûcherons établis dans les forêts se livreraient à cette fabrication, ainsi que cela a lieu dans le Morvan et en Bourgogne. L'outillage est des plus simples; il suffit, en effet, de deux ou trois cornues en terre pour chauffer les produits, et de quelques tonneaux pour recueillir les liquides provenant de la distillation. La valeur des produits obtenus payerait et au delà les dépenses de fabrication, et on arriverait ainsi à débroussailler les forêts sans frais. Il faudrait donner des primes aux bûcherons du Nord qui introduiraient cette industrie dans le Midi. Il serait bon aussi d'injecter les bois de pin; ce qui triplerait leur valeur.

M. de Fonscolombe. Il faut abattre les branches d'arbres disposées de telle manière que leur frottement pourrait, à la suite de vents violents, allumer spontanément un incendie.

M. Fournial. Le traitement des gardes communaux est insuffisant. Il faudrait leur allouer au minimum 80 francs par mois. Ils sont, sans cela, obligés de chercher dans d'autres occupations les moyens d'existence que ne leur assure pas l'exercice exclusif de leurs fonctions. Ils perdent ainsi la considération qui devrait s'attacher à leur personne et dérobent d'ailleurs une partie de leur temps à la surveillance des bois, à laquelle il est dû tout entier.

M. Gendarme de Bévolte. On pratique avec succès le système des éclaircies dans les peuplements mélangés de pin et de chêne liége. L'exploitation du châtaignier en taillis est excellente, mais il faudrait prolonger à trente ou quarante ans la révolution, actuellement bornée à vingt ans. Il faut maintenir le plus long-temps possible dans le pays les agents qui connaissent la région et se sont pénétrés des besoins et des intérêts des populations.

M. Georges. Il faut se montrer tolérant lorsque les délits n'ont pas une grande importance.

M. Guérin. Pour ne pas irriter les populations, il faut se montrer tolérant en matière de défrichements, d'écobuages clandestins et autres infractions peu sérieuses. Enfin il faut accélérer l'instruction des affaires.

M. le docteur Jaubert. Tout propriétaire d'une parcelle enclavée peut obliger son voisin à lui vendre un passage pour parvenir au chemin le plus rapproché. Il faudrait étendre ce cas à celui où l'on peut, en achetant le passage, éviter un long détour et ouvrir une communication directe avec une route située dans le voisinage. Il faudrait aussi faire exécuter aux agents forestiers des études spéciales sur le pays et choisir les gardes parmi les hommes de la localité. On faciliterait singulièrement l'écoulement des morts-bois en obtenant une diminution dans le prix des transports des chemins de fer et en supprimant les droits d'octroi.

M. de Lacouture. Il sera difficile de créer au milieu des bois des centres de population, pourtant utiles pour fournir des ouvriers aux propriétaires de bois. Les paysans sont trop à leur aise pour se résoudre à quitter leurs habitations.

M. de Léoube. Il serait à désirer que, sans encourir la responsabilité civile, les autorités pussent en cas d'incendie faire la part du feu. Pourquoi n'appliquerait-on pas aux forêts les règles admises à cet égard dans les villes?

M. Monier. L'État et les communes doivent donner l'exemple des améliorations de toute sorte à introduire dans les procédés d'exploitation des bois. Il serait fort à désirer que les agents forestiers connussent à fond le pays et les mœurs des populations.

M. le premier président Poulle. D'après la jurisprudence adoptée, en matière d'incendie le propriétaire est civilement responsable, si le feu a été allumé par le fait de ses ouvriers, métayers ou bûcherons, mais la responsabilité du propriétaire ne s'étend pas aux incendies dont son fermier serait l'auteur. Il faut obliger les communes à donner à leurs gardes forestiers un traitement qui leur permette de vivre avec dignité et indépendance. Certaines d'entre elles leur ont supprimé tout traitement. C'est un état de choses auquel il importe d'apporter un prompt remède.

M. le marquis DE RETZ. Il faut avoir dans les Maures un corps de troupes en permanence pour porter secours en cas d'incendie et travailler à l'ouverture des tranchées et des routes.

M. le baron DE ROUX (Albert). A l'exemple de ce qui a lieu en Algérie, il faut employer, dans les Maures et l'Esterel, l'armée à des travaux d'intérêt général, tels que construction de routes, débroussaillement, etc. etc.

M. DE SCOLLE. Il faut aliéner la forêt domaniale du Dom-des-Bormes, par lots de 5o hectares, pour détruire ce massif qui n'a pas cessé d'être, depuis longues années, un véritable foyer d'incendie.

M. TOURNIAIRE. Pour combattre le feu, on tâche de faire le vide devant l'incendie en abattant les arbres et en balayant les feuilles mortes. On frappe, en même temps, sur les feuilles sèches et les morts-bois enflammés pour les éteindre.

M. VIDAL. Il faudrait accorder, en cas d'incendie, aux autorités le droit de faire établir le contre-feu sans encourir de responsabilité civil e.

M. X...., de Montauroux. Il faudrait augmenter le traitement des gardes communaux, qui est le plus souvent insuffisant. On l'améliorerait au moyen d'un fonds commun constitué avec des retenues effectuées sur le prix de vente des coupes.

LA SOCIÉTÉ FORESTIÈRE DES MAURES. Dans la plupart des cas, il n'y a qu'un seul moyen de combattre avec succès l'incendie, c'est le contre-feu. Si le propriétaire du bois dans lequel il faut l'allumer est présent, il accorde ou refuse la permission. S'il est absent, les autorités présentes sur les lieux doivent pouvoir, sans encourir de responsabilité civile, le faire établir d'office. On a proposé de faire peser la responsabilité civile sur le propriétaire d'une forêt non débroussaillée, soit que le feu ait pris naissance dans son bois ou qu'il ait servi à communiquer un incendie parti de plus loin. L'adoption de cette mesure aggraverait injustement la situation de ceux qui ne peuvent pas nettoyer leurs forêts. Il suffit, pour protéger la propriété, d'étendre cette responsabilité aux cas d'imprudence notoire. La création de barrages dans la région montagneuse des Maures pourrait rendre de grands services à l'agriculture. La nature des lieux rendrait facile leur établissement et ces réservoirs, alimentés par les pluies d'hiver, serviraient l'été à l'irrigation des vallées. Ce projet demande à être sérieusement étudié. On a proposé d'appliquer à la région des Maures et de l'Esterel des dispositions analogues à celles adoptées pour la mise en valeur des marais par le desséchement. Les différences entre ces deux natures de propriété sont telles qu'il paraît difficile de s'arrêter à cette idée; toute assimilation est impossible entre les deux situations. Il faudrait prolonger le séjour des agents forestiers dans la région, pour les mettre à même de connaître à fond les besoins locaux.

RÉSUMÉ PAR QUESTIONS

DES

DIRES PRÉSENTÉS DANS L'ENQUÊTE.

[1] Les noms des déposants sont classés dans ce tableau par ordre alphabétique.

DÉSIGNATION des déposants	DIVISION de la propriété forestière. Répartition des communes. Superficies exposées aux incendies. Emploi du feu. Reconstitution par la couverture	VALEUR DE L'ÉCRITURE séparant les droits de parcours, etc. et les charges diverses. Valeur des produits ligneux	CAUSE DES INCENDIES circonstances qui favorisent leur propagation	VÉNALITÉ son influence sur les travaux de sylviculture et de reconstitution	DÉBOISEMENT / DÉBROUSSAILLEMENT conditions économiques. Conséquences de ces surfaces. De ces terres comme pâtures et boisements. Châteaux, Roches, etc.	REBOISEMENT par la main-d'œuvre	RÉGIME GÉNÉRAL et transitoire. Les amendes et limitations	RÉGLEMENTATION des travaux pendant la saison sèche. Influence de la chasse en bois avant la saison des pluies	SURVEILLANCE mesures préventives. Papiers forestiers. — Gardes-feu	SYNDICATS création et subsides pour l'exécution des travaux de protection contre les incendies	SOMMES D'ASSURANCES assurance. Valeurs du cheval-feu et matériel de ce capital. Reperquisitions annuelles. États, réservoir des frais d'incendie, etc.	OBSERVATIONS
M. ...	[illegible]	[illegible]	[illegible]	[illegible]	[illegible]	....	[illegible]	....	....	[illegible]	[illegible]	
M. ..., syndic de ...	[illegible]	[illegible]		[illegible]	[illegible]	[illegible]	[illegible]	[illegible]	[illegible]	[illegible]	[illegible]	
M. ... (Louis), cultivateur.		[illegible]	[illegible]		[illegible]	[illegible]	[illegible]	[illegible]				
M. ... (Eugène), propriétaire.		[illegible]	[illegible]		[illegible]	[illegible]	[illegible]	[illegible]				
M. ... (Eugène), propriétaire.		[illegible]	[illegible]	[illegible]	[illegible]		[illegible]			[illegible]	[illegible]	
M. ..., maire de ...			[illegible]	[illegible]		[illegible]						
M. ... (Antoine), propriétaire à la Garde (Var)		[illegible]		[illegible]	[illegible]					[illegible]	[illegible]	
M. ..., maire de ...	[illegible]			[illegible]								
M. le comte de ...	[illegible]	[illegible]	[illegible]	[illegible]		[illegible]		[illegible]		[illegible]	[illegible]	[illegible]

proportionnellement à l'étendue
et à la valeur des bois entre tous
les intéressés.

NUMÉROS D'ORDRE	DÉSIGNATION DES DÉPOSANTS	DIVISION DE LA PROPRIÉTÉ BOISÉE	VALEUR DE L'ÉLEVAGE	CAUSES DES INCENDIES	VIABILITÉ	REBOISEMENT	NETTOIEMENT PAR LE PETIT FEU	ÉLEVAGE GÉNÉRAL EN PARCELLES	RÉGLEMENTATION	SURVEILLANCE	SYNDICATS	SÉCHERIES LOCOMOBILES	OBSERVATIONS DIVERSES
10	M. [illegible], de Cognac	[illegible]	[illegible]	[illegible]	[illegible]	[illegible]	[illegible]	[illegible]	[illegible]	[illegible]	[illegible]	[illegible]	[illegible]
11	M. [illegible]	[illegible]	[illegible]	[illegible]	[illegible]	[illegible]	[illegible]	[illegible]	[illegible]	[illegible]	[illegible]	[illegible]	[illegible]
12	M. [illegible]	[illegible]	[illegible]	[illegible]	[illegible]	[illegible]	[illegible]	[illegible]	[illegible]	[illegible]	[illegible]	[illegible]	[illegible]
13	M. [illegible]	[illegible]	[illegible]	[illegible]	[illegible]	[illegible]	[illegible]	[illegible]	[illegible]	[illegible]	[illegible]	[illegible]	[illegible]
14	M. [illegible]	[illegible]	[illegible]	[illegible]	[illegible]	[illegible]	[illegible]	[illegible]	[illegible]	[illegible]	[illegible]	[illegible]	[illegible]
15	M. [illegible]	[illegible]	[illegible]	[illegible]	[illegible]	[illegible]	[illegible]	[illegible]	[illegible]	[illegible]	[illegible]	[illegible]	[illegible]
16	M. [illegible]	[illegible]	[illegible]	[illegible]	[illegible]	[illegible]	[illegible]	[illegible]	[illegible]	[illegible]	[illegible]	[illegible]	[illegible]
17	M. [illegible]	[illegible]	[illegible]	[illegible]	[illegible]	[illegible]	[illegible]	[illegible]	[illegible]	[illegible]	[illegible]	[illegible]	[illegible]

DÉSIGNATION DES DÉPOSANTS	DIVISION DE LA PROPRIÉTÉ BOISÉE	VALEUR DE L'INCULTURE	CAUSES DES INCENDIES	VIABILITÉ	DÉBROUSSAILLEMENT	NETTOIEMENT PAR LE PETIT FEU	RÉSEAU GÉNÉRAL DE TRANCHÉES	RÉGLEMENTATION	SURVEILLANCE	SYNDICATS	SCIERIES LOCOMOBILES	OBSERVATIONS
[illegible]			[illegible]	[illegible]	[illegible]		[illegible]	[illegible]	[illegible]			
[illegible]			[illegible]		[illegible]	[illegible]	[illegible]	[illegible]				
[illegible]	[illegible]	[illegible]	[illegible]	[illegible]	[illegible]	[illegible]	[illegible]	[illegible]	[illegible]	[illegible]		
[illegible]												[illegible]
[illegible]	[illegible]	[illegible]	[illegible]	[illegible]	[illegible]		[illegible]	[illegible]	[illegible]	[illegible]		
[illegible]								[illegible]				

aussi des tranchées délimitatives.

Nº D'ORDRE DES DÉPOSANTS	DÉSIGNATION DES DÉPOSANTS	DIVISION DE LA PROPRIÉTÉ BOISÉE	VALEUR DE L'ESSENCE	CAUSES DES INCENDIES	VIABILITÉ	DÉBROUSSAILLEMENT	NETTOIEMENT PAR LE PÂTURAGE	REBOISEMENT GÉNÉRAL	RÉGLEMENTATION	SURVEILLANCE	SYNDICATS	SCIERIES LOCOMOBILES	OBSERVATIONS
23	[illegible]	[illegible]	[illegible]	[illegible]	[illegible]	[illegible]	[illegible]	[illegible]	[illegible]	[illegible]	[illegible]	[illegible]	[illegible]
25	[illegible]	[illegible]	[illegible]	[illegible]	[illegible]	[illegible]	[illegible]	[illegible]	[illegible]	[illegible]	[illegible]	[illegible]	[illegible]
26	[illegible]	[illegible]	[illegible]	[illegible]	[illegible]	[illegible]	[illegible]	[illegible]	[illegible]	[illegible]	[illegible]	[illegible]	[illegible]
27	[illegible]	[illegible]	[illegible]	[illegible]	[illegible]	[illegible]	[illegible]	[illegible]	[illegible]	[illegible]	[illegible]	[illegible]	[illegible]
28	[illegible]	[illegible]	[illegible]	[illegible]	[illegible]	[illegible]	[illegible]	[illegible]	[illegible]	[illegible]	[illegible]	[illegible]	[illegible]
29	[illegible]	[illegible]	[illegible]	[illegible]	[illegible]	[illegible]	[illegible]	[illegible]	[illegible]	[illegible]	[illegible]	[illegible]	[illegible]
30	[illegible]	[illegible]	[illegible]	[illegible]	[illegible]	[illegible]	[illegible]	[illegible]	[illegible]	[illegible]	[illegible]	[illegible]	[illegible]

ONT ÉTÉ PRÉSENT

DÉSIGNATION DES DÉPOSANTS.	DIVISION DE LA PROPRIÉTÉ BOISÉE. Répartition des essences. Étendue exploitable aux incendies, à l'abri du feu, parcourues par les incendies.	VALEUR DE L'HECTARE. suivant la nature du peuplement, et les chances d'incendie. Valeur des produits ligneux.	CAUSES DES INCENDIES. circonstances qui favorisent leur propagation.	VIABILITÉ. son influence sur les chances de préservation et de lutte contre.	DÉBROUSSAILLEMENT. Coupures temporaires. Conservation de revenu pendant dans les forêts communales et domaniales. Clôtures. — Roches, etc.	NETTOIEMENT. par an par hectare.	RÉSEAU GÉNÉRAL et spéciaux. Tranchées délimitatives.	RÉGLEMENTATION des pâturages pendant la saison sèche. Défrichement de la classe du feu pendant la saison des glaces.	SURVEILLANCE. Vigilance ambulante. Sapeurs forestiers. — Cantonniers.	SYNDICATS. Libres ou autorisés pour l'exécution des travaux de préservation contre les incendies.	SCIERIES LOCOMOBILES. ET USAGE. Culture du chêne liège et maladie de ce végétal. Reimplantation artificielle. Gazonnement des bois débroussaillés.	OBSERVATIONS.
M. de [illegible]	[illegible]	[illegible]	[illegible]	[illegible]	[illegible]	[illegible]	[illegible]	[illegible]	[illegible]	[illegible]		
M. F[illegible]								[illegible]				
M. F[illegible]	[illegible]	[illegible]	[illegible]	[illegible]	[illegible]	[illegible]	[illegible]	[illegible]	[illegible]	[illegible]	[illegible]	
M. Fl[illegible]	[illegible]			[illegible]	[illegible]	[illegible]				[illegible]	[illegible]	
M. de l'Eve[illegible]	[illegible]	[illegible]	[illegible]	[illegible]	[illegible]	[illegible]	[illegible]	[illegible]		[illegible]	[illegible]	
M. de Fort[illegible]	[illegible]	[illegible]	[illegible]	[illegible]	[illegible]	[illegible]	[illegible]		[illegible]	[illegible]	[illegible]	
M. Fau[illegible]		[illegible]		[illegible]	[illegible]				[illegible]			[illegible]

NOMS DES DÉPOSANTS	DIVISION DE LA PROPRIÉTÉ	VALEUR DE L'OUTILLAGE	CAUSES DE LA CRISE	VIABILITÉ	DÉBROUSSAILLEMENT	NETTOIEMENT PAR LE PLEUT IST	PLAN GÉNÉRAL DE NETTOIEMENT	DÉGOMMATIONS	SURVEILLANCE	SYNDICATS	ÉCOLES PROFESSIONNELLES	OBSERVATIONS DIVERSES
[illegible]	[illegible]	[illegible]	[illegible]	[illegible]	[illegible]	[illegible]	[illegible]	[illegible]	[illegible]	[illegible]	[illegible]	[illegible]

DÉSIGNATION DES DÉPOSANTS	DIVISION DE LA PROPRIÉTÉ LOCALE	VALEUR DE L'ABRITAGE	CAUSES DES INCENDIES	VIABILITÉ	DÉBROUSSAILLEMENT	NIVELLEMENT	RÉSEAU GÉNÉRAL DE VOIES	RÉGLEMENTATIONS	SURVEILLANCE	SYNDICATS	SOCIÉTÉS COOPÉRATIVES	OBSERVATIONS
M. [illegible]	[illegible]	[illegible]	[illegible]	[illegible]	[illegible]	[illegible]	[illegible]	[illegible]	[illegible]	[illegible]	[illegible]	[illegible]
M. [illegible]	[illegible]	[illegible]	[illegible]	[illegible]	[illegible]	[illegible]	[illegible]	[illegible]	[illegible]	[illegible]	[illegible]	[illegible]
M. [illegible]	[illegible]	[illegible]	[illegible]	[illegible]	[illegible]	[illegible]	[illegible]	[illegible]	[illegible]	[illegible]	[illegible]	[illegible]
M. [illegible]	[illegible]	[illegible]	[illegible]	[illegible]	[illegible]	[illegible]	[illegible]	[illegible]	[illegible]	[illegible]	[illegible]	[illegible]
M. [illegible]	[illegible]	[illegible]	[illegible]	[illegible]	[illegible]	[illegible]	[illegible]	[illegible]	[illegible]	[illegible]	[illegible]	[illegible]
M. [illegible]	[illegible]	[illegible]	[illegible]	[illegible]	[illegible]	[illegible]	[illegible]	[illegible]	[illegible]	[illegible]	[illegible]	[illegible]
M. [illegible]	[illegible]	[illegible]	[illegible]	[illegible]	[illegible]	[illegible]	[illegible]	[illegible]	[illegible]	[illegible]	[illegible]	[illegible]
M. [illegible]	[illegible]	[illegible]	[illegible]	[illegible]	[illegible]	[illegible]	[illegible]	[illegible]	[illegible]	[illegible]	[illegible]	[illegible]
M. [illegible]	[illegible]	[illegible]	[illegible]	[illegible]	[illegible]	[illegible]	[illegible]	[illegible]	[illegible]	[illegible]	[illegible]	[illegible]

NUMÉROS D'ORDRE.		
55		
56		
57		
58		
59		
60	M.	
61	M.	
62	M.	

nettement à leurs revenus.

IT ÉTÉ PRÉSENTÉES A LE

Suite du RELEVÉ DES QUESTIONS SOULEVÉES DANS L'ENQUÊTE ÉCRITE ET ORALE ET DES OBSERVATIONS QUI ONT ÉTÉ PRÉSENTÉES À LEUR SUJET PAR CHAQUE DÉPOSANT.

DÉSIGNATION	ÉTUDES	CALCUL DE L'HECTARE	CAUSES DES DÉGÂTS	VIABILITÉ	REBOISEMENT	NETTOIEMENT	RÉGIME GÉNÉRAL	RÉGLEMENTATION	SURVEILLANCE	SALAIRES	SOCIÉTÉS LOCOMOBILES	OBSERVATIONS

25 francs la deuxième, et dont
l'entretien serait presque nul les
années suivantes.

NOMINATION des déposants.	DIVISION de la propriété rurale	VALEUR DE L'HECTARE	CAUSES DES INCENDIES	VIABILITÉ	DÉBOISEMENT	AFFOUAGEMENT	CADASTRE GÉNÉRAL	RÉGLEMENTATION	SURVEILLANCE	SYNDICATS	SCIENCES ÉCONOMIQUE	OBSERVATIONS
M. [illegible]	[illegible]	[illegible]	[illegible]	[illegible]	[illegible]		[illegible]	[illegible]	[illegible]	[illegible]	[illegible]	
M. [illegible]			[illegible]		[illegible]	[illegible]	[illegible]	[illegible]	[illegible]			
M. [illegible]			[illegible]	[illegible]	[illegible]		[illegible]		[illegible]	[illegible]	[illegible]	
M. [illegible]				[illegible]								
M. [illegible]						[illegible]				[illegible]	[illegible]	
M. [illegible]	[illegible]	[illegible]	[illegible]	[illegible]	[illegible]	[illegible]	[illegible]		[illegible]	[illegible]	[illegible]	
M. [illegible]	[illegible]			[illegible]	[illegible]	[illegible]	[illegible]		[illegible]	[illegible]	[illegible]	

Suite du RELEVÉ DES QUESTIONS SOULEVÉES DANS L'ENQUÊTE ÉCRITE ET ORALE ET DES OBSERVATIONS QUI ONT ÉTÉ PRÉSENTÉES A LEUR SUJET PAR CHAQUE DÉPOSANT.

DÉPOSITION	DIVISION	VALEUR DE L'INCENDIE	CAUSES DES INCENDIES	SYLVICULTURE	DÉBROUSSAILLEMENT	PÂTURAGE	RÉGIME SYLVICOLE	RÉGLEMENTATION	SURVEILLANCE	PÉPINIÈRES	SCIERIES AGRICOLES	OBSERVATIONS
[illegible]	[illegible]	[illegible]	[illegible]	[illegible]	[illegible]	[illegible]	[illegible]	[illegible]	[illegible]	[illegible]	[illegible]	[illegible]

Suite du RELEVÉ DES QUESTIONS SOULEVÉES DANS L'ENQUÊTE ÉCRITE ET ORALE ET DES OBSERVATIONS QUI ONT ÉTÉ PRÉSENTÉES A LEUR SUJET PAR CHAQUE DÉPOSANT.

NUMÉROS D'ORDRE	DÉSIGNATION	DIVISION de la propriété boisée	VALEUR DE L'HECTARE	CAUSES DES INCENDIES	VIABILITÉ	REBOISEMENT	NETTOIEMENT par le petit feu	RÉSEAU GÉNÉRAL de routes — Tranchées d'isolement	RÉGLEMENTATION des coupes pendant la saison des feux	SURVEILLANCE	SYNDICATS pour l'exécution des travaux de préservation contre les incendies	SCIERIES LOCOMOBILES	OBSERVATIONS
[illegible]	[illegible]				[illegible]			[illegible]					
[illegible]	[illegible]		[illegible]		[illegible]	[illegible]		[illegible]					[illegible]
[illegible]	[illegible]		[illegible]		[illegible]	[illegible]	[illegible]	[illegible]	[illegible]	[illegible]		[illegible]	[illegible]
[illegible]	[illegible]		[illegible]	[illegible]	[illegible]		[illegible]	[illegible]					[illegible]
[illegible]	[illegible]	[illegible]	[illegible]	[illegible]	[illegible]	[illegible]	[illegible]	[illegible]	[illegible]	[illegible]			[illegible]
[illegible]	[illegible]	[illegible]	[illegible]	[illegible]	[illegible]	[illegible]	[illegible]	[illegible]	[illegible]	[illegible]	[illegible]		[illegible]
[illegible]	[illegible]	[illegible]	[illegible]	[illegible]	[illegible]	[illegible]	[illegible]	[illegible]	[illegible]	[illegible]	[illegible]	[illegible]	[illegible]

www.ingramcontent.com/pod-product-compliance
Ingram Content Group UK Ltd.
Pitfield, Milton Keynes, MK11 3LW, UK
UKHW022330090726
13658UKWH00001B/198